古典文獻研究輯刊

三六編

潘美月・杜潔祥 主編

第 **1** 冊

《三六編》總目

編 輯 部 編

臺灣百年道家道教書目提要（上）

蕭 登 福 編

國家圖書館出版品預行編目資料

臺灣百年道家道教書目提要（上）／蕭登福 編 -- 初版 -- 新
北市：花木蘭文化事業有限公司，2023〔民 112〕
序 2+ 目 12+166 面；19×26 公分
（古典文獻研究輯刊 三六編；第 1 冊）
ISBN 978-626-344-259-7（精裝）
1.CST：道家 2.CST：道教 3.CST：目錄 4.CST：臺灣
011.08   111022047

ISBN-978-626-344-259-7

古典文獻研究輯刊
三六編 第 一 冊   ISBN：978-626-344-259-7

臺灣百年道家道教書目提要（上）

編　　者　蕭登福
主　　編　潘美月、杜潔祥
總 編 輯　杜潔祥
副總編輯　楊嘉樂
編輯主任　許郁翎
編　　輯　張雅淋、潘玟靜　美術編輯　陳逸婷
出　　版　花木蘭文化事業有限公司
發 行 人　高小娟
聯絡地址　235 新北市中和區中安街七二號十三樓
　　　　　電話：02-2923-1455／傳真：02-2923-1452
網　　址　http://www.huamulan.tw 信箱 service@huamulans.com
印　　刷　普羅文化出版廣告事業
初　　版　2023 年 3 月
定　　價　三六編 52 冊（精裝）新台幣 140,000 元

《三六編》總目

編輯部　編

《古典文獻研究輯刊》三六編　書目

《古典文獻研究輯刊》三六編
各書作者簡介・提要・目次

第一、二冊　臺灣百年道家道教書目提要

作者簡介

蕭登福，台灣屏東縣人，政治大學中文研究所畢業。現任台中科技大學應用中文系兼任教授；常到中國、香港、澳門、新加坡、馬來西亞、韓國等處參加學術會議及講學。在道教、佛教、先秦諸子、易經、敦煌俗文學等方面，皆有研究專著。曾多次接受港、陸、台等地著名廟宇委託撰寫道書。

著有《鬼谷子研究》、《敦煌俗文學論叢》、《漢魏六朝佛道兩教之天堂地獄說》、《道教星斗符印與佛教密宗》、《道教與密宗》(新文豐)、《道教與佛教》、《道佛十王地獄說》(新文豐)、《黃帝陰符經今註今譯》、《周秦兩漢早期道教》、《新修正統道藏總目提要》(四川，巴蜀書社)等五十九種專書，發表學術論文二百餘篇，所參加的學術研討會及發表論文一百一十多篇。

提　要

本書以「百年道書提要」為稱，所收集之書籍，自民國元年（1912 年）起，至民國 102 年（西元 2013）止，以台灣已出版之專書為主，期刊論文及博碩士專著不在收錄之列。係由蕭登福主編，聯合十餘名大專院校教授學者撰寫而成。書分上、下編。上編道家諸子書目提要；下編道教書目提要。

上編道家諸子書目提要，分下列子項目：壹、老子經典闡釋及版本校對；貳、莊子經典闡釋及版本校對；參、文子、列子及其他道家；肆、道家哲學思想。

　　下編道教書目提要，分為：壹、道教宗派與經典；貳、道教科儀及丹道養生；參、道教類書及工具辭書；肆、道教哲學與文學藝術；伍、宗教神學；陸、道教史、文物考古及綜論；柒、道儒釋三教會通；捌、道教神祇及民俗田調。

　　本書收集民國以來百年間，臺灣所出版和道家、道教相關的著作，為各本著作撰寫摘要，旨在提供這方面的研究成果，方便於學者研究時之參考與應用。

目　次

上　冊

第三至十四冊　群書校補（三編）──出土文獻校補

作者簡介

　　蕭旭，男，漢族，1965 年 10 月 14 日（農曆）出生，江蘇靖江市人。南京師範大學客座研究員，曾任常州大學兼職教授。中國訓詁學會會員，中國敦煌吐魯番學會會員，江蘇省語言學會理事。無學歷，無職稱，無師承。竊慕高郵之學，校讀群書自娛。出版學術專著《古書虛詞旁釋》《群書校補》《群書校補（續）》《淮南子校補》《韓非子校補》《呂氏春秋校補》《荀子校補》《敦煌文獻校讀記》《史記校補》《道家文獻校補》凡 10 種，都 750 萬字。在海內外學術期刊發表學術論文 140 篇，都 230 萬字。

提　要

　　乾嘉以還，學者校理古籍，將文字學、訓詁學、校勘學研究成果以札記形式集錄成書，亦已尚矣。其著明者有王念孫《讀書雜志》、王引之《經義述聞》、盧文弨《群書拾補》、洪頤煊《讀書叢錄》、俞樾《群經平議》《諸子平議》、孫詒讓《札迻》等。余慕高郵之學，居新時代，做舊學問，近四十年來，校書百種，所作札記近千萬字。《群書校補》已於 2011 年出版，《群書校補（續）》於 2014 年出版，此則《群書校補（三編）》也。

　　本書所收錄諸篇，傳世文獻的經史子集，出土文獻的秦漢簡帛，皆有所涉及。我以「考本字、探語源、尋語流、破通假、徵方俗、系同源」的治學理念貫穿整個研究過程，尤致力於探語源、系同源，考釋《爾雅》、《方言》、《說文》、《釋名》、《慧琳音義》、《玉篇》、《廣韻》、《龍龕手鑑》中的難字難義，即以此法，此有異於時下流行的比列字形、歸納文例者也。群書有未及通校者，或已通校而有剩義者，以單篇札記形式寫出，彙為「三餘讀書雜記（續）」。書末有二篇書評，非欲攻訐時賢，實欲說真話耳。

目　次

第一冊

第十五、十六冊 《經史雜記》探源

作者簡介

　　司馬朝軍，祖籍湖北公安，生於湖南南縣。武漢大學管理學博士（古典文獻學方向，因學科點設在在信息管理學院），復旦大學中國語言文學博士後，武漢大學珞珈特聘教授。現任上海社會科學院歷史研究所研究員。曾任教育部人文社會科學重點研究基地武漢大學中國傳統文化研究中心專職研究員、武漢大學四庫學研究中心主任、國學院專職教授、歷史學院兼職教授、信息管理學院專職教授，擔任經學、專門史、文獻學三個方向博士生導師。擔任大型文化工程項目《文瀾閣四庫全書》總編纂。著有「四庫學」系列著作，即《四庫全書總目研究》《四庫全書總目編纂考》《四庫全書總目精華錄》《四庫提要精選精注》《四庫全書與中國文化》。另外還有辨偽學系列、目錄學系列、文獻學系列、國學系列著作。

　　王朋飛，哲學博士，山東師範大學齊魯文化研究院講師。研究方向為宋代文化史。

提　要

　　清人王玉樹所撰《經史雜記》一書成於道光十年，近年收入《續修四庫全書》之中。《續修四庫全書總目提要》稱其徵引「浩博」。經過對全書 236 條的覆核，發現與他書皆有雷同。

　　《經史雜記》是一部拼湊而成的欺世之作，應該列於偽書之目。

目　次

上　冊

第十七、十八冊　《經解入門》箋注

作者簡介

　　司馬朝軍，祖籍湖北公安，生於湖南南縣。武漢大學管理學博士（古典文獻學方向，因學科點設在信息管理學院），復旦大學中國語言文學博士後，武漢大學珞珈特聘教授。現任上海社會科學院歷史研究所研究員。曾任教育部人文社會科學重點研究基地武漢大學中國傳統文化研究中心專職研究員、武漢大學四庫學研究中心主任、國學院專職教授、歷史學院兼職教授、信息管理學院專職教授，擔任經學、專門史、文獻學三個方向博士生導師。擔任大型文化工程項目《文瀚閣四庫全書》總編纂。著有「四庫學」系列著作，即《四庫全書總目研究》《四庫全書總目編纂考》《四庫全書總目精華錄》《四庫提要精選精注》《四庫全書與中國文化》。另外還有辨偽學系列、目錄學系列、文獻學系列、國學系列著作。

　　王文暉，文學博士，復旦大學中文系副教授。主要研究漢語史，側重文獻語言學與詞彙學。發表論著數十種，整理《群書治要》。

提　要

　　《經解入門》是晚清書商剪輯而成的一部偽書，假江藩之名行世。經過司馬朝軍長達 18 年的不懈努力，徹底將它證偽。但其質量不容低估，因為它採擷顧炎武、朱彝尊、閻若璩、錢大昕、王念孫等巨匠的學術精華，條目清楚，文字簡明，內容充實，編排得當，是一部提綱挈領的經學教科書，至今仍然具有入門功用。

　　鑒於《經解入門》的價值，有必要對此書進行校注與探源。《經解入門箋注》對《經解入門》原書做了簡要的注釋；《經解入門探源》為辨偽專著，經

過詳細比勘，一一注明抄襲來源。

　　《經解入門箋注》《經解入門探源》曾經被整合進入《經解入門整理與研究》，被同行專家許為「考據精湛，足稱定讞」。現在分開重新出版，可供文史愛好者選擇使用。

目　次

第十九至二二冊　《讀易述》校證

作者簡介

　　陳開林（1985～），湖北麻城人。2009 年畢業於重慶工商大學商務策劃學院，獲管理學學士學位（市場營銷專業商務策劃管理方向）。2012 年畢業於湖北大學文學院，獲文學碩士學位（中國古代文學先秦方向）。2015 年畢業於華

中師範大學文學院，獲文學博士學位（中國古代文學元明清方向）。現為鹽城師範學院文學院副教授、江蘇省「青藍工程」優秀青年骨幹教師培養對象。主要研究元明清文學、經學文獻學。完成江蘇高校哲學社會科學基金項目「錢穆佚文輯補與研究」（2017SJB1529），在研國家社科基金後期資助「《古周易訂詁》整理與史源學考辨」（21FZXB017）。出版《〈全元文〉補正》《劉毓崧文集校證》《〈周易玩辭困學記〉校證》《〈純常子枝語〉校證》《杜詩闡》《陳玉澍詩文集箋證》《詩經世本古義》，並在《圖書館雜誌》《文獻》《中國典籍與文化》《古典文獻研究》《圖書館理論與實踐》《中國詩學》等刊物發表論文百餘篇，另有「史源學考易」系列、清代別集系列數種等待刊。

提　要

宋元明清時期出現大量的纂注體《易》著，以徵引繁富而著稱。潘士藻《讀易述》之體例，焦竑稱「盡取諸家參究之，博考前聞，精思其義，而加折衷焉」，《四庫提要》稱「每條皆先發己意，而採綴諸儒之說於後」，雖書名不標「纂」、「集」等字樣，實質仍屬纂注體《易》著。該書刊行後，後世《易》著，諸如張次仲《周易玩辭困學記》、何楷《古周易訂詁》、錢澄之《田間易學》、查慎行《周易玩辭集解》對之多有徵引，足見其價值。

本書係《讀易述》的首個整理本，也是著者史源學考《易》系列七種之三。一、以明萬曆三十四年潘師魯刻本為底本，施以現代標點。二、以文淵閣四庫全書本為參校本，以見文本之異同。三、潘氏引錄他人之說甚多，用史源學之方法逐條查考潘氏引文，以明引文起止之斷限，孰為引文，孰為己說，一目了然。通過比勘引文與原出處文字，可糾正引文剪裁之訛誤。四、書中未標明係引文的部分，多為潘氏自撰，但部分內容或係引錄他人之說，而不注明；或係改換他人之說，敷衍而成，亦儘量一一查明，以見潘氏取材之來源。

目　次

第一冊

前　言

凡　例

第二三、二四冊　晚清日本漢文清史專著要論——佐藤楚材《清朝史略》研究

作者簡介

　　趙晨嶺，1978 年生，中國人民大學史學理論及史學史專業博士，文化和旅遊部清史纂修與研究中心文獻信息處（清史圖書館）處長、副研究員，研究方向為歷史編纂學。曾入選文化部青年拔尖人才，參與國家古籍整理出版專項經費資助重大項目《清代教育檔案文獻》，任分卷主編，著有《晚清日本漢文清史專著舉要——增田貢〈清史攬要〉〈滿清史略〉比較研究》《〈清史稿·本紀〉纂修研究》，發表《〈清史稿·天文志〉纂修考》等論文。

提　要

　　晚清時期亦即明治年間，日本學者出版了多種用漢文寫成的清史專著，其中包括佐藤楚材的《清朝史略》。

　　本書首先通過梳理《清朝史略》的序跋，分析其作者及這部史著產生的時代背景。之後從該書的體裁結構及凡例，採集參証書目及附錄官品人名，眉批、註釋及按語、人物及形象刻畫，史事敘述及對華影響等方面，對其主要內容進行解析，並與增田貢《清史攬要》《滿清史略》進行比較。

　　通過分析比較可知，該書雖有不少舛誤，但體例較為嚴密，體量相當浩大，刻畫人物細緻，史事敘述亦有諸多可取之處。作為晚清日本漢文清史專著中紀傳體史書的代表，其史學價值應當得到肯定。

目　次

上　冊

第二五冊　《莊子》評點研究

作者簡介

　　李瑞振（1982.2～），男，北京師範大學中國古典文獻學博士。現為中國國家博物館副研究館員；中國國家博物館文物定級專家；中國書法家協會會員。研究方向為文獻學、文物研究。參與全國第一次可移動文物普查、《中國國家博物館碑帖文物定級標準》的起草和修訂等工作。在《書法》、《書法報》、《中國書法》、《中國宗教》、《中國道教》、《人民日報》（理論版）等發表學術論文 30 餘篇。學術論文多次入選「中國文字・書法論壇」、西泠印社國際學術研討會並獲獎。

提　要

　　本文從文獻學角度對《莊子》評點的四種代表性著作及其作者進行研究。這四種著作跨宋元、明、清、近代四個時期，分別代表了《莊子》評點不同的發展階段。

　　論文總體上分為四個部分，共五章。第一部分為前言，陳述論文選題的學術背景和研究現狀等；第二部分為第一章，梳理相關概念，歷述《莊子》評點的發展階段；第三部分為論文的主體部分，包含第二、三、四、五章，

論述四種代表性《莊子》評點著作及其作者相關內容；第四部分是結語。

　　前言主要說明《莊子》研究的歷史、本文選題的緣起、擬解決的問題以及所採用的研究方法。

　　第一章主要對「評點」的概念進行較為細緻的梳理，總結《莊子》評點的發展階段及其特點。

　　第二、三、四、五章主要集中在四種《莊子》評點著作及其作者的研究上。首先，分別對相關評點作者的生平事蹟等進行考述；繼而對評點著作的成書、版本、刊刻及體例進行爬梳；最後，對評點著作本身在思想、文學、考證等方面的特色和價值進行研究。

　　結語部分主要對《莊子》評點的地位和研究前景進行總結。

　　本文力圖從文獻學角度出發，以文學、思想研究為旨歸，運用考證、梳理、分析、總結等步驟與方法，以期能夠較為客觀、準確地呈現《莊子》評點研究的學術成果與歷史進程。

目　次

第二六冊　《正蒙》明代三家注研究

作者簡介

　　邱忠堂，男，1982 年出生，山東梁山人，哲學博士，內蒙古師範大學馬克思主義學院哲學系副教授、碩士研究生導師、系主任。主要研究方向為宋明理學，致力於張載哲學思想研究。主持國家社科基金項目西部項目「張載《論語》學文獻整理與思想研究」（編號：14XZX025）等課題三項，參與國家社科基金重大項目「張載學術文獻集成與理學研究」（編號：10zd&061）等課題八項，發表論文十餘篇，出版古籍整理著作兩部。

提　要

　　明代是《正蒙》注解史的繁榮期，本書對具有代表性的《正蒙集釋》《正蒙補注》和《正蒙會稿》開展較為系統的研究。《正蒙集釋》承襲朱熹對《正蒙》的批評，以「太虛即太極」為基，闡釋了太極兼具理氣、性既是虛之理又是心之理、理寓於氣之中而氣行於理之表的思想。作為第一個《正蒙》明代注的《正蒙集釋》，通過將「太虛」太極化、理化，開啟了明代以朱子學解讀《正蒙》的先河。《正蒙補注》自覺地批評朱熹，認為太虛非太極、理，而是陰陽未判的元氣，理則依附於太虛元氣。吳訥本想以朱熹理氣論為準則解構張載虛氣思想，但其以太虛為氣之體、太和為氣之用的氣論作為核心所建構的詮釋體系，最終消解了朱熹理氣論對《正蒙》解讀的影響。《正蒙補注》是以氣論為核心詮釋《正蒙》的肇始。明代中期王廷相等人的氣論思想以及王夫之《張子正蒙注》對《正蒙》的詮釋，與《正蒙補注》都有異曲同工之妙。《正蒙會稿》提出天即理、心與理一、理氣合一、理氣皆在太虛之中、合太虛之虛與氣化之氣以為性等思想。從關學視野出發，劉璣解讀《正蒙》，化解摒棄了二程對張載「清虛一大」和朱熹對「太虛」的批評。

　　本書對《正蒙》明代注的研究，在廣度和深度上都有所拓展。

目　次

第二七冊　《正蒙》清代四家注研究

作者簡介

張瑞元，男，陝西省扶風縣人，1984 年 10 月生，2004 年 9 月至 2014 年 6 月就讀於陝西師範大學哲學系，先後獲得哲學學士、哲學博士學位。2015 年 7 月至 2019 年 12 月在華東師範大學哲學系在職從事博士後研究。2014 年 7 月至今任西安石油大學講師。點校出版李光地《注解正蒙》、張棠、周芳《正蒙注》、華希閔《正蒙輯釋》（中華書局 2020 年版），發表學術論文 10 餘篇，主持或參與張載關學研究相關項目多項。主要研究張載關學與宋元明清理學。

提　要

張載所著《正蒙》是其一生的學術總結，也是理學經典著作。宋元明清歷代都有為《正蒙》作注者。《正蒙》清代注主要出現在理學發達的康熙朝和道光末年、咸豐時期，屬於清代理學的組成部分。

十六種《正蒙》清代注，散佚五種，現存十一種。現存的十一種注為：王夫之《張子正蒙注》、李光地《注解正蒙》、張伯行《正蒙》注、華希閔《正蒙輯釋》、王植《正蒙初義》、冉覲祖《正蒙補訓》、張棠、周芳《正蒙注》、李文炤《正蒙集解》、楊方達《正蒙集說》、李元春《正蒙釋要》、方潛《正蒙分目解按》。總體上看，這些注本大都以程朱理學為宗。

李光地、張伯行、華希閔、王植等四家注本，是《正蒙》清代注的重要代表。張載的宇宙論、人性論、工夫論等方面，是清代注者關注的焦點。李光地的《注解正蒙》，表現出了「以程朱解釋張載」的傾向。張伯行在福建刊刻《張橫渠集》時，對《正蒙》作過注釋，這些注和王植《正蒙初義》所引內容一致。無錫華希閔的《正蒙輯釋》是為了使高攀龍的《正蒙集注》流傳更廣泛。王植曾受學於李光地的弟子楊名時。王植的《正蒙初義》共彙集了明清九種《正蒙》注本，是《正蒙》注在古代匯集注本最多的著作。清代是《正蒙》注的總結期，具體表現在注本數量多、集注體例多兩個方面。以朱子學為標準詮釋和評價張載哲學，是《正蒙》清代注最顯著的特點。

目　次

第二八至三二冊　《曝書亭集詩注》校證

作者簡介

　　陳開林（1985～），湖北麻城人。2009 年畢業於重慶工商大學商務策劃學院，獲管理學學士學位（市場營銷專業商務策劃管理方向）。2012 年畢業於湖北大學文學院，獲文學碩士學位（中國古代文學先秦方向）。2015 年畢業於華中師範大學文學院，獲文學博士學位（中國古代文學元明清方向）。現為鹽城師範學院文學院副教授、江蘇省「青藍工程」優秀青年骨幹教師培養對象。主要研究元明清文學、經學文獻學。完成江蘇高校哲學社會科學基金項目「錢穆佚文輯補與研究」（2017SJB1529），在研國家社科基金後期資助「《古周易訂詁》整理與史源學考辨」（21FZXB017）。出版《〈全元文〉補正》《劉毓崧文集校證》《〈周易玩辭困學記〉校證》《〈純常子枝語〉校證》《杜詩闡》《陳玉澍詩文集箋證》《詩經世本古義》，並在《圖書館雜誌》《文獻》《中國典籍與文化》《古典文獻研究》《圖書館理論與實踐》《中國詩學》等刊物發表論文百餘篇，另有「史源學考易」系列、清代別集系列數種等待刊。

提　要

　　林昌彝《射鷹樓詩話》稱：「國初諸老能兼經學詞章之長者，竹垞一人而已。」《清史稿》卷四百八十四《朱彝尊傳》稱：「當時王士禎工詩，汪琬工文，毛奇齡工考據，獨彝尊兼有眾長。」職是之故，兼學者與文人於一身的朱彝尊，無論是文學創作（詩、古文、詞），還是學術研究，均取得了非凡的成就。就詩歌而言，朱彝尊與詩壇宗主王士禎並稱「南朱北王」。誠如鄭方坤所言：「新城、長水屹然為南北二大宗師，比于唐之李、杜，宋之蘇、黃，更千百年而勿之有改也。」（《國朝名家詩鈔小傳》）

　　朱彝尊晚年親自編定詩文集《曝書亭集》八十卷，其中卷二至卷二十三為詩，按年編次，共收錄自順治二年（1645）至康熙四十八年（1709）六十五年間的古近體詩約二千五百首。隨後，出現了數種注釋朱詩之作，以江浩

然《曝書亭詩錄箋注》十二卷、楊謙《曝書亭集詩注》二十二卷、孫銀槎《曝書亭集箋注》二十三卷（含賦一卷）最為有名。其中，楊注本成就最高，周中孚《鄭堂讀書記》譽為「博考詳釋，條貫靡遺」。令人遺憾的是，這幾種注本迄今沒有整理本。

　　楊注有乾隆間木山閣刊本、民國間木石居校刊石印本。本書以乾隆本為底本，以石印本以參校本，對全書加以整理。同時，對楊注所有內容加以史源考察，補充其書名、卷次、篇目，並對其訛誤、缺漏加以補正。

目　次

第三三冊　姚淑海棠居詩集編年箋注

作者簡介

　　魏堯西先生（1917～1998），四川邛崍人。一九四九年前後為成都建國中學、新都師範學校教師。1980 年代受聘為《邛崍縣志・文物志》主編、巴蜀書社特約編輯、重慶師範學院《元代文學詞典》編纂人員。對古典文學、戲劇史、陶瓷史、中醫史，有精深研究。發表有《邛窯志略》（1946）、《宋代的鼓子詞》（1954）、《宋代隊舞》（1956）、《宋代的民間舞蹈》（1957）、《〈靈樞〉成書時代》（1983）、《李清照年譜》（2017）、《宋雜劇金院本新證》（2022）等論文、著作。

整理者簡介

鄧小軍，1951 年生於成都，本姓魏，後改從母姓。首都師範大學文學院教授、中國古代文學博士生導師。2001 年安徽師範大學中國詩學中心學術委員會委員，2003～2004 年香港浸會大學訪問學者，2012 年國家圖書館文津講壇特聘教授，2016 年安徽師範大學中國詩學中心特聘教授。著有《唐代文學的文化精神》、《儒家思想與民主思想的邏輯結合》、《詩史釋證》、《古詩考釋》、《古宮詞一百二十首集唐箋證》、《董小宛入清宮與順治出家考》。

提　要

明清之際民族英雄李長祥，四川達州人，明末進士，官至魯王監國兵部尚書。從事反清復明軍事鬥爭，百折不撓。全祖望稱之為「間關戎行，累起累躓，事敗行遁，不知所終，最稱完節。」

傑出女詩人姚淑，南京人，李長祥的夫人和反清復明的戰友。姚淑詩集《海棠居初集》，幾乎篇篇皆精金美玉，其中最寶貴的是反映抗清歷史的眾多不朽詩史，洵為中國文學史上第一流作品。

魏堯西《姚淑海棠居詩集編年箋注》，是第一部姚淑詩集箋注。本書箋詩考史，引書近三百種，創獲豐碩。考史如首次揭示出康熙十三年李長祥指揮吳三桂軍大敗清軍，取得岳州大捷。這是至今學界從未有人道出過的重大史事，讀之令人驚心動魄。箋注姚詩的用語、用典，以史證詩、詩史互證，允稱貼切、翔實、精湛，揭示出姚詩的重大歷史內容、高度藝術成就及其精深人文淵源。

附錄《姚淑事蹟繫年》，是第一部姚淑年譜，實為姚淑李長祥二人年譜合編。其中李長祥史事考述之翔實，前所未有。附錄還包括姚淑詞輯佚、投贈詩文、關於姚淑軼事的文獻資料、關於李長祥的文獻資料、史子集部及現代文獻有關姚淑著作的參考資料，以及徵引書目（注明版本）。

魏堯西的學術研究成就和詩詞創作經驗，是其著作《姚淑海棠居詩集編年箋注》的深厚根基。

目　次

第三四至三七冊　清代散見戲曲史料彙編
（筆記卷・二編）

作者簡介

趙興勤，1949 年生，江蘇沛縣人，江蘇師範大學文學院教授。在國內外出版學術著作《中國早期戲曲生成史論》《莊一拂〈古典戲曲存目彙考〉補正》《曲寄人情：話說李玉》《清代散見戲曲史料研究》《清代散見戲曲史料彙編》

（已出 5 編，凡 14 冊）《江蘇梆子戲史論》《中國古典戲曲小說考論》《古代小說與傳統倫理》《理學思潮與世情小說》《話說〈封神演義〉》《趙翼評傳》《江蘇歷代文化名人傳‧趙翼》《趙翼年譜長編》（全 5 冊）《趙翼研究資料彙編》（上、下冊）《元遺山研究》《古典文學作品鑒賞集》等 30 餘種，主編、參編著作 50 餘種，發表論文 250 餘篇。主持國家社科基金項目 3 項、國家社科基金藝術學重大項目子課題 1 項，獲得過教育部高等學校科學研究優秀成果獎（人文社會科學）、江蘇省哲學社會科學優秀成果一等獎、二等獎（4 項）、三等獎、江蘇省普通高等學校優秀教學成果一等獎等重要獎項。

　　葉天山，1980 年生，江蘇常州人，華東師範大學文學博士，現執教於洛陽師範學院文學院。攻讀碩士學位時，師從趙興勤教授，以元明清文學為研治重點。2006 年以來，在省級以上學術刊物發表論文 30 餘篇，代表作有《〈明史‧樂志〉纂修考》《〈歷代曲話彙編〉（唐宋元明編）正補》《明代曲學文獻刻抄述論》《金曲的範圍與金散曲訂例》等。出版《子不語譯注》（上海三聯書店 2014 年版）、《陳森〈梅花夢傳奇〉箋注》（中國社會科學出版社 2019 年版），發表舊體詩《洛浦屐痕》《思往日》《詩三首》及文言小說《金山寺》等。主持或參與教育部、省廳及地市級科研項目 6 項，曾獲上海市戲曲學會評選的優秀論文獎（2013）、河南省素質教育理論與實踐優秀教育教學獎（2010）、高校骨幹教師培訓證書（2017）等。

　　趙韡，1981 年生，江蘇沛縣人，現任徐州市醫療保障局辦公室主任、高級經濟師、特聘研究員。大學二年級開始發表論文，迄今已有百餘篇，散見於《文獻》《民族文學研究》《戲曲研究》《南大戲劇論叢》《藝術百家》《明清小說研究》《讀書》《中國語言文學研究》《晉陽學刊》《東南大學學報》《中華詩詞》《中國社會科學報》及《歷史月刊》（臺灣）、《書目季刊》（臺灣）、《國文天地》（臺灣）、《戲曲研究通訊》（臺灣「中央」大學）、《澳門文獻信息學刊》（澳門）等學術刊物。已出版的學術著作有《近古文學叢考》《元曲三百首》《江蘇梆子戲史論》等 8 種（凡 17 冊），另參編（撰）《元曲鑒賞辭典》《現代學案選粹》等 8 種。代表作獲江蘇省第十五屆哲學社會科學優秀成果二等獎（2018）、江蘇省高校第九屆哲學社會科學研究優秀成果二等獎（2014）。合作負責國家社科基金後期資助項目《錢南揚學術年譜》（項目批準號：16FZW038），參與國家社科基金藝術學重大項目《新中國成立 70 周年中國戲曲史（江蘇卷）》（項目批準號：19ZD05）。

提　要

　　清代戲曲價值大而研究者少，下筆易而突破難，關鍵問題是研究資料的難以搜訪。盡管經過眾多學者的不懈努力，資料搜集工作已取得一些成果，但相對清代戲曲史料尤其是散見戲曲史料的總量而言，卻還是相對有限，仍難以滿足研究者的需要。鑒於此，本書編者承前賢時彥之餘緒，計劃編纂一套《清代散見戲曲史料彙編》，分為「詩詞卷」「方志卷」「筆記卷」「小說卷」「詩話卷」「尺牘卷」「日記卷」「文告卷」「圖像卷」等。目前已出版五編（凡 14 冊），餘下將依次推出，以期對清代戲曲的整體研究有所助推。本編從清代 130 餘種筆記中鉤稽出 900 餘則與戲曲史相關之史料，涉及各色伶人 280 餘人、各類性質的戲班六七十家、各類劇目四五百種，為研究戲曲演出史嬗變的絕佳史料。本編所輯散見戲曲史料的學術價值，主要體現在如下幾個方面：一是史料所反映的戲曲生態。明、清時期，戲曲藝術對現實生活的滲透體現在方方面面，各個社會階層都有戲曲的狂熱追捧者。二是史料所載戲曲聲腔的競相稱勝。涉及的戲曲，除宋、金、元雜劇（或院本）外，主要有弋陽腔、四平腔、昆腔、弋腔、西腔、秦腔、亂彈、二黃（或皮黃）、梆子、花鼓、落子、影戲等。花雅爭勝之狀，藉此可窺得一斑。三是史料所載稀見劇目。史料載有不少稀見劇目，如《宋龍圖》《梅玉簪》《三溪記》《陰陽鬥》《雙合印》《肉蒲團》《花關索》《奪女擇配》《姚秋坪破奇案》《蕊珠記》《古玉杯》《再誤緣》等，這為我們考證劇目存佚提供了直接證據。其他一些地方戲劇目，為各家書目漏收者亦不在少數，如《夜觀星象》《夜困曹府》《柴房相會》《花園跑馬》《祭奠項良》《李仙附薦》《金花報喜》《三婦氣夫》《法場換子》《王大儒供狀》《司馬師搜魏宮》等。四是史料涉及場上演出者甚多，除鄉村花鼓戲之類的地方小戲外，對北京、上海、天津、廣州、南京等地伶人的戲曲活動及場上演出狀況均有載述。需要特別說明的是，清代一些筆記體戲曲論著，如焦循《劇說》、李調元《雨村曲話》《雨村劇話》、吳長元《燕蘭小譜》、楊懋建《夢華瑣簿》等，由於已成專書，不合本書「散見」的體例，且已有《清代燕都梨園史料》《中國古典戲曲論著集成》《歷代曲話彙編》等多部著作收錄，故本編不再收入。

目　次

第三八冊　玄宗闡祕：四川道教科儀傳統《廣成儀制》的分類、流傳與使用

作者簡介

蔣馥蓁，法國高等研究學院 EPHE 宗教學博士。現為政治大學華人宗教研究中心客座助研究員。博士研究主要討論中國四川道教科儀傳統《廣成儀制》的科本編排與田野實作。研究領域為道教儀式、清代道教史、近代四川宗教與民間文化，目前開展的新課題是當代台灣全真道教的發展軌跡。

提　要

本書以近代四川道教科儀叢集《廣成儀制》及其傳統為討論，在研究上採取文本與田野工作並重的方法，致力理解科儀書本身及其實踐。在章節的安排上亦作兩大部分，科儀書本身的歷史，以及目前廣成科儀的實踐情形。

目前所見廣成傳統相關記載並不豐富，我儘可能以史料與教內文本，輔以對道士的口述史訪談，對如「校輯」、地方宗派、全真與正一、本山意識、收集刊刻等過程，提出自己的看法或質疑。對廣成的研究，除了以其豐富的材料呼應地方道教視角的研究，作為晚近極少數的大型科儀集成，亦有助我們更完整地檢視道教科儀演進。

本文通過對《廣成儀制》完整的閱讀檢索，輔以專用的文檢集，對文本

本身顯露的訊息分類解析。先從對超過三百部科書表列提要，發現從其命名
與功能歸納能顯現的基本分類、結構，指出廣成科儀採取嚴格遵守「陰齋陽
醮」原則，在此分類底下根據儀式的性質目的作出極細緻的齋或醮（二十類
以上），乃至於再次、又次一層的「隨門分事」。另外也根據筆者自己的閱讀
與田野經驗，提出道士對廣成科儀各單科的理解亦將形成獨特的內化的儀式
邏輯與結構構成。廣成科儀的節次安排極為活潑，高功們對節次的靈活安排
奠基在共同的邏輯之下，經由對科儀正確且豐富的理解，從單科科儀到一日
多日的較大規模法事，由小而大，漸次堆疊成有意義的節次。這個架構往往
能使儀式節次長成宛如有機體般合理又對稱，合理地跨越冥陽兩利。因為其
節次安排圍繞著道教各方面的精義，講求流暢敘事般的思考，廣成道士們方
可以從容應付各種儀式安排。

目　次

第三九冊　中晚唐碑誌文研究

作者簡介

高瑋，女，1978 年 8 月出生。2006 年畢業於廈門大學中國古代文學專業，獲得文學碩士學位；2010 年畢業於廈門大學歷史文獻學專業，獲得歷史學博士學位。武漢大學訪問學者。現任三峽大學中國古代文學教研室教師。獲省社科項目一項，博士後一等資助項目一項，在《東南學術》《中州學刊》《福州大學學報》等刊物上發表論文多篇。CCTV12《法律講堂（文史版）》主講人，主講《唐代詩人魚玄機》《烏臺詩案》等系列節目。

提　要

本書稿從文獻學入手，以中晚唐的碑誌文材料為研究對象，從文學和史

學兩方面進行相關研究。文學方面涉及包含神道碑和銘文的文體研究，關於神道碑文體的發展沿革、誌主身份以及創作情況，銘文文體的發展歷程、「正體」與「變體」之分以及銘文的文學特色等。並進一步闡釋中晚唐碑誌的文學性、文學史價值。重點進行了中晚唐代表作家如權德輿、韓愈、柳宗元的碑誌文創作研究，權德輿在中唐時期碑誌創作影響極大，為多位皇親顯貴等創作碑誌。故在展示其碑誌創作的「盛況」的同時，對原因進行分析，揭示其碑誌創作的特點及在碑誌文發展史上的影響。對於韓愈碑誌，則從文學接受的角度出發，對韓愈不拘常式的碑誌創作迅速獲得廣泛認可的原因進行探究，並從碑誌文發展的歷史來重新評述韓愈碑誌創作對碑誌文發展的作用。柳宗元碑誌創作時間較集中於「永貞革新」失敗後的貶謫歲月中，故以其碑誌文為出發點，重點闡釋「永貞革新」對柳宗元人生產生的影響。史學方面展示不同社會階層群體的生活風貌，包括官員、女性以及處士群體的研究，以及在此基礎上進行中晚唐人心靈史的研究，通過「他者視角」、「自我視角」、「神聖視角」的觀照，展開對中晚唐人生命觀的探討。

目　次

第四十冊　散見宋金元墓誌地券輯錄五編

作者簡介

周峰，男，漢族，1972 年生，河北省安新縣人。中國社會科學院民族學與人類學研究所研究員，歷史學博士，博士生導師。主要從事遼金史、西夏學的研究。出版《完顏亮評傳》《21 世紀遼金史論著目錄（2001～2010 年）》《西夏文〈亥年新法‧第三〉譯釋與研究》《奚族史略》《遼金史論稿》《五代遼宋西夏金邊政史》《貞珉千秋──散佚遼宋金元墓誌輯錄》《談金：他們的金朝》等著作 21 部（含合著），發表論文 100 餘篇。

提　要

本書為《散見宋金元墓誌地券輯錄》的第五編，共收錄宋金元三代的墓誌、地券 100 種，其中宋代 39 種，金代 12 種，元代 49 種。每種墓誌地券內容包括兩部分：拓本或照片、錄文。拓本及照片絕大部分來源於網路，大部分沒有公開發表過。墓主大部分為不見經傳的普通百姓，為我們瞭解宋金元時期民眾的生活提供了第一手的寶貴資料。

目　次

凡　例

第四一、四二冊　姚培謙年譜研究

作者簡介

　　高磊，男，安徽蒙城人，文學博士，寧波工程學院人文與藝術學院教授，主要從事明清詩文和古典文獻學研究，已出版《清人選宋詩研究》《元詩別裁集研究》等專著，並在《山西大學學報》《甘肅社會科學》《湖北大學學報》《蘇州大學學報》《中南大學學報》《南通大學學報》等期刊發表論文二十餘篇；已主持完成省部級課題三項、市廳級課題四項；獲寧波市第四屆青年社科優秀成果獎、寧波市教育系統優秀黨務工作者等表彰。

提　要

　　姚培謙（1693～1766），字平山，清初知名學者，世居浙西，六世祖姚璋始徙居松江之五保，詩禮相承，人文代興，遂為金山望族。其族自南宋始祖秀一，至清代之培謙，凡一十四世，其間以文章揚名、以事功顯著、以道德稱頌當時者，代不乏人。姚氏族人雖窮通有異，顯晦或殊，然向學尚志、明倫立德的家風未嘗懈怠，茲於姚培謙的立身處世、為文治學皆有影響。培謙躬逢康乾盛世，恪守家風，始終不渝，人品與文品俱高。其一生，四易其名：姚培本、周廷謙、姚廷謙、姚培謙，而以姚培謙之名最為世人所熟知。培謙早年思想以儒家為主導，以光振家業為己任，勤勉於事功，冀剛健有為。清雍正十一年，因科場案牽連，培謙無辜下獄。事白歸家，杜門謝絕世事，而皈依釋老，以著述為務，常思文章報國。培謙一生屢經憂患，而不失其素，以淡泊為懷；四遭名公舉薦，卻一再力辭，而不求聞達。其閱歷深而學問熟，道德文章為時所重。其居鄉常行善舉，邑人愛重之。培謙雖造詣崇高，德業並茂，卻沖乎自下，自甘平凡，堪為鄉邦式，為儒者光。

目　次

下　冊

第四三冊　傳統中國：劉咸炘研究專輯

作者簡介

　　司馬朝軍，上海社會科學院歷史研究所研究員、《傳統中國》主編、《文

澄閣四庫全書》總編纂，原任武漢大學國學院經學教授、歷史學院專門史教授、信息管理學院文獻學教授、中國傳統文化研究中心研究員、四庫學研究中心主任、武漢大學珞珈特聘教授。著有《四庫全書總目研究》《四庫全書總目編纂考》等四庫學系列著作，主撰《辨偽研究書系》，此外出版國學系列著作多種，著述遍及四部。組織主持「經學論壇」與「江南學論壇」，主編學術集刊《傳統中國研究集刊》。

邱勳聰，武漢大學碩士畢業，現為深圳某公司業務經理；陳開林，鹽城師範學院文學院副教授，著述甚富；童子希，黃岡師範學院圖書館館員，著有《高似孫文獻學研究》。

提　要

本書二十餘萬字，分為三編：

上編《劉咸炘目錄學部類觀研究》，邱勳聰著。這是前人研究未透徹的一個重要選題。所謂目錄學部類觀，實際上就是分類。分類問題不僅是目錄學的核心問題，也是傳統學術的核心問題，甚至可以說是中國人的核心問題。此書內容充實，由主編逐字逐句審閱修訂。

中編為陳開林等人有關劉咸炘學術思想的專題論文。徵得他的同意，將他所發布的論文一併收入。

下編是《劉咸炘研究論文篇目索引》。編者為童子希，便於讀者參考利用。

目　次

第四四至四七冊　陸繼輅集

作者簡介

陳開林（1985～　），湖北麻城人。2009 年畢業於重慶工商大學商務策劃學院，獲管理學學士學位（市場營銷專業商務策劃管理方向）。2012 年畢業於湖北大學文學院，獲文學碩士學位（中國古代文學先秦方向）。2015 年畢業於華中師範大學文學院，獲文學博士學位（中國古代文學元明清方向）。現為鹽城師範學院文學院副教授、江蘇省「青藍工程」優秀青年骨幹教師培養對象。主要研究元明清文學、經學文獻學。完成江蘇高校哲學社會科學基金項目「錢穆佚文輯補與研究」（2017SJB1529），在研國家社科基金後期資助「《古周易

訂詁》整理與史源學考辨」（21FZXB017）。出版《〈全元文〉補正》《劉毓崧
文集校證》《〈周易玩辭困學記〉校證》《〈純常子枝語〉校證》《杜詩闡》《陳
玉澍詩文集箋證》《詩經世本古義》，並在《圖書館雜誌》《文獻》《中國典籍
與文化》《古典文獻研究》《圖書館理論與實踐》《中國詩學》等刊物發表論文
百餘篇，另有「史源學考易」系列、清代別集系列數種等待刊。

提　要

　　常州在清代學術史上佔有重要地位，無論是思想界的常州今文學派，還
是文學界的常州詞派、陽湖文派，在當時及後世都產生了巨大的影響。陸繼
輅作為陽湖文派的重要成員，但與陽湖文派的其他代表成員，諸如張惠言、
惲敬、李兆洛相比，相關研究成果明顯偏少，還有較大的研究開發空間。

　　陸繼輅的文學著述涵蓋詩詞、文章、戲曲，卷帙頗豐，但目前研究分布
極為不均，主要聚焦於其文章方面，基礎文獻的整理、詩詞研究付之闕如。
本書內容包括《崇百藥齋文集》二十卷（清嘉慶二十五年刻本），《崇百藥齋
續集》四卷（清道光四年合肥學舍刻本），《崇百藥齋三集》十二卷（清道光
八年刻本。另附其妻錢惠尊《五真閣吟稿》一卷），《合肥學舍劄記》十二卷
（清光緒四年興國州署刻本）。另外，其兄子耀遹與之齊名，人稱「二陸」。
故附錄陸耀遹《雙白燕堂集唐詩》。本書係陸繼輅集的首個整理本，期於為陸
繼輅的相關研究提供一個較為便利和精確的文本，並提供一些新的材料，以
便在此基礎上，做出相應的研究。

目　次

第四八、四九、五十冊　《青學齋集》校證

作者簡介

　陳開林（1985～），湖北麻城人。2009 年畢業於重慶工商大學商務策劃學

院，獲管理學學士學位（市場營銷專業商務策劃管理方向）。2012 年畢業於湖北大學文學院，獲文學碩士學位（中國古代文學先秦方向）。2015 年畢業於華中師範大學文學院，獲文學博士學位（中國古代文學元明清方向）。現為鹽城師範學院文學院副教授、江蘇省「青藍工程」優秀青年骨幹教師培養對象。主要研究元明清文學、經學文獻學。完成江蘇高校哲學社會科學基金項目「錢穆佚文輯補與研究」（2017SJB1529），在研國家社科基金後期資助「《古周易訂詁》整理與史源學考辨」（21FZXB017）。出版《〈全元文〉補正》《劉毓崧文集校證》《〈周易玩辭困學記〉校證》《〈純常子枝語〉校證》《杜詩闡》《陳玉澍詩文集箋證》《詩經世本古義》，並在《圖書館雜誌》《文獻》《中國典籍與文化》《古典文獻研究》《圖書館理論與實踐》《中國詩學》等刊物發表論文百餘篇，另有「史源學考易」系列、清代別集系列數種等待刊。

提　要

晚晴學人汪之昌「慕其鄉先正顧炎武之遺風，故治學亦主於博通」（張舜徽《清人文集別錄》），涉獵頗廣，「專研經義，以《說文》為輔，旁及諸史、諸子與夫輿地、目錄、九章家言」（章鈺《新陽汪先生墓表》）。所著《青學齋集》三十六卷，「卷一至十二皆說經之文，卷十三至二十二則史論、史考之作，卷二十三至二十五為讀諸子書後之篇，卷二十六、七為雜錄，卷二十八至三十二為雜文，末四卷為古今體詩」（《清人文集別錄》），內容以攷經證史居多，極富學術性。誠如章鈺所言：「故凡所造述，靡不貫穿本末，平決異同，鉤隱以達顯，舉大以賅細。」然迄今未經整理。

《青學齋集》僅有民國二十年新陽汪氏刻本。本書以此為底本，施以新式標點，並加以校證，諸如文中所隱括之引文，則迻錄其原文，以備參考；所關涉之人物、事件，則稍加疏證；所昭示之觀點，則取他人之作可互為補證者，以見立論之得失。期於為學界提供一個較為完備的校證本，以便進行深入研究。

目　次

上　冊

第五一、五二冊　國故新略──新七略

作者簡介

　　司馬朝軍，上海社會科學院歷史研究所研究員、《傳統中國》主編、《文澄閣四庫全書》總編纂，原任武漢大學國學院經學教授、歷史學院專門史教授、信息管理學院文獻學教授、中國傳統文化研究中心研究員、四庫學研究中心主任、武漢大學珞珈特聘教授。著有《四庫全書總目研究》《四庫全書總目編纂考》等四庫學系列著作，主撰《辨偽研究書系》，此外出版國學系列著作多種，著述遍及四部。組織主持「經學論壇」與「江南學論壇」。

提　要

　　本書將傳世文獻分為七大部分，除經史子集四部之外，另外增加三部，即宗教部、技藝部、工具部。對每部的重要典籍加以簡介，形成了一個自具特色的圖書分類體系，故斗膽稱之為「新七略」。此書既是目錄學教材，也可

以視為文獻學教材或國學教材，代表了作者一個時期的分類體系。

目　次

上　冊

臺灣百年道家道教書目提要(上)

蕭登福 編

編者簡介

　　蕭登福，台灣屏東縣人，政治大學中文研究所畢業。現任台中科技大學應用中文系兼任教授；常到中國、香港、澳門、新加坡、馬來西亞、韓國等處參加學術會議及講學。在道教、佛教、先秦諸子、易經、敦煌俗文學等方面，皆有研究專著。曾多次接受港、陸、台等地著名廟宇委託撰寫道書。

　　著有《鬼谷子研究》、《敦煌俗文學論叢》、《漢魏六朝佛道兩教之天堂地獄說》、《道教星斗符印與佛教密宗》、《道教與密宗》（新文豐）、《道教與佛教》、《道佛十王地獄說》（新文豐）、《黃帝陰符經今註今譯》、《周秦兩漢早期道教》、《新修正統道藏總目提要》（四川，巴蜀書社）等五十九種專書，發表學術論文二百餘篇，所參加的學術研討會及發表論文一百一十多篇。

提　　要

　　本書以「百年道書提要」為稱，所收集之書籍，自民國元年（1912 年）起，至民國 102 年（西元 2013）止，以台灣已出版之專書為主，期刊論文及博碩士專著不在收錄之列。係由蕭登福主編，聯合十餘名大專院校教授學者撰寫而成。書分上、下編。上編道家諸子書目提要；下編道教書目提要。

　　上編道家諸子書目提要，分下列子項目：壹、老子經典闡釋及版本校對；貳、莊子經典闡釋及版本校對；參、文子、列子及其他道家；肆、道家哲理思想。

　　下編道教書目提要，分為：壹、道教宗派與經典；貳、道教科儀及丹道養生；參、道教類書及工具辭書；肆、道教哲學與文學藝術；伍、宗教神學；陸、道教史、文物考古及綜論；柒、道儒釋三教會通；捌、道教神祇及民俗田調。

　　本書收集民國以來百年間，臺灣所出版和道家、道教相關的著作，為各本著作撰寫摘要，旨在提供這方面的研究成果，方便於學者研究時之參考與應用。

自　序

　　《臺灣百年道家道教書目提要》，此書撰作的因緣，起源於四川大學老子學院的詹石窗教授，他承接了大陸「2014 年度國家社會科學基金」，要編纂《百年道家與道教研究著作提要集成》，其範圍上達百年，且包括大陸及港、澳、台三地相關的道書。由於涉及的內容過於龐大，因而分為多個子題，同時進行。

　　詹教授原希望港、澳、台三地的相關道書，由我和鄭志明教授聯手來主持編纂，但鄭教授謙讓，所以遂由我獨自來處理此書之全部事務。於是開始尋找港、澳、台三地百年來所出版道家道教相關的書目，及尋找願意合作撰寫提要的學者，規定寫作的格式、字數，然後各自認領所要撰寫的書名，再各自尋找出原書，撰寫提要。

　　百年道書，所收集之書籍，自民國元年（1912 年）起，至民國 102 年（西元 2013）止，以已出版之專書為主，期刊論文及博碩士專著不在收錄之列。所收的道書，有的已百年之久，坊間及圖書館、網路多方搜尋，皆難以找到，但畢竟這僅是少數。今所收集到的道書，包括港、澳、台三地，去其重複，約近三百種，然後再據以歸類，方便處理。

　　川大詹石窗教授所主持的《百年道家與道教研究著作提要集成》，2014 年開始著手進行，經歷多年，今已出版，共六冊，並在 2021 年 12 月 6 日在四川大學舉行「新書發布會」，邀請筆者與會，由於疫情關係，筆者僅以視訊連線與會，發表《臺灣百年道書》編纂過程及成果。

　　筆者所主持的《臺灣百年道家道教書目提要》，完成於 2017 年 7 月 18 日。因為配合四川大學原項目的整體需要，而被拆散分別收錄於《百年道家與道教

研究著作提要集成》各項各類中，已完全喪失原貌。且大陸出版的書，臺灣購取不易。因而想要在臺灣另行出版。

　　本書取名為《臺灣百年道家道教書目提要》，雖區分道家、道教，其實二者是一體的。道教是中國本土宗教，春秋戰國時已有修仙長生之說，《文子・下德篇》說：「老子曰：治身：太上養神，其次養形。」《莊子・刻意篇》以恬澹寡慾、清靜無為，是養神之人；而吹呴呼吸、熊經鳥伸，是養形之人。其後道教內丹之修性、修命，皆不外於道家之養神、養形。道家道教本為一體，道教修行法門出自道家，道家人物，即是神仙人物，詳見筆者所撰《周秦兩漢早期道教》一書〔註1〕。《正統道藏》也將老莊及鬼谷子等書歸入道教中。但世人好將道家、道教區分為二，以所言哲學者為道家，所言宗教者為道教，今為順俗，亦將之區為二。

　　《臺灣百年道家道教書目提要》區分為兩大部分，上編、道家諸子書目提要；下編、道教書目提要。

　　上編、道家諸子書目提要，下分為：壹、老子經典闡釋及版本校對；貳、莊子經典闡釋及版本校對；參、文子、列子及其他道家；肆、道家哲理思想。

　　下編、道教書目提要，下分為：壹、道教宗派與經典；貳、道教科儀及丹道養生；參、道教類書及工具辭書；肆、道教哲學與文學藝術；伍、宗教神學；陸、道教史、文物考古及綜論；柒、道儒釋三教會通；捌、道教神祇及民俗田調。

　　本書的分類，係筆者仿照張繼禹《中華道藏》之分類法，先以四大道派及道經為主，次參酌《道藏》三洞四輔及當今學術研究之法而加以分類。

　　本書參與撰寫提要者有十餘人，為尊重原撰者之寫作權，除錯別字外，將不予更動，且在每一提要文末，將作者姓名置於（）內，以示文責自負。

　　本書編纂期間，李建德博士幫忙甚多，使全書的寫作格式統一化，並負責與川大聯絡，謹致謝忱。也感謝參與撰寫提要的各位學者，使本書得以順利完成。其間，尤記得弘光科技大學的劉見成院長，好善樂於助人，但今書將付梓，而劉院長已歸真多年，謹識數語，並致哀悼之忱。

蕭登福謹誌於 2022.6.24

〔註1〕蕭登福《周秦兩漢早期道教》，台北，文津出版社，1998年6月。

目次

下　冊

臺灣百年道家道教書目提要
撰寫成員名錄

姓　名	現　職	撰寫數量	提要字數	備　註
蕭登福	臺中科技大學應用中文系教授	3 本	4261 字	本子課題負責人
鄭志明	輔仁大學宗教學系教授暨臺灣民間宗教學術中心主任	0 本	0 字	本子課題負責人
簡一女	中學教師退休、廈門大學哲學博士	10 本	6627 字	
林翠鳳	臺中科技大學應用中文系教授	48 本	49880 字	
李建德	臺中教育大學通識教育中心兼任講師洞玄靈真斗堂常住高功	65 本	80642 字	本子課題行政助理
熊品華	真理大學宗教文化與組織管理學系兼任講師	26 本	47028 字	
蕭百芳	南臺科技大學通識教育中心副教授	26 本	49535 字	
陳昭吟	臺南應用科技大學視覺傳達設計系副教授	18 本	27309 字	
賴慧玲	義守大學通識教育中心副教授	36 本	37684 字	
郭正宜	高苑科技大學通識教育中心副教授	20 本	23132 字	
劉見成	弘光科技大學通識學院教授	21 本	20417 字	
藍日昌	弘光科技大學通識學院副教授	18 本	16871 字	
劉煥玲	南臺科技大學通識教育中心助理教授	3 本	3313 字	
江達智	成功大學歷史學系副教授	3 本	2992 字	
書目提要撰寫數量及書目提要總字數		297 本	369691 字 若含章節架構，則為369885 字	

撰稿人：蕭登福、鄭志明、江達智、李建德、林翠鳳、陳昭吟、郭正宜、熊品華、劉見成、劉煥玲、蕭百芳、賴慧玲、藍日昌、簡一女
（除主編外，其餘撰稿人均按姓氏筆劃排序）

上編　道家諸子書目提要

第一章　老子經典闡釋及版本校對

程辟金著《老子哲學的研究和批評》

　　《老子哲學的研究和批評》，程辟金著，原上海：民智書局，1923 年出版，今據台北文听閣圖書有限公司出版，2010 年初版。16 開本，平裝，約三萬餘字，88 頁，收於《民國時期哲學思想叢書》第一編第四十冊。

　　《老子哲學的研究和批評》一書，可分為八章：一、老子年代的研究；二、老子是哲學詩的我見；三、老子哲學的綱要及方法；四、老子的宇宙論；五、老子的宇宙觀；六、老子的人生哲學；七、老子的政治哲學；八、批評。本書的論述有許多特色，謹列如下：一、作者對於孔子與老子先後的問題，反駁清人閻若璩與近人胡適的意見，認為老子的年代後於孔子；二、老子的身分，作者認為老子是周太史儋；三、作者透過《老子》與《詩經》之音韻與體裁的比較，提出作者獨特、大膽的創見，認為《老子》一書是哲學詩。這個意見頗為新穎。四、作者認為凡成為一位大哲學家，苦心造詣，目的不外求解決人應該怎樣做人的問題。故真正的哲學家，在於「實行」，不在「虛談」。老子由「人」探到「天」，由「物」索到「物的本源」，不外乎是求怎樣做人的一條大道。因此，作者認為老子的宇宙觀，即是人生觀，也即是他一己哲學的重要原則。中國傳統學問，基本上，均是著重人世間的實踐，作者頗能掌握關鍵。四、本書亦受當時時代的學術氛圍影響，亦用西方學術分科方法來研究老子思想。五、作者對於《老子》的哲學思想採取思考辯證的角度，對於其思想哲學，並非照單全收，讀者未必能全部接受，然成一家之言，未可盡廢。這種思考辯證的思維，是研究傳統學術不可或缺心態之一。（郭正宜撰）

金聲著《老子哲學之研究》

　　《老子哲學之研究》，金聲著，原南京：松濤出版社，1948年出版，今據台北文听閣圖書有限公司出版，2010年初版。16開本，平裝，約二萬餘字，72頁，收於《民國時期哲學思想叢書》第一編第四十一冊。

　　《老子哲學之研究》一書，可分為：一、老子傳略；二、老子的宇宙觀；三、老子的人生觀；四、老子的政治思想等四部分。本書完成付梓於1948年，已略後於晚清、民國初年。由於西方學術東漸，舉凡西方科學、文化、學術等，漸為國人所知曉。西方學術分科的研究方法與當時中國學術經世致用的氛圍，仍有一定的影響力。因此，本書仍本就西方學術分科的方法來研究老子的思想，所以，在研究老子的思想，乃就老子的宇宙觀、人生觀、政治思想作為分類，以便於研究。此乃時代氛圍的學術影響。其次，在經世致用的學術氛圍上，作者也強調了老子的政治思想。另外，作者也喜用圖來說明老子的哲學。（郭正宜撰）

張起鈞著《老子哲學》

　　《老子哲學》，張起鈞著。臺北：中央文物供應社印行，1953年初版，屬該出版社所出「中國文化叢書」系列之一，118頁；1964年9月後改由臺北：正中書局重新印行為「臺初版」，1997年12月再刷，到2000年11月臺初版已第十三次印行，為直排平裝25開本，重排為149頁。全書最前有吳森先生的〈吳序〉，最後有三篇附錄：〈老子選讀〉、〈老子道德經原文〉、〈西方文化與道家哲學〉，以及作者的〈後記〉；正文則分四章，分別為：〈第一章、形而上學〉、〈第二章、人生思想〉、〈第三章、政治哲學〉、〈第四章、老學的評價〉。

　　張起鈞（1916～1986），湖北省枝江市人，生於北平，1934年秋考入北京大學政治學系，因抗戰遷移之故1938年畢業於昆明的西南聯大。曾任重慶軍需學校教官、湖北省立工學院訓導長、國立湖北師範學院教授、北平中國大學教授。1948年冬北平被中共圍城時期，搭乘當時總統蔣介石特別指示且由蔣經國在北平主持的「總統接運教授專機」，與錢思亮、毛子水、英千里、張佛泉、黃金鰲等十數位教授相偕南下，1949年6月才輾轉來到臺灣。其1949年8月應聘擔任臺中師範訓導主任，1952年則擔任中興大學法商學院教授。1955年8月則開始應聘為國立台灣師範大學國文系教授直到退休。最早是於師大設於苗栗縣頭份市的「國民教育專修科」，教授老子研究、哲學概論、學庸、

中國哲學史等課程。1967 年曾接辦香港《自由報》，1969 年又與于斌樞機共謀在港恢復《益世報》。1974 年曾創立「大同學會」及「大同學研究所」。除本書外，另著有《老子》、《老子研究》、《文化與哲學》、《人海聲光》、《人生漫話》、《智慧的老子》、《烹調原理》、《恕道與大同》、《大漢新聲》、《儒林逸話》、《道家智慧與現代文明》等，並與學生吳怡合著《中國哲學史話》一書。

　　本書以崇尚自然、尊天黜人、相反相成之義來闡明老子形而上之本旨，並由此以推衍其人生思想與政治哲學，最後論其得失，基本上是採取西洋哲學的觀點與方法來闡發老子思想。作者特別推崇老子的形而上學，認為老子一切主張的理論根據全來自形而上學，並認定他整個哲學體系也就是一套完整的形上哲學。本書闡發的方式是掌握老子的哲學精神來建構其哲學系統，並引用老子原文章句來作這哲學系統的註腳。當然老子的思想體系是否即是「一套完整的形上哲學」，這其實是一種會引起後續爭議的說法，也是作者的獨門之見，但因張起鈞先生名聲很廣，此書公元兩千年以前又不斷再版，可引發老學研究者進一步思考與後續討論。故此書不適合作為研究老子的入門書籍，但有哲學基礎以後，可作為進階閱讀與再思考之書目。（賴慧玲撰）

嚴靈峯編著《道家四子新編》

　　《道家四子新編》，嚴靈峯編著。臺北：臺灣商務印書館，1968 年 10 月初版，將近 50 多萬字，平裝直排 25 開本，858 頁。此書實為《老子章句新編》、《楊子章句新編》、《列子章句新編》、《莊子章句新編》等一般被視為道家諸子原典之新編本合集，在四子書之各篇目前，分別均有嚴靈峯先生為該編所寫的〈章句新編序〉、所採古籍原版本之原注家〈序〉及〈章句新編目次〉；在各篇目最後，必附有〈老聃新傳〉、〈楊朱傳〉、〈列禦寇傳〉、〈莊周新傳〉等編者根據史料新撰的傳記；而各篇之附註，大抵可分為「章句」、「校釋」、「辨偽」各欄，或有或無，視內容而定；而《老子》全書因多有韻之文，故增「音韻」一欄。編者在四子書全書最前頁，還特別誌有：「謹以此書紀念：陳韶、黃理、張葆達三位先師」之語，之後依序為〈道家四子（老楊列莊）新編總目〉、〈道家四子新編自序〉、〈凡例〉，接下來即是四子書新編之正文。由於《莊子章句新編》之篇幅較長，另分為〈上編〉、〈下編〉；而在四子全書的最後，則附有〈道家四子新編校後記〉及〈本書作者著述年表〉（到本書印出之 1968 年止已列有 46 部書）。

　　嚴靈峯（1903～1999），本名嚴明傑，以字行，福建省連江縣黃岐鎮人，福建省立第一師範學校畢業、福建大學肄業。1925 年時曾任中共福州團委書記，1928 年則從蘇聯莫斯科東方大學畢業，和蔣經國乃同學。1934 年以後加入軍統而頗受戴笠重用，與陳立夫二人均為國民黨特務系統中之知名文化人，後來還曾幫蔣經國謀劃臺灣經濟改革之藍圖。在大陸時期曾任上海藝術大學教授，1946 年以前也擔任大陸福州市市長。1949 年 5 月來到臺灣，擔任過中華民國國大代表、中華民國駐日代表、國家安全局辦公廳主任、駐港澳代表、香港珠海書院教授兼訓導長、臺灣大學哲學研究所教授、輔仁大學哲學研究所客座教授。著作則有《中國經濟問題研究》、《道家四子新編》、《易學新論》、《老子達解》、《馬王堆帛書老子試探》、《馬王堆帛書易經初步研究》、《列子辯誣及其中心思想》、《無求備齋學術新著》、《周秦漢魏諸子知見書目》等七十餘種，約 2000 餘萬字，為民國時期著述最多、身份也最複雜的一位大學者。其除了研究中國古籍外，還曾譯有俄文版、德文版之《辯證法的唯物論》、《歷史唯物論入門》、《近代西方經濟學家及其理論》等作。直至臺灣解嚴，1990 年則受到大陸全國政協之邀請，到北京大學等高等學府講學，還擔任中國東方國際易學研究院名譽院長。1994 年其贈北京圖書館 130 多箱書籍，北京圖書館特為之舉行隆重的贈書儀式。

　　此四子書新編時原根據的底本分別為：《老子》一書乃據浙江書局覆刻明代華亭張之象所刻魏王弼注本，《楊子》、《列子》部分則據《四部叢刊》景印瞿氏鐵琴銅劍樓所藏北宋刊本，《莊子》一書乃據《續古逸叢書》景印南、北宋合璧本為底本而加以改編。嚴靈峯先生在本「新編」中所作的更新幅度非常大，其中《老子章句新編》部分，於 1955 年已先由中華文化事業出版過，收入本書成四子書時，已修正到第四版為定本。書前先畫了〈道家哲學思想體系圖〉及〈道家哲學基本概念比較表〉，又寫了〈原道〉一文；之後將老子原文拆解成〈第一篇、道體〉、〈第二篇、道理〉、〈第三篇、道用〉、〈第四篇、道術〉四個概念來重新分列分述。而《楊子章句新編》內容則原由《列子》書中單獨抽出，又仿《莊子》書體例，分為內、外、雜三篇，且每篇均新訂標題。另《列子章句新編》部分，更認為《列子》一書乃列子門人與私淑弟子所記述，並非全為後人所偽托，故也重新董理，將內容分為內、外、雜三篇，且每篇也均新訂標題。又《莊子章句新編》部分更作大幅變動，將傳統《莊子》書內、外、雜三篇之體例內容完全打散，依編注者所認為的「寓言故事主題」及「思想重

點」，重新編排成新的章節，又每篇也均新訂標題。此書因標題清楚、概念分章精細，故頗適合初學者跟隨嚴靈峯先生上課以當作講義，並藉此完全了解嚴先生對道家四子之理解方式。但若要透過此書而認識四子原貌，卻可能會有爭議。因四子之思想內容，是否完全如嚴先生之拆解歸納恐待討論，但若要研究嚴靈峯先生本人之思想，此書將成為不能不讀之重要參考書。（賴慧玲撰）

朱謙之撰《老子校釋》

　　《老子校釋》，朱謙之撰，華正書局 1986 年 1 月出版，硬皮精裝，340 頁。此書原由龍門聯合書局於 1958 年出版，後於 1984 年 11 月由北京中華書局收入《新編諸子集成》（2000 年 8 月再度重印），而臺灣漢京出版社、華正書局、里仁書局亦分別於 1985（2004 年重印）、1986 年出版。

　　朱謙之（1899～1972），字牽情，福建省福州市人，1917 年入北京高等師範學院就讀，後投考進入北京大學法預科。1924 年受聘於廈門大學，1925 至 1928 年在杭州西湖專心著述；1929 年以國立中央研究院特約研究員身分赴日本留學，研究歷史哲學。1931 年返國後，先於上海暨南大學講授歷史哲學、西洋史學史、史學概論、社會學史等課程，並於 1932 至 1951 年任教於廣州中山大學哲學系，先後擔任哲學系主任、歷史系主任、文學院院長、文學研究院院長；1952 年起，任北京大學哲學系教授；1964 年轉任中國科學院社會科學部研究員、世界宗教研究所教授，後在文化大革命期間，因昔日曾提出「智識即罪惡」的論點，遭批鬥為「反動學術權威」，晚景淒涼，1970 年因腦溢血而半身不遂，1972 年復因同疾病逝於北京。其研究領域包括宗教學、歷史哲學、音樂文學、日本漢學等，著有《中國音樂文學史》（商務印書館，1935 年）、《黑格爾的歷史哲學》（商務印書館，1936 年）、《老子校釋》（龍門聯合書局，1958 年）等專書四十餘種，論文百餘篇，被稱作「百科全書式的學者」。

　　朱先生在《老子校釋·序文》及〈本書所據版本書目〉中，詳細說明該書之體例，係採唐中宗景龍二年（708）易州龍興觀主張寊行所造《道德經》碑為底本，拾配 15 種敦煌殘卷本、遂州碑本（即《道藏》所收《道德真經次解》）、4 種舊鈔《卷子》、《唐玄宗御注道德真經》、嚴遵《老子指歸》、河上公《道德真經注》、王弼《道德真經注》、傅奕《道德經古本篇》、范應元《老子道德經古本集註》等為參校本，試圖恢復《老子》古本與其聲韻、文句之真，還原「古代哲學詩之真面目」。書末〈後記〉則說明上揭參校版本、校勘、訓詁、音韻

等方面，各使用哪些文獻或歷代學者之觀點。朱先生該書特別注重楚地方言與《老子》之關係，引用歷代經傳、古籍所載與楚人有關之事典、語典為依據，是較為特別之處。

透過〈本書所據版本書目〉臚列，朱先生共引用了 13 種石刻本、15 種敦煌文獻、4 種日本舊鈔本、10 種輯佚本、41 種《道藏》本、16 種歷代刊本、4 種其他文獻，都 103 種（書末〈補遺〉另標 2 種敦煌，共 105 種文獻）；〈本書所用考訂書目〉則列舉 146 種歷代文獻（書末〈補遺〉另標 1 種，共 147 種文獻）。由此可知，朱先生對於考訂《老子》古本所花費的用心。由於此書寫定之時間為 1950 年代，當時郭店楚簡（1993 年出土）、馬王堆帛書（1973 年出土）等兩種早期《老子》文獻皆尚未出土，此書堪稱最接近古本《老子》之當代文獻，值得加以肯定。（李建德撰）

王淮著《老子探義》

《老子探義》，王淮著。臺北：商務印書館，1969 年 1 月初版，約 15 萬字左右，平裝直排 32 開本，304 頁。正文前有〈自序〉，之後依卷上、卷下分別列出《道德經》八十一章原文，再分別引歷代注家之說來注解各章，每章最後則以「案」來總結作者對此章之詮釋，並發明其中義理；全書最後則依引用先後次序條列出「本書引用參考書目」，計有 57 冊。此書初版截至 2009 年 6 月為止共再刷 14 次，但直至作者過世前，原文內容均不曾再作修訂更動，其中出版單位曾在陸續重刷時更改封面共 4 次，最後幾刷已改為深紅色書皮。

王淮（1934～2009），字百谷，安徽省合肥縣人，青少年時隨父親來臺，大學畢業於台北國立師範大學中文系，為當代新儒學大師牟宗三先生之高弟，但因與牟先生有儒、道家思想依歸方向之分歧，最後走向自己的當代道家之路。其長期任教於台中國立中興大學中文系，並於該校退休，生前對外正式出版的著作僅有《老子探義》一書。王淮先生終生服膺老子之道，清靜無為、淡泊自然，尤其對老子所謂：「治人事天莫若嗇」一義體會深刻，嗇者、收斂精神，拒絕釋放能量，不得已為了謀生及升等需要，方勉力著述。其曾獲第五屆菲華中華文化優等著作獎及三次國科會獎助，但結案成果皆束諸高閣、未曾正式發表。直至 2009 年 9 月 21 日去世，其夫人唐亦男教授（台南成功大學中文系退休）方整理出版《王淮作品集》共四冊（其中包含《王弼之老學》、《郭象

之莊學》、《王百谷美學》、《詹詹集──王淮論文及其他》等四書，由新北市：印刻文學生活雜誌出版有限公司於 2012 年 1 月發行初版）。

　　《老子探義》在 1969 年出版後，幾乎成為台灣當時哲學界及中文學界研究《道德經》必讀之重要著作，也是許多教授老子相關課程的大學老師所採用之教科書。美國威斯康辛大學東方語言系和歷史系終身──周策縱先生即曾直接稱讚：「我查遍古今中外許多《道德經》的相關註釋書，直看到王淮的這本《老子探義》，才終於能真正弄懂老子的思想觀念」。而陳鼓應先生最早一版的《老子今註今譯》（臺灣商務印書館 1970 年 5 月初版）及余培林先生《新譯老子讀本》（臺北：三民書局股份有限公司 1973 年 1 月初版），根據王淮先生自道，因這兩位先生均為其前後期學友，故均曾直接登門拜訪現場筆記，或間接由唐亦男教授請教章句解釋，依《老子探義》書中所解析出的思想觀念從事白話注釋與參考翻譯，而成為臺灣最常見的兩種《道德經》白話今譯本。《老子探義》一書以淺文言方式書寫，主要收集前人之成果與結論，以「集釋」方式務期「講明章句」；又通過前人之成果與理解，盡可能採現代之思想與語言，重新解釋老子之原文，並推演其觀念至一可能之限度，以「疏解」方式務期「發明義理」，故為二十世紀七〇年代台灣學術界對《道德經》最深度理解之代表作。但由於印行以來作者均不曾修訂，故其中原文章句排序及校勘方面仍留有幾處缺漏，然總體而言，有關老子義理之深度與廣度兩方面之詮解，此書允為當時最透闢之作。（賴慧玲撰）

陳鼓應註譯《老子今註今譯及評介》

　　《老子今註今譯及評介》，王雲五主編、陳鼓應註譯。臺灣商務印書館 1991 年 5 月修訂十四版有 17.4 萬字，平裝 14.8x21cm 普通級單色印刷，306 頁，本書經中華文化復興運動推行委員會（以下簡稱文復會）審查通過。主要主編的「古籍今註今譯」為臺灣商務印書館與文復會（後改為國家文化總會）、國立編譯館合作出版，為中華文化之精髓，註譯者皆為地位尊崇之國學大師。《老子今注今譯及評介》全書依序有《編纂古籍今註今譯序》、《修訂版序》、《誤解的澄清─代序》、《目次》、《老子哲學系統的形成和開展》、《註釋、今譯與引述》、《附老子校定文》、《老子注解書目評介》、《修訂版後記》等引導式的介紹。

　　陳鼓應（1935～），福建長汀人。臺灣大學哲學系、哲學研究所畢業。曾任國立臺灣大學哲學系教授、北京大學哲學系客座教授、美國加州大學柏克萊

校區、政治大學國際關係研究中心研究員、中國文化大學哲學系教授及《道家文化研究》學刊主編等職。

　　陳鼓應，14 歲移往台灣，於 1960 年考取國立台灣大學哲學研究所，師從殷海光、方東美。陳鼓應於 1964 年在台大哲研所取得學位後，於台大哲學系擔任講師，後升為副教授。1973 年潛心研究老莊思想，陸續在台灣商務印書館出版老莊相關研究叢書；陳鼓應之後前往美國加州大學柏克萊校區擔任研究員，1984 年前往北京大學擔任哲學系教授、講授老莊哲學。

　　1997 年回到台大任教（1997～2005），退休後既在台大哲學系兼任也在中國文化大學哲學系當任專任教授（2005-2010）。2008 年擔任國立台灣大學哲學系教授台灣大學人文社會高等研究院特聘學者，現為北京大學哲學系人文講席教授。

　　陳鼓應主要研究道家思想，學術界成就，包括主編《道家文化研究學刊》，著有《存在主義》、《存在主義哲學》、《尼采新論》、《悲劇哲學家：尼采》、《老子今註今譯及評介》、《老莊新論》、《莊子今註今釋》、《莊子哲學》、《黃帝四經今註今譯》、《易傳與道家思想》、《周易注釋與研究》、《耶穌新畫像》、《道家易學建構》及《管子四篇詮釋》等書，主要研究領域為道家思想與中國思想史。

　　《老子》一書，又名《道德經》，分為八十一章，五千言經義記錄了春秋時期思想家老子的學說。與孔子齊名，孔子以「天行健，君子以自強不息」積極與正向思維，老子則為自然主義者，他所主張的是：人之行為應取法於「道」的自然性與自發性；主張貴柔、守靜、無為的內涵，消除戰爭的禍害，並避免政治力干涉人民的生活等思想。《老子》一書是中國古代諸子百家的一部著作，是道家哲學思想上完整的哲學著作，也是中國道教歷史的首部重要來源。

　　本書內容主要有五大結構，第一是〔原文〕部分，是以王弼注本為主，再參照其他各古本進行校釋。第二是〔註釋〕部分，是節選前人在老學上的精闢註解；第三是〔今譯〕部分，基本上是依註釋部分加以潤飾，並以白話語譯，第四是〔引述〕部分，是陳鼓應精研後的思維傳述；此外值得一提的是，陳鼓應的註釋過程還相當參看張默生《老子章句新釋》與任繼愈《老子今譯》的見解，且本書修改版尚參考嚴靈峯《老子達解》的「語譯」部分，盡量求譯文的確當。

　　第五是〔評介〕部分，則對各家有關老學古註之註解書目作評介，古註中可以看出歷代註老解老的思想邏輯。依朝代來分，有先秦至六朝、初唐至五代、

兩宋至元代、明代。先秦至六朝的有韓非解老、韓非喻老、嚴遵道德指歸論、嚴遵老子注、古神子道德指歸論注、葛玄老子節解、王弼道德真經註、王弼老子微旨例略、及河上公老子道德經。古註老學書目，被評介最為優多讚賞者，主要是以王弼道德真經註以及河上公老子道德經，其他者多為略述評介。

　　近之研究老子學說之學者，多以參考古代單本發行之版本為題材，尤以王弼本為多，再予進行註釋、翻譯以及思想論述寫作，或於書中加入古人對老子文學註釋，以做引證其所言為是。而本書此外，本書更進一部深入精闢，不僅引用多位對老學研究之古文著作，並深入核對分析古人各對老學研究書籍之差異性做比對，對於後代有心研究老學思想者，有極高參考價值。（熊品華撰）

鄭成海著《老子河上公斠理》

　　《老子河上公斠理》，鄭成海著，台灣中華書局出版，1971年初版，32開本，平裝，約20餘萬字，472頁。

　　鄭成海，男，馬來西亞華僑。台灣大學中文系畢業，輔仁大學中文研究所碩士。歷任教職於國立僑生大學先修班教授、馬來西亞南方學院中文系主任，現任南方學院中文系講座教授。另著有《老子河上公疏證》、《老子學說研究》、《老子索引》、《老子理想社會闡微》、《漫談易經》、《文言虛字淺釋》、《說文通訓定聲索引》、《王弼注易用老子疏證》等書。

　　本書以斠理《老子河上公章句》為主。《老子河上公章句》今存於世者，以宋建安虞氏家塾本較佳，但是書屢經傳鈔，殘奪偽誤，亦復不少，至如其他傳本，殘誤之處，倍於虞氏家塾本；開卷茫然，幾難卒讀，尤為初學者所不能解。本書根據虞氏家塾本，輔以宋刊本《河上公注老子道德經》（底本）、《意林》（唐·馬總）、《群書治要》（唐·魏徵等）、《說郛》（明·陶宗儀纂，民國十六年張宗祥重編本）、伯希和二三四七號（唐景龍三年寫本殘卷）、伯希和二五八四號（唐開元二年索洞玄寫本殘卷）、伯希和二四一七號（唐天寶十年寫本殘卷）、斯坦因六四五三號（唐天寶十年寫本殘卷）、斯坦因四七七號（唐寫本河上公殘卷）、斯坦因三九二六號（唐寫本河上公殘卷）、日本鎌倉時代舊鈔河上公注本殘卷（奈良聖語藏本）、日本天文十五年河上公注舊鈔本、日本近衛公爵舊鈔河上公注本、老子道德經殘卷（日本中村不折藏存沙州諸子廿六種）、《道德真經玄德纂疏》（唐·強思齊）、《道德真經注疏》（舊題顧歡撰。作者疑係唐·張君相撰）、《道德篇章玄頌》（宋·宋鸞）、《道德真

經藏室纂微篇》（宋‧陳景元）、《道德真經集注》（唐明皇、河上公、王弼、王雱註）、《河上公道德真經註本》（道藏河上公本）、《道德真經取善集》（宋‧李霖）、《音註河上公老子道德經》（宋‧麻沙本，呂祖謙重校正）、《道德真經集註》（宋‧彭耜）、《纂圖互注老子道德經》（宋‧龔士卨）、《老子道德經古本集注》（宋‧范應元）、《道德真經疏義》（宋‧趙至堅）、《道德真經集義》（元‧劉惟永）、《道德真經註》（元‧林志堅）、《道德真經集義》（明‧危大有）、《河上公注老子道德經》（明‧世德堂刊）、《老子道德經》（明‧許宗魯）、《道德經評論》（明‧歸有光批閱、文震孟訂正）及《老子通經考》（明‧陳元贇）等三十三種，除了斯坦因四六八一號（敦煌寫本河上公助殘卷）不及兩頁，與日本慶長間活字《河上公注本》校刻欠精，未加考校外，現存河上公諸本，幾已網羅殆盡，搜羅之廣，用力之勤，有足多者。本書的學術貢獻卓著，今後有欲研究《老子河上公注》等相關領域，於本書不能不稍加注意。（郭正宜撰）

馬敘倫原著，何經倫編校《老子校詁》

《老子校詁》，馬敘倫原著，何經倫編校。臺北：華聯出版社，1966 年初版，17 萬字，平裝直排 32 開本，216 頁；1973 年、1993 年 1 月在臺均有再版。此書經查考實為馬敘倫原著，原名《老子覈詁》，1924 年即有北京：景山書社發行排印本；臺灣所見此版已是經作者修訂增補后重印的，全書僅有圈點而未經現代標點，封面亦未印出作者真名，只掛名「何經倫」編校。由於無論如何均無法查考到此編校者之任何資料，疑馬敘倫 1949 年後仍留大陸且擔任中共要職，而此書頗有學術參考價值，臺灣之華聯出版社為免政治牽連，故以假託之名影印出版。然 1972 年嚴靈峯先生在臺北：藝文印書館出版《無求備齋老子集成續編》時，仍將《老子覈詁》排印本收入第 11 涵第 84 冊之中。此書 1956 年 7 月在北京：古籍出版社出版修訂本時，已改稱《老子校詁》；1965年香港：太平書局亦有印行，排成 225 頁；1974 年後再由北京：中華書局重印；1998 年又有再版，收在《四部要籍注疏叢刊》中。全書最前有三篇考證文，分別為：〈老子稱經及篇章考〉、〈老子老萊子周太史儋老彭非一人考〉、〈老子姓氏名字鄉里仕宦生卒考〉；正文則為校詁四卷，標題即簡分為：〈老子卷第一〉、〈老子卷第二〉、〈老子卷第三〉、〈老子卷第四〉；之後列〈老子失文〉與〈老子覈定文〉，最後則有〈老子校詁引用書目〉。

　　馬敘倫（1884～1970），字彝初，又寫作夷初，號石翁、寒香，晚號石屋老人，浙江杭州人。少年時入杭州養正書塾，師從陳介石先生。辛亥革命前曾參加過同盟會，民國後則擔任過上海《國粹學報》、《大共和日報》之編輯、總編輯，又曾擔任過商務印書館《東方雜誌》編輯、《新世界學報》主編、《政藝通報》主筆等；「五四」運動時曾任北京大學教職員會主席、又任北京市中等以上學校教職員會聯合會主席，還陸續在廣州方言學堂、浙江第一師範、清華大學、北京大學等校任教。又曾在北洋政府和國民黨政府擔任過教育部次長；1949 年之後，曾任新中國政府的政務院文化教育委員會副主任，教育部、高等教育部之部長，全國人大常委會委員，全國政協副主席，中國民主促進會中央主席，中國民主同盟中央副主席。除本書外，著作還有《石鼓文疏記》、《讀金器刻詞》、《說文解字六書疏證》、《莊子義證》、《石屋余瀋》、《石屋續瀋》、《馬敘倫言論集》、《馬敘倫學術論文集》等。

　　本書是從語言學、文獻學的角度針對老子書作一較全面的校詁，所根據校詁老子書的底本是「經訓堂刊傅奕校定本」；又因後人在「河上公注本」和「王弼注本」這兩種較盛行注本的基礎上，已出版了許多其他注本，故引發不少值得爭議的問題，作者即對此提出了自己的看法。此書論述有理有據、功底頗深，只因 1973 年馬王堆漢墓帛書《老子》出土時作者已作古，故無法進一步對此書研究作補充修訂，但若回顧老子書之研究史，在此前的五十年間，本書是針對老子人與書之相關研究中極有分量及影響的專論，被認定校勘精良，為當時研究老子原典及其出身背景必參考之書。（賴慧玲撰）

張揚明編著《老子斠證譯釋》

　　《老子斠證譯釋》，張揚明編著。臺北：維新書局，1973 年 11 月初版，約近 30 萬字，平裝直排 25 開本，483 頁。此書最前面有作者〈自序〉，〈目錄〉之後列出〈本書所據版本書目〉計有八十四種、以及〈本書參證書要目〉計一百二十四種；正文則依《道德經》之《道經》、《德經》分章方式，也分為：〈老子斠證譯釋上篇〉、〈老子斠證譯釋下篇〉兩部份，而每一章均有詳細的「章句校證」、「音義」、「章旨」、「譯釋」；全書最後列有〈附錄〉，共收六篇文章，收錄了作者從 1971 年至 1973 年間，刊登在當時《大陸雜誌》與《中華文化復興月刊》兩期刊中，討論有關老子原文章句解讀問題之論文，其中尤因與當時研究老子的巨擘嚴靈峯先生有章句詮釋之不同看法，故有三篇文章均標示「答嚴靈峯先生」。

　　張揚明（1912～2011？），湖南省醴陵縣人，畢業于中央陸軍軍官學校成都高教班，中央警官學校特訓班、軍統局東南幹訓班肄業。1949 年任國防部保密局南京站站長，後來到臺灣，1950 年開始擔任保安司令部第二處處長，1965 年退役時已升為中華民國國防部情報局少將處長。其曾拜鄭曼青為師學太極拳，為楊氏太極拳第五代傳人。退役後專門從事老學之研究，也曾在中華民國道教會附設之宗教學院——「道教學院」（現已正式定名為「中華道教學院」）教授老子相關課程。著作除了本書外，還陸續出版過《老子學術思想》、《老子考證》、《老子驗證》等共四本與老學相關之論著。

　　此書是作者 54 歲由軍中退役以後從事老學系列研究之第一本，主要認為古今中外有關老子書的注疏翻譯及譯本論述已多達一千六百餘種，但因流傳之廣而輾轉抄印，而至版本複雜，現存善本亦無一完全相同。故研究老子之學，必從斟證章句、闡釋音義入手，否則亦無從得知經義旨要。所以作者以王弼本為主，而與河上公本、傅奕古本、范應元古本、景龍碑本、敦煌殘卷等八十四種比較可靠的今存善本反覆校讎；並參考莊子、文子、韓非、淮南以次，直至近代各家的考據、見解及經史百家之說，而詳加考證、力析疑似。最後將經文上下兩篇八十一章，訂正為五千二百五十四字。其中音義則博採各家之長而加以引申分析，譯釋則兼重旨趣、闡發隱微，並逐章撮其要義、標明章旨。此書結構分明、校讎精細，頗成一家之言。然這一類校讎比對古本方式之譯釋，在臺灣解嚴以後，開始可參考中國大陸諸如：帛書老子、郭店楚簡等新出土資料時，若作者未來得及進一步再比對更新，則在了解引用方面將逐漸被取代，故只能以臺灣七〇年代校讎及詮釋老學之階段性成果視之。（賴慧玲撰）

余書麟著《老子教育觀》

　　《老子教育觀》，余書麟著，文景出版社，1975 年再版，平裝，46 頁（含自序）。

　　余書麟，光緒 33 年生安徽省望江縣，自幼聰慧，於家設私塾熟讀四書五經，中學畢業後入龍門師範就讀，畢業後委任望江縣立第二小學校長。翌年進復旦大學教育系深造，畢業後負笈東瀛入東京文理科大學主攻教育、輔修心理。於民國 26 年完成學業，適逢中日戰爭爆發，遂回國服務、投身教育。歷年來執教於四川省立教育學院、國立女子師範學院、國立台灣師範大學、新加坡南洋大學等大專院校。先生於作育英才外、治學精勤、著作甚豐、計有：《中

國教育史》、《中國教育法史》、《國民教育原理》、《親職教育》、《中國儒家心理思想史》、《心理思想史》等。2009 年 1 月先生病逝美國加州，享壽 103 歲。

　　本書作者長年在大學講授「普通教學法」課程，深感過去擔任該科授課者大多偏重詮釋西方教育方法原理，而忽視中國固有之教育方法。為補此偏，作者於授課之餘，探究先秦諸子教育學說，輯為《中國教育法史》書稿。蓋因篇帙甚鉅、付梓不易，故先行出版分冊，《老子教育觀》一書是為第一分冊。

　　《老子教育觀》除自序外，共分四章：第一章引言闡述作者對於老子思想之基本觀點，駁斥一般以老子主張「無為而治」，而認為老子是政治上的消極主義。又以老子主張「絕聖棄智」、「絕學無憂」，而認為老子的教育觀是反智主義。作者以為這都是沒有完全深入研究老子所致。作者更揭示要明白老子教育觀，必先明白其整體思想。因老子並未直接論述其教育思想，必須總其整個學說中抽擇出與教育相關處，進一步加以分類、歸納方得見其樣貌。第二章老子思想概述，即陳述作者對於老子思想的總體理解，共分六大內容展示之：（一）重民生，去奢、去甚、去泰；（二）倡民主，順民意；（三）重實行，貴樹信；（四）貴大公，去私欲；（五）反侵略，固國防；（六）睦邦交，求和平；（七）重知識，在弘道。在此宏觀的思想基礎上，作者進一步闡述老子的教育觀，構成第三章之主題。在這章中，作者從教育宗旨、教材、教法三大面相展示老子的教育思想。在教育宗旨上，可以「弘道明德」四字概括之，並分別精要闡析政治教育、民生教育、修己教育、軍事教育之思想內涵。在教材上，亦脫離不了「道」，依道體、道用分述之。道體視之不見、不聽、不聞、博之不得，然其中有象、有物、有精而且其精甚真、其中有信，道雖「無」而實「有」。道之用則大矣哉，可以修身、修家、修鄉、修邦、修天下，「善建者不拔，善抱者不脫」，依道而修以成人間諸德。在教法上，作者駁斥歷來以老子為絕學主義者，行不言之教而無教學法之論。作者直揭老子「為學日益、為學日損」之義，不僅不反對知識，且主張提高民眾文化水平，從為學到為道之途。對此學道之法，足堪教育上多所取去，共舉 11 法：1. 客觀原理：虛极靜篤，心如明鏡，方能尋得客觀原理；2. 持之有恆（雌雄法）：知雄守雌，慎終如始，持之以恆，必有所獲；3. 集中精神法：塞兌閉門，抱一以為天下式；4. 統覺理（黑白法）：知白守黑，不偏一隅，自能執左御今；5. 注重判斷：重視求精、驗真、行之有信之精神；6. 循序漸進法：知曲求全，由簡至繁，由部份至全體之逐步認知；7. 榮辱法：榮辱乃表面現象，宜由表象回歸本質之純樸；8. 辯

証法：萬物相反相成非截然二分對立，知反者道之動；9. 重視分析：無有入無間之精神；10. 注重實驗；11. 注重自動：聖人處無為之事，行不言之教，待人民自化、自正、自富、自樸。第四章結論指出老子並非消極的避世隱士，而是積極入世的聖者，其學說於今日情勢而言，仍不失為一帖救世良方。

作者有見於當其時代研究中國教育史者，咸認老子為反智主義、虛無主義，遂多忽略其對教學法之貢獻，故促發其探究老子之教育觀，冀能清除一般對老子觀念之曲解。此心可嘉，此舉可佩，其成果亦多少起到糾偏明旨之功。唯有部份則論述過簡無以彰顯老子思想義蘊，或有多作強解之處，則難免有牽強附會之論。如以「無有」、「無間」直解為原子，其由此讚嘆老子之科學分析能力，則是詮釋太過了。另又直陳老子注重科學實驗，創製煉丹爐之實驗設備，並謂老子懂「蒸餾」、「昇華」之義，於物理化學有相當造詣，此似乎就是妄議了。（劉見成撰）

林裕祥著《老子「道」之研究》

《老子「道」之研究》，林裕祥著，嘉新水泥公司文化基金會，1976，平裝。

本書為嘉新水泥文化基金會擇優贊助出版之學位論文，由知名學者吳經熊教授指導。全書以「道」作為老子哲學思想之中心基礎，全面闡析老子「道」的本質與內涵，並釐清老子各章中所指「道」之不同意義，以求整體掌握老子「道」之內容。

本書共計九章：第一章緒論下分四節依「道」思想之淵源、「道」哲學地位之重要、「道」字之預設、「道」與道家之關係以論述，老子道家學說之淵源及其特性。

第二章下分七節依「道」是宇宙本體、「道」是宇宙動力、「道」是宇宙法則、「道」法自然而常無存、「道」致虛極與守靜篤、「道」閟眾甫、「道」至大至小等篇章以闡析「道」之本質與特性。

第三章分析「道」字在老子各章中所指之意義，歸納而有四點：形上實存意義之道、人生政治法則之道、自然規律性之道與無為之道，分四節述之。

第四章則依唐君毅《中國哲學原論·原道篇》一書之見進一步闡析「道」之六義：虛理之道、實理之道、道相之道、同德之道、修德之道及其他生活之道、事物及心境人格狀態之道。

　　第五章「道目」之歸納：老子全書之言「道」雖有歧義，然實有貫通之理，作者稱「道目」以言道」之全體大義，計分道始、道體、道理、道動、道用、道術與道效。

　　第六章「道」之主義：主義是一種思想、信仰與力量，「道」的思想博大精深，其用卻實可行，作者歸納「道」之主義有八：革命（救世）主義、非兵主義、無我主義、無欲主義、平等主義、不爭主義、科學主義、無為主義等，凡此皆老子形上大道落實政治人生中具體可行之康莊大道。

　　第七章「道」之評價，意在為有關老子之負面誤解，諸如退化史觀、消極避世，不近人情、反智愚民、陰謀權術等，予以駁斥辯護，以呈顯老子之積極正向意義，有其撥亂反正之功。

　　第八章則以道與儒、道與佛、道與禪、道與形上學、道與道教、道與文學樂畫、道與朝政、道與民教等面相分述老子「道」思想在歷史上文化上之影響。

　　第九章結論，作者直陳老子「道」的思想，雖寥之五千言，至今仍是人類文明、個人生命的一盞明燈。時值今日精神文明遠不及科技物質文明發達的二十一世紀，老子思想依然有其重要的啟發意義。（劉見成撰）

袁宙宗著《老子身世及其兵學思想探賾》

　　《老子身世及其兵學思想探賾》，袁宙宗著，臺灣商務印書館 1977 年 9 月出版，平裝，280 頁。

　　袁宙宗（1921～），四川省南川縣人，華西協合大學中文系畢業。曾任成都軍文社編輯、南充成達中學訓導主任，來臺後，先後於高雄私立文藻女子外語專科學校、岡山空軍官校、鳳山陸軍官校任教，在陸軍官校期間，並曾擔任文史學系（2005 年 7 月起，已併入該校通識教育中心）主任六年。由於袁先生執教場域背景之緣故，所撰著作多與忠誠、愛國等面向有關，先後撰有《愛國詩詞選》（臺灣商務印書館，1982 年 3 月）、《忠烈文選》（臺灣商務印書館，1988 年 4 月）、《諸葛武侯的素養與戰略》（臺灣商務印書館，1996 年 3 月）等書。而在中國思想方面，袁先生則撰有《莊子學說體系闡微》與《老子身世及其兵學思想探賾》（臺灣商務印書館，1977 年 9 月），另撰有專文數十篇，分見《中華文化復興月刊》、《黃埔月刊》、《中外雜誌》等刊物，其內容多環繞在中國傳統文學名家及老莊思想、先秦諸子之上。

　　《老子身世及其兵學思想探賾》分為上、下兩編。上編〈老子身世考訂〉共八章，第一章〈導論〉，引用《論語》、《荀子》、《莊子》、《韓非子》、《呂氏春秋》、《戰國策》、《禮記》、《史記》、《孔子家語》、《列子》、等先秦至魏晉之著作，辨證《老子》之成書、老子的存在與孔子問禮之事，並一一反駁「古史辨」派學者的觀點，另附〈老子時代辨證表〉十三項資料，認為老子與《老子》係春秋時代即已出現之顯證；第二章〈姓名〉，引用《史記》本傳，並以甲金文與先秦兩漢典籍加以考證；第三章〈籍里〉，將歷代諸家之說彙整為表格，並搭配地圖，方便讀者理解；第四章〈時代〉，討論老子之先代祖系與官職、問禮、之秦授書尹喜等事；第五章〈著書〉，分析《老子》成書之方法，源自採納古書古訓、自我創作、後人摻入等三種，並搭配春秋史事與老子思想，論證《老子》的著成年代，以及《道德經》在後世流傳的版本問題；第六章〈生卒年代〉，引證史事推測老子的生年、卒年；第七章〈子孫〉，推測魏文侯所敬仰之段干木與周室之太史儋，分別為老子之子、孫，而《史記》本傳所載之段干宗，則是老子之後代子孫；第八章〈弟子〉，認為文子、蜎子、關尹、庚桑楚等，皆為老子弟子，另附〈老子身世簡表〉、〈大陸出土帛書老子蠡測〉兩篇。

　　下編〈老子兵學思想探賾〉共八章，第一章〈兵學思想淵源〉，認為中國先秦之兵學思想，淵源自姜尚、周公、史佚、仲山甫、尹吉甫等人，並將《老子》章句與前揭人物之言論進行比對；第二章〈和平主義〉，指出《老子》書中談兵而不主張用兵，具備反戰、和平之思想；第三章〈兵與民之關係〉，說明治理國家當以民意為考量，不宜單憑一己之智行事；第四章〈無事取天下〉，引述「無為而無不為」、「虛而不屈」等《老子》原典，說明老子的兵學思想與戰略觀；第五章〈陰柔策略〉，引用十餘條資料及古代史事，說明老子守柔、善下之戰略觀；第六章〈用奇〉，引證史事與《老子》原典，說明其「以奇用兵」之戰術；第七章〈為將之道〉，由正、反兩面引證歷代史事，說明為將者若能學習老子思想的益處，以及不學習其思想導致的弊病；第八章〈老子兵學思想與後世兵家影響〉，列舉孫武、孫臏、吳起、尉繚、張良等五名先秦至漢代的重要軍事思想家，分析其軍事思想所受老子影響之處。

　　總的來說，本書引證古今諸家、出土文獻加以立論、辨駁，具有一定程度的價值，然有時引證於說部所載，抑或推定生卒、家世、生子年歲等項，則略有小眚，稍可商榷之。不過，在整理、分析方面而言，此書的確對後起學子初步瞭解老子思想與《老子》，有事半功倍之效，值得肯定。（李建德撰）

張揚明著《老子學術思想》

《老子學術思想》，張揚明著，黎明文化事業公司，1976 年，平裝，219頁。

本書作者張揚明教授在其有關老子經義斠証譯釋之基礎上，進一步探究老子之思想內涵。作者詳將老子五千言分門別類，一一抽繹歸納，分析老子之思想與方法，體察老子之目的與理想，期以了解老子之思想體系。

全書共分四篇、二十二章、三十二節、二十六目，益以緒論、結論，凡十二萬餘言，並附體系表一、插圖六。舉凡老子重要想法、作法、世人之所疑議外，皆根據五千經文，窮其根源、尋其微旨、萃其精華、語其要極。此中論述雖皆參合眾家，然皆不離經義，不失老子本旨。

第一篇：老子之道。道乃老子學術思想之核心，天地萬物一切皆由道所生，包含在道中。故老子學術思想之探究，首先便需如實掌握道之內涵。了解了老子的道，方能漸及其餘，否則始源不明，必迷於技節。本篇共分三章，分述各家論道之言，再舉今人馮友蘭、高亨、羅根澤與李石岑諸說予以析疑，最後回歸老子文本以老解老而總結道之真義：道乃似虛而實、似靜而動，包含精神與物質、時間與空間，生化萬物並為萬物之規律，是為永恆循環的宇宙本體。

第二篇：老子的基本理論。老子體証大道復運用其超然智慧，就宇宙間之現象觀察發現許多自然規律，依此老子建立其基本理論。本篇共分十章分述老子之基本理論：自然、虛無、道的永恆循環、唯氣得道之全、陰陽二氣互相沖和消長、萬物負陰抱陽同源同歸、反者道之動、清靜勝躁動、柔弱勝剛強。

第三篇：老子的為道方法。道乃老子思想之核心與根本，如何體道是為確實掌握老子思想之關鍵所在。本篇共分六章，分別展示為道的六種重要功夫：一、無為、無欲、無智、無身以「致虛」；二、滌除玄覽、無智無知以「守靜」；三、營魄抱一專氣致柔、嗇而重積以「養氣」；四、持身、處世、治國、用兵之「用柔」；五、居反以待、由反而行之「處反」；六、守慈、行儉、不敢為天下先之「持寶」。

第四篇：老子之理想境界。老子言：「從事於道者同於道，同於道者道亦樂得之。」修道成德，以道修之於身，其德乃真；以道修之於天下，其德乃普。本篇共分三章分述老子心目中理想的人格境界，理想的政治境界與理想的社會境界。老子的理想是少私寡欲、見素抱樸之人格、自正自和無為而治的政治以及甘食美服安居樂俗之純樸社會。

二千年來，老子思想於各家學說、歷朝政治、藝術、宗教、社會文化影響深遠。作者以為老子企求之理想人格、社會與政治，莫非切中時弊、簡而易行，蓋取法大道自然，歷久而彌新，經得起考驗，值得大力闡揚，於今猶然。（劉見成撰）

蕭天石著《道德經聖解》

《道德經聖解》，蕭天石著。臺北：自由出版社，1977 年月初版，近 23 萬字，平裝直排 25 開本，678 頁；2003 年 9 月又重印新版更改封面，仍為平裝直排 25 開本。2007 年 8 月則發行大陸簡體字版，由北京：華夏出版社印行，軟精裝橫排 16 開本，排成 534 頁。全書分為上、中、下三卷，三卷均曾分別收入 1978 年作者主編的《中國子學名著集成》100 冊套書之〈道家子部〉一類中。臺灣最新版之三卷前，現有曹哲士先生的〈卷前小啟〉、作者的〈道德經聖解提要與全書讀法點睛〉、〈道德經聖解原序——原道德經名注選輯八序〉、〈道德經聖解提要〉、〈道德經聖解再版序〉，以及曹哲士先生的〈道德經聖解曹序〉等說明。之後為〈卷上、老子聖義闡微〉，內收：〈自序〉、〈老子新傳〉、〈老子聖義闡微〉、〈道德經指玄——三宗與九觀法要〉、〈老學與易學〉、〈老孔二聖法易之異同〉、〈黃老學與老學〉、〈老學與禪宗〉等篇；其次則為〈卷中、道德經聖解〉正文，作者將八十一章原文均以「總闡」、「參證章旨」或再加上「分闡」、「繼闡」等方式為每章命題標目，所採方式係河上公八十一章之分章法，但未採其章名；而最後之〈卷下、老子聖義闡微附參文〉則收〈東方哲學與老子哲學〉、〈老子評述舉隅〉、〈老子評述糾謬〉、〈歷代老子評述雜記〉等四篇文章。另大陸簡體字版在書後又附了〈卷後小啟〉和〈蕭天石先生學術年表〉。

蕭天石（1909～1986），號文山遯叟，又號天玄子，湖南省邵陽縣龍山鄉文山村人，1933 年畢業於南京中央軍官學校第八期。1942 年春因大病而得光厚老禪師救治，自此師事光厚老禪師習淨土禪法與天臺宗法，並奉師命遍參道家名師，訪求延生續命之術，志求發揚道家文化。故此後曾陸續在南京、長沙、成都等地先後創辦《國防半月刊》、東海書店與《興華日報》。1943 年偕南懷瑾遍訪僧道，曾參岷山派羅門，師禮羅春浦真人，而得陳希夷先天道秘旨；又從二仙庵無名子道人，學得北派真訣。1944 年起出任四川省灌縣縣長三年，遂自青城山天師洞李八百丈人處得南宗真傳，又從易心瑩道士處盡窺藏經樓

之秘笈。1950 年 4 月攜妻、子及許多青城山秘笈與其它多種不傳之孤抄本渡海來臺，而於 1952 年初草創自由出版社。1986 年因連續在臺灣的故宮地下室搜索收集道書丹經三年，後終腦溢血過世。著作除本書外，還有《世界偉人成功秘訣之分析》、《孫子戰爭論》、《大學中庸貫義》、《道家養生學概要》、《道海玄微》、《禪宗心法》、《人生內聖修養心法》等，又曾主編出版《今古樓全書》、《世界名將治兵語錄》、《雍正御選語錄》、《心燈錄》、《道藏精華》（共 17 集、精裝 75 冊）及《中國子學名著集成》百冊，並將《中國子學名著集成》百冊全數捐獻給世界各大圖書館收藏。

　　在本書中，作者思想基本立場即認為《道德經》與易學、黃老學、禪宗等學問均有相通之處，故欲通大易與黃老為一家，又闡禪佛與老學為不二，且認為「老子道」與「禪佛教」乃通其分而為一，故行文遣辭又可大而同之。整體說來，蕭天石先生試圖會通三教以得老子聖解，故書中少哲學式之論解辨析，而不斷強調各教融通之觀念，故研究方法可歸屬於以修道養生立場詮解老學之思路。而本書最有別於其他注老書籍之重點，特在其〈卷中、道德經聖解〉八十一章之「參證章旨」，內將其所修煉過及尋真所曾得之許多上上乘道法與口訣，均以明言或旁指方式指點其中，用渡上上根人，故此書為有心修道尋訪丹訣者，須精讀以理解其如何指點實修功夫之老學注解書。也因此蕭天石先生也被視為是 20 世紀中期，在臺灣研究與弘揚中華道教養生學最重要的代表人物之一。（賴慧玲撰）

周紹賢著《老子要義》

　　《老子要義》，周紹賢著。臺北：中華書局，1977 年 9 月初版；2015 年 7 月再版一刷，2015 年 11 月又立即二刷，約 13 萬字左右，平裝直排 25 開本，324 頁。此書為作者任教於政治大學期間所寫，除書前〈自序〉外，全書分為〈前編〉及〈後編〉。其中〈前編〉主要論述：〈一、老子考證〉、〈二、老子哲學〉等重點，闡明老子思想之內涵；〈後編〉則收作者原書法手稿之《道德經釋義》全文，手稿中總述《道德經》每章大意，並有逐句解釋。

　　周紹賢（1908〜1993），原名周延著，山東省海陽縣人。童年師從晚清進士楊玉相，讀五經、習詩文；1933 年就讀於梁漱溟創辦的鄉村建設學院，師從梁漱溟、熊十力等著名學者。畢業後從事鄉村建設工作，任濟寧、曲阜等縣實驗區校長（即區長）。1938 年曾參加威海向陽山之戰，嗣任山東第七行政區

保安第一旅政治部主任。1943 年夏因作戰受傷赴皖北，後於山東政治學院任教。抗戰勝利後，任青島市《公報》主筆，並曾被選為市議員。1949 年秋來臺灣，曾在新竹師範任教，後常與至新竹靈隱寺講經的印順和尚往還。曾陸續擔任東吳大學、師範大學、政治大學哲學系之教授，及兼任輔仁大學哲學研究所教授。著作有《孔孟要義》、《荀子要義》、《老子要義》、《莊子要義》、《先秦兵家要旨》、《列子要義》、《兩漢哲學》、《魏晉哲學》、《魏晉清談述論》、《道家與神仙》、《道教全真大師丘長春》、《佛教概論》、《中國文學論衡》、《論李杜詩》、《文言與白話》、《應用文》、《松華軒詩稿》、《滄桑回顧錄》等十多部。臺灣 1987 年解嚴以後，即返回大陸家鄉，最後曾定居在西魯家夼村。

本書〈前編〉之〈一、老子考證〉單元，主要考查老子之「姓名」、「籍貫」、「出仕及官職」、「孔子問禮」、「歸隱及出關」、「老子之書」、「後裔」等重點；而〈二、老子哲學〉單元，則討論了「本體論」、「無為而無不為」、「相對論」等思想內容。兩單元雖合為本書之分析老學理論部份，但不能視為老子學說之全面研究。因作者較擅長考證，故對老子生平重點之查考較為詳實可信；但理論研究部分僅挑老學「本體論」、「無為而無不為」、「相對論」三個概念來敘說，且其論述方式並非哲學理路的論證分析，而更近於寫作文章之組織發抒。故相形之下，〈後編〉之《道德經釋義》全文部分，因直接根據原文注解釋義，反是本書較值得參考的部分。尤其作者之小楷書寫極工整優美，可作為書帖欣賞。（賴慧玲撰）

吳靜宇撰述《老子義疏註》

《老子義疏註》，吳靜宇撰述，大眾書局印行，1977 年再版，精裝，575 頁。

本書疏註以老子河上公本與王弼本混合採用，不固執一家。全書共分四章，另有編後餘記附錄作者相關義理解析之文章七篇。

第一章〈老子考及我們研究道德經之應有態度〉：作者立場對於老子生年不作考證乃懸而不論，直取經義而為日常之用。然老子一書之用，若直取而用之便可通過清靜無為而達於內聖外王之境；但若以曲致之，又可以通過心機算計而成為陰謀厚黑之人。故作者以為對於老子一書的研究態度應由直線而取其正面，不應由曲線歧出而淪為陰謀家，此有道者所不處也。

第二章〈經名解〉：「道」乃指道之強名，道乃宇宙萬象之本體，德是道的表顯，也是道的作用。就人之存在而言，道是核心本質，德是外在表顯，由天

而人所秉而有的先天本性是道，由人而事所展現的本然行為便是德。經者路徑
也，亦有經常不變之義，可作「常道」解。故道德經經名之義乃指踐行道德之
路經，此亦是經常不變之律則，全經八十一張盡皆闡發道德之精義，為老子思
想之旨要。

　　第三章〈道儒二家對道之名義比較〉，一般以為儒尚實踐，道尚超俗。儒
積極欲將道深入於尋常日用之間，如格致誠正之修身、修齊治平之功業。道則
以復歸嬰兒之樸為宗旨，故處處與世俗不混同，淡泊虛靜。然二者實是殊途同
歸之分歧，儒重理世亦不放棄超世之理想，道是超世的但亦不棄理世之權要。

　　第四章〈說本經〉是為本書之重點所在，依通行本八十一章隨章逐句作出
疏註。疏註體例為「章旨」、「說經」、「摘要」三項，各章相同。本書各章另訂
章各，乃註者按該章章義所附加以彰顯要旨，非原本所定。另於相關章節出以
圖表以助理解老子奧義。

　　各章疏註皆分「章旨」、「說經」、「摘要」以闡老子經義。「章旨」精要概
述該章宗旨；「說經」部份則隨文逐句解析闡發義理；「摘要」則總體而系統地
歸結該章旨要，以條列方式呈現，並就其中重要概念作深入的分析與進一步的
演繹發揮。（劉見成撰）

何鑑琮著《老子新繹》

　　《老子新繹》，何鑑琮著，人生出版社 1959 年 1 月出版，硬皮精裝，199
頁。

　　何鑑琮（1903～1983），江西省清江縣（今樟樹市）人，又名敬羣，號遯
翁。1950 年代赴香港新亞研究所等多所大專院校講授中國文學，除本書外，
另撰有《楚辭精注》、《孔孟之道重溫集》、《孔孟要義探索》、《益智仁室論詩隨
筆》、《易義淺說》、《莊子義繹》、《詩學纂要》、《遯翁詩詞曲集》等書。

　　何教授在全書〈附記〉自述撰作本書之始末。起初，作者少時讀王弼《注》
未能釋己所疑，但因家貧無藏書可解，及長，以經商為業，每至一地，遂添購
各種書籍，並先後購置樟樹鎮天遁室、南昌花藥草堂、無所不談之室、長沙密
陀僧室、廣東大埔益智仁室用以貯書，其中，即購置《老子》注本、刊物五十
餘種。抗戰之初，連遭子侄病歿打擊，遂閱《老子》以解憂。但益覺王《注》
疑義，試圖重注，並待時局平穩，再回前揭諸多藏書處重作印證，並靜候數年，
俟世人新說問世而參酌訂謬。但其藏書卻因戰事而遭焚毀殆盡，及至二戰結

束，又因各地商舖受創而加以修復，無暇注《老》。1949 年匆忙再渡香港，未及將書稿攜出，至 1955 年，始因其子何健耕請問《老子》而以舊作序文之大意加以講解，因友人劉太希（1898～1989）見之，大受鼓勵，遂繼續注《老》而成此書。

《老子新繹》全書結構，由〈前言〉、〈上篇〉、〈下篇〉、〈後記〉組成，〈前言〉論述老、莊關係，說明道法自然之常理，揭示全書撰作凡例，即全書之緒論所在；〈上篇〉、〈下篇〉依次對《老子》上、下經之各章加以注釋，〈後記〉則就近代解《老》之諸說展開辨析，依次分為「闕疑老子者之惑」、「論尊老子者之鑒」、「老子確有其人其書」、「如何研讀老子之書」及撰作此書始末之「附記」。何教授在撰注本書時，間會將各章文意相連貫，如〈下篇〉最末論及「七十七章至八十章，亦皆以明治術者。損不足，補有餘，治之方式，受垢受不祥，則自任以天下之重也。司契司徹，外善其鄰，內和其民也。小國寡民，則無為之効也。此章則以終結著書之意也。」而在〈後記〉中，何教授對於質疑老子者，由文體、文義、詞性、時代背景、孔子問禮之事及時、以《史記》本傳及《論語》、《孟子》、《墨子》而稱老子無其人其書等面向，一一加以辨證；同時，也反對過度推尊老子者的持論與態度，進而透過先秦諸子、《老子》本文、不以辭害意之原則等方面，證明史上確有老子其人其書，並進一步地申說研讀老子之方法。

總的來說，《老子新繹》是一本能成一家之言的《老》學著作，何教授對於當時過度抑老、尊老的觀點，皆能博徵文獻而以中道立場展開辨證，且提出研讀方法，有益於後學，可見其學術價值所在。（李建德撰）

溫文錫撰著《老子釋例》

《老子釋例》，溫文錫撰著，文津出版社 1978 年 8 月出版，平裝，392 頁。

溫文錫（1939～），新竹人，1961 年畢業於臺灣省立師範大學（今臺灣師範大學）國文系，先後於初中、高中及大專院校講授國文科十餘年，並通過公務人員甲等特考新聞行政類考試，成績為「最優等」，於 1970 年代任職於行政院人事行政局，主管公教人員實物配給財務，後曾於 1978 年爭取「教育團體立法委員增額選舉」提名而未能當選。

《老子釋例》由序言、前言、各章釋例、後記構成。是書之體例，係採取逐章列出原文、語譯，並搭配諸項釋例加以詮解。〈序言〉由時任人事行政

局長陳桂華（1918～2002）撰寫，提出老子以百姓之心為心，以無為方能有為，符合近代民主政治發展軌跡。而出身中文學門的作者，在〈前言〉裡，更提出後代學者從事老子研究，多以注疏文字訓詁入手，反而忽略老子思想之精華，此現象同樣值得吾人注意。在各章釋例中，作者先以第一條作為「引述」，對該章內容加以說明，其後，再透過報章雜誌所刊登的新聞、文章進行適度引用、改寫，以佐證該章之原義。以首章為例，作者在釋例中，即列舉《中國時報》、《中華日報》、《臺灣新生報》、《臺灣日報》、《自立晚報》、《臺灣時報》、《中央日報》所登載的中外新聞、名家專文、讀者投書，以及其師張起鈞（1916～1986）教授答覆嚴靈峯（1903～1999）教授的〈智慧的老子辯解〉一文，乃至於溫先生本人從事公職、國文教學的親身體驗，共計十五條（首條為「引述」該章義旨，故略去），並加以說明這些釋例對該章義旨在「道」、「名」、「常道」、「有」、「無」等面向之印證；而第三十八章，除引述章旨的第一條釋例係運用《中國時報》刊載的劉述先（1934～2016）先生所撰〈高風亮節懷哲人〉一文外，作者亦徵引了《臺灣時報》、《中華日報》登載稅務人員在豬皮上蓋印、臺灣民間社會「五子哭墓」習俗的兩個顯例，用以佐證老子對於禮法的反感。

　　至於作者在全書〈後記〉中，亦說明自身對老子中心思想的觀感——「愛國治民」，故以順合民意的「自然」為其作為，此自然之道是「互相對立而互相依恃，互相包含而互相轉變」，在表面上雖居「眾人之所惡」，但卻能在實際上造福眾人，並獲得眾人之敬重。此觀點在老子研究上，較少為學者所持論，而作者卻能透過在公餘時間對報章雜誌之閱讀，證成其論點，亦為一家之言。

　　平心而論，本書不能算是一本嚴謹的道家學術研究著作，但是，作者以中文學門出身的涵養，搭配公職生涯、從事國文教學的體驗，將 1970 年代中、晚期臺灣各種新聞報刊所登載的中外時事、名家專文或隨筆，分門別類地印證《老子》各章之義旨，也是一種匠心獨具的寫作進路，且作者筆鋒所及，亦時能體現老子思想的慈、儉、不爭理路，堪稱難得，同樣值得加以肯定。（李建德撰）

嚴靈峯輯校《老子宋注叢殘》

　　《老子宋注叢殘》，嚴靈峯輯校。臺北：臺灣學生書局，1979 年 7 月初版，約 9 萬多字左右，平裝直排 25 開本，282 頁。此書除最前面有嚴靈峯之〈自

序〉外，篇目內容則包括：〈一、輯曹道沖老子注敘〉、〈二、輯達真子老子注敘〉、〈三、輯劉驥道德經通論敘〉、〈四、輯朱熹老子解敘〉、〈五、輯黃茂材老子解敘〉、〈六、輯林東老子注敘〉、〈七、輯休休庵老子解敘〉、〈八、輯褚伯秀老子注敘〉、〈九、輯柴元皋老子注敘〉、〈十、輯李畋老子音解敘〉、〈十一、輯劉師立道德經節解敘〉、〈十二、輯倪思老子注敘〉等十二位宋人「老子注」之資料，每位注家單元之前，均有嚴靈峯所寫簡短的「敘」，之後以較大之楷字列《道德經》分章原文，各章句旁，再以小細明體字分列各家之注。

嚴靈峯簡介，見賴慧玲撰《《道家四子新編》提要》。

根據本書輯校者〈自序〉所述，目前所知宋代解老子者共有一百三十多家，然因散佚、殘缺種種緣故，今所存者僅剩二十六家。在此前其另編的《無求備齋老子集成初編》中已曾收錄王安石、程大昌、葉德輝等三家宋人老子注、《老子崇寧五注》中又收集臨川王氏父子、陸佃、劉驥、劉涇等五家宋人老子注之殘篇，故《老子宋注叢殘》一書再集錄十二家，為其所輯校相關資料的第三本，可見到的宋人老子注共達二十家之多。輯校者是從彭耜《集註》及《釋文》、張氏《四家集註》、劉惟永和危大有的兩家《集義》與李霖《道德經取善集》、焦竑《老子翼》等各書刺取遺文、讎校補苴，而集錄成此書，故屬於研究宋人對老子看法之資料彙編類型的參考原典。由於輯校資料須大量蒐檢頗勞形費神，此書可提供研究宋代老學尋檢相關資料之方便，又可藉以窺見宋代老學之歸趨與時代風氣，故頗具參考價值。（賴慧玲撰）

蔡廷幹撰《老子索引（原名老子道德經串珠）》

《老子索引（原名老子道德經串珠）》，蔡廷幹撰。臺北文史哲出版社，1979年10月。作者字耀堂。早年被清廷選派作為容閎組織的第二批幼童赴美留學，接受西式教育。歷任代理內閣總理、外交總長等職。隱退後專心治學，攜妻兒精編《老子道德經》逐字索引（串珠），自命《老解老》。年六十成書，宣紙鉛印，書口黑色單魚尾線裝本，1922年自行刊印，印量少，僅寄送同僚友好，故存世稀少。另著有《唐詩英韻》。

本書是一部《道德經》的逐字索引，也是中國最早由個人完成的現代逐字索引。蔡廷幹以宣傳老子思想為己任，編著此書的動機旨趣，據其〈自敘〉云：「今日救世之策，非老學不為功。予生平篤信老氏之學說，萃古今注老數十百家，乃讀註愈多而理解愈晦，未易以淺見求也，遂乃盡棄舊註，專致力於經文，

而有串珠之編。由是批郤導竅以求之於經。雖不加一字詮釋，而篇中之八百有四不二字，字字皆原經之註腳，因其以經證經也。故命之曰《老解老》。」

作者謂其著述之期許曰：「老學之體如鏡然，雖涵虛無迹而萬象燦然其中。老學之用如砭石然，術者果切證而施之無不立驗。語曰：通經非難，通經而能致用則難。苟讀是經者探老學之精微有以措諸實用，則私所馨香默禱者也。」

本書既名「老解老」，作者自認不容有一字之註釋，惟有名無名，有欲無欲，作者意與歷來句讀有異，故於經前加一章〈箋釋〉，闡釋五千言之旨，於有、無兩言盡之矣。且鉤元提要為讀書者必不可少之功，作者特將研老數十年讀法心得，撰成〈讀法〉數則著於卷首。其要云：老子所標示慈、儉、不為天下先乃為救世之旨；老子與孔子致治之真際同，與佛氏濟世之宏用同；不可視老子為陰謀家、虛無家、修練家；老子文章句法章法特殊，如其文皆先理而後事，宜細心體會。

本書依武英殿本為斷。八十一章計五千二百五十八字，其不同之字凡八百有四，命曰〈老子道德經不二字〉。其中玄字，殿本因避諱改用元字，書中則仍從古本。編取八百有四不二字依經序列號，每字標明計用若干次，並逐句詳載原文。初閱似嫌繁瑣，然細心體認，則字與字相策應，句與句相融通，章與章相銜接，散之則爛若千珍，合之則融成一片，故名曰「串珠」。串珠之字皆順經敘，為便於檢查起見，並以經字筆畫之繁簡為先後，另編目附於卷尾。

本書檢閱之例，乃於經文中隨意取其一句，句取其一字，而求之目錄。由目錄而求之串珠，而求之經文，如此可成。（林翠鳳撰）

王邦雄著《老子的哲學》

《老子的哲學》，王邦雄著，東大圖書公司 1980 年版，12 萬 6 千字，208頁。本書為作者王邦雄先生的早期（民國六十七、八年間）升教授論文，距今約三十多年之久；當然，在本書的內容再版之前，作者是有做過某種程度的效正與修補之功夫，其次，他將原來的直行印刷，改成現今流行的橫向版面，既從俗順應讀者閱覽習性，也是迎和未來讀者的市場需求。

本書除緒論、及結語外，主要分六章，共有八大段落。緒論部分，作者以儒家、道家兩種中華民族最傳統，也最有代表性的兩派學說，來闡揚「道」，並論及老子《道德經》的生命價值。作者由基本的『儒』、『道』兩家的「心」來探討『道』的「行而上」與「形而下」，並引用《易經·繫辭》上所講的「『形

而上』者謂之道,『行而下』者謂之器」,來反省生命的問題,從而將《道德經》往上提升飛越,也往下落實凝聚;且與來和《論語》中的志於道、據於德、依於仁、游於藝相融通;一來,將儒家與道家的哲學旨趣,作一互相的回應。

書中提到儒家的人文之路,即《論語》的志於道、據於德、依於仁、游於藝等君子之路,與『道家』所提倡的自然之路——「天地不仁,聖人不仁」(天地不仁,以萬物為芻狗;聖人不仁,以百姓為芻狗),來做相對的比喻,此對比讓後代的學者有相當多的想像空間。

作者指出老子的出生地,對其哲學思想之影響,既深且廣,尤其是以及他的成長心路歷程;作者以近 12 頁的篇幅,來探究老子的身世之謎。其次還考據《論語》成書和《道德經》的先後順序,以制作者對老子子與孔子的理解。既然孔子問禮於老子(所有文獻有一致的看法),而回家之後,向其弟子說,「……老子乃猶龍也……」,顯然是在表達孔子對老子的一片尊敬之意,也是孔子的學習對象,顯然孔子在當時的名聲是小於老子的。當然,兩位聖人的成書是有先後時間的不同,《論語》是孔子的弟子,依照孔子其平時的言論一一記錄下來而做成的;相反的,老子的《道德經》是尹喜在函谷關,恭迎老子騎牛西出關時所著的,在時間上是有些落差,況且老子還大過孔子近 30 歲之多。

本書第三章,作者探討「人的生命何以成為有限」之概念,曾提及《道德經》二十五章:人法地,地法天,天法道,道法自然。作者以「層次」的概念來加以分析,人、地、天、道、與自然的層次關係。作者強調『無』、『有』與『萬物』的兩層與三層的關係,加上『人、地、天』各佔一層,是可轉成五層的概念。作者指出「……呆版的強作此解……」,則「無,名天地之始;有,名萬物之母。」是不可理解的?『無』既是自然,何以跨過『道』的這一層級,而為天地之始?而有是『道』,又何以跳開『天、地』之二層,而直接為萬物之母?儘管如此,作者仍以上述的人、地、天、道、自然等五個層面或層次來說明,以解析道教的基本理論,對後學者研究還是有相當的啟示性影響。

人法地,人學「地」的精神,是地包容萬物,吸納萬物,海涵一切,承載萬物。老子主張人類要學大地,即因地的包容性,忍辱負重,甚至其逆來順受的精神,而「地」在「天」之下,「天」是將大地以一種氣體附蓋,也是包涵覆蓋;因為有「天」的保護維持,大地才得以生存。世界不只有層次的問題,而是大地要效法天體的偉大精神,天體將大地以一種特別保護膜包覆,如此一

來，天體又像慈父、慈母細心呵護著，使這塊大地迅速成長茁壯，大地因為有「天」的維護，得以永續生存。

「天」的運行，它是有一定的標準作業流程（SOPS）。天的運行，依照太陽的運行軌跡，一年四季，春、夏、秋、冬，都有固定的規律在運轉；何時天氣轉涼、轉熱，那是有天體循環的，就是道教所揭示的「道」。

「道」的運行，幾十億年來，都是固定的自然轉動，但違反自然天道的結果現今的地球暖化現象，其實就是大自然的反撲行動，土石流肆虐、天氣的聖嬰現象等等，皆是人類的自食惡果而產生的大自然反應，大自然不會出聲，但是它會作出一些對人類惡行的反制行動。所以，人、地、天、道、自然，環環相扣扣的連動，作者指出這五種層級，彼此是互不相干擾，易言之看是獨立卻又是相連通的，這五個是互相牽扯互動，可以說是連動相互有關係存在。

最後，作者只以極短的篇幅，來作出結語，旨在賦予老子思想的「現代意義」，大概只有六百字左右，言簡意賅。作者在近代臺灣哲學界的地位是不容忽視，其著作有其架構上的思惟優勢，他既勇於執著，也富於情調；一方面是嚴正承擔的，另一方面是超化放曠的。總而觀之，中國是以儒家的倫理社會，加上道家的藝術人生，才使得中國的歷史傳統，在禮教淪為教條，瀕臨崩潰之時，也能有其自我調整，開展新機的生氣與活力。（熊品華撰）

王光前撰《老子箋》

《老子箋》，王光前撰，前程出版社，1980年，平裝，213頁。

本書作者王光前教授推崇老子所揭人性素樸、人人平等的和諧社會理想，亦深感老子書雖自古以來即受到重視，然老子的遠大理想並沒有得到相應的注意，因而產生一些偏頗的曲解誤用，法家兵家利用其術以制人，或為消極避世之人利用其術以養生成仙，大失老子法道自然無為，萬物各安其所、各遂其生之沖和理想。為使一般讀者於老子一書能明文達義，闡發思想，故有本書之作。

本書箋釋以王弼注為底本，隨其所分八十一章，先就重要文字訓詁之「箋釋」，再以白話「語譯」之，以方便一般讀者之閱讀與理解。老子書原是語錄並無分章，從帛書老子不分章可得証明，作者隨王注分八十一章以為箋釋語譯，亦不過是為了方便讀者檢索閱讀罷了

王光前教授「老子箋」一書，依各章先就經文予以「箋釋」訓詁以通共義、會其理，再輔以己心所體老子之意而加以「白話語譯」，接引初學者登門入室，

略窺堂奧。篇中箋釋，所到皆有所本，博採眾家，交相校詁，企得正解，以為白話語譯，方便讀者理解。

大體而言，本書箋釋考証分明，語譯文簡意暢，相當有助於初學者領略老子思想之大要。本書有其助解之功，然有些理解仍有商榷之必要。茲引二例，以為說明。

第七章譯「非以其無私邪？故能成其私。」之義為「這不正是因為它不自私嗎？而卻能成就他私人的名位利益。」此解以不自私的方式來成就其私，若然則老子純為自私，不自私只是成就自私的手段，這恐非老子本旨，老子不是說「聖人無常心以百姓心為心」，又說「上善若水，水善利萬物而不爭」。老子是真大公無私，是真的無所爭，而非以不爭而爭的謀略。

第十二章箋釋「五色令人目盲，五音令人耳聾，五味令人口爽」時指出「老子反對物質文明，以為物質文明足以斲喪自然，亂人本性。」綜觀老子全書，老子並不「反對」物質文明，而是「反思」物質文明，直陳「知足、知止」之道，他並不反對物質文明，他所反對的是不知節制的過度之物質文明，五色、五音、五味之「五」即顯此義。基本的物質需求仍是必要的，但老子主張「少私寡欲，見素抱樸」、「虛其心，實其腹」，故要「去甚、去奢、去泰」。（劉見成撰）

王志銘編《老子微旨例略》

《老子微旨例略‧王弼注總輯》，王志銘編。臺北：東昇出版事業公司，1980 年 10 月初版，平裝 25 開本，201 頁。全書先有編者簡短的〈自序〉、〈是書凡例〉、〈目錄〉，之後正文基本上分為三個部分，第一部分影印自明《正統道藏》中王弼所著的《老子微旨例略》全文，文後附有三頁引自嚴靈峯先生「無求備齋本」的〈老子微旨例略校字〉；第二部分則收錄王弼注《老子道德經上篇》與《老子道德經下篇》之全文，再以陶鴻慶《老子札記》及嚴靈峯《老子王弼注勘誤補正》二書之內容為根據，在王弼注每章之後一一加上二人「校勘」之內容、按語，編者也在極少數章句中，表達出對註釋的不同理解；第三部分則放入牟宗三先生〈王弼之老學——王弼老子注疏解〉之全文五節及附錄。

王志銘，1961 年生於台灣高雄，臺灣大學哲學研究所博士，現任淡江大學通識教育中心副教授。根據編者自道，此書是 1980 年其就讀於臺灣大學哲學系二年級時收集資料所編，因當時牟宗三先生兩度在臺灣大學客座，故在全

程聽課後，也徵得牟先生同意，將原收在其《才性與玄理》(臺灣學生書局 1962
年初版) 第五章之〈王弼之老學——王弼老子注疏解〉全文編入本《老子微旨
例略‧王弼注總輯》一書中，以提供學人對「王弼注老子」之整體認識與理解。
但因編者當時僅大二年紀，又書發行後牟先生對其中經文註文部份之校勘並
不滿意，故此書僅發行一版後即未再重刷。

　　由於「王弼注」幾乎可視為魏晉人對老子認識之最高代表，又因魏晉時期
用語較晦澀艱深，「王弼注」亦是公認地難讀，故此書編出後，經常有研究老
子及王弼注之學者寫作論文時作為參考引用書。嚴格說來，此書應視為經嚴靈
峯、陶鴻慶兩位先生校勘考訂過的「王弼注老」資料之輯錄，義理部分之詮釋
即是牟宗三先生將道家形上學解為「境界形態的形上學」之本來思路。不過因
全書之原文及兩位學者之校勘、按語及釋義，編者僅以簡單兩種字體區分，又
有多處作者屬誰標示不清，連〈老子微旨例略校字〉單元乃引自嚴靈峯「無求
備齋本」亦未標明，故若作為「王弼注老」資料之輯錄參考，亦不宜視為精校
本。(賴慧玲撰)

令尹耳著《道德經發微》

　　《道德經發微》，令尹耳著，翰林出版社，1981 年，平裝，222 頁。

　　作者道德經發微之作，實有感於時下政局之紛亂多事，社會之擾攘不安，
直陳老子道德經的帝道思想所彰顯的道德修養乃從政者之所必要品格，否則
紛亂無以化作清寧。政治乃管理眾人之事，凡關涉眾之事者，宜有老子所指陳
之道德修養，否則整個文明生活難望有圓滿之發展。

　　本書以王弼老子注為底本，乃直接針對原文拋開諸注釋家解義之羈絆，依
作者長年於道經經涵泳、體証之心得遂以發微，揭示老子帝道思想之玄思妙
義。書分兩大部份：一、道德經發微緒論；二、經文與發微。

　　第一部份：道德經發微緒論，首揭王道、霸首之外的帝道之說，並論斷老
子道德經中所推衍的其實是一套帝道的思想，其精神遙接唐堯虞舜而來。作者
引第十七章經文論述老百姓對於管理眾人之事的統治者所持的反應，論斷治
道的優劣分為四個等級：一、「太上，下知有之」，此為老子所標舉的「為無
為、事無事、味無味」的帝道思想，「以百姓心為心」的「生而不有，為而不
恃，長而不宰」，是最美好的政治。二、「其次，親而譽之」，這是積極為人民
謀福利的大有為政府，制禮作樂建立社會秩序，因而博得一般老百姓之美名稱

譽，是為王道之治。三、「其次，畏之」，統治者以權勢制人用事，嚴刑峻罰以遂己意，故人民畏之，是為霸道思想。四、「其次，侮之」，此霸道己淪為暴政又等而下之：政治型態，人民忍無可忍起而討伐，是為「侮之」。老子推崇「下知有之」的無為政治，此帝道思想是「自知者明」的自明政治，其它三者皆為「不知常妄作為」的無明政治。

第二部份：經文與發微。依王弼八十一章注為底本，逐章隨文闡發老子之微言大義，不拘泥古今眾家之注解，直抒作者與老子經文印心之體認，皆顯其對世道人心衰微敗壞之深切關懷，彰顯老子之帝道政治思想，依形上之天道智慧以安頓形下現實世間的紛擾，由此乃直陳老子一書應為從政者必讀之書，作相應的道德修養，方可成就最美好的政局。此論雖不免有對老子思想價值高舉過譽之嫌，然對當代擾攘不安的時局，仍有其重要的啟發意義。「孔德之容，唯道是從」，而非「唯利是圖」，「以百姓心為心」，而非「以權利慾為心」。（劉見成撰）

白光大師著《老子別裁》

《老子別裁》，白光大師著，晨曦譯，武陵出版社，1982年，平裝，310頁。

白光大師本書之作實在於有感於現代人大多過於追求枝節的瑣碎事物，反而忽略或遺忘存在中根本而重要的真理，因而陷入生命的無邊苦惱之中，深困塵網不得自由。作者以為老子是一個真正的自由人，其所揭櫫之自然無為大道，是為吾人能夠自由自在存活於天地之間的康莊之途，達到此境方顯本真之生命存在。

白光大師長年浸淫老子經義之中，深有體悟，並有感於老子所開展的生活方式乃當代文明之所需，故隨取經文以己之体証闡發老子奧義，彰顯其現代價值之啟示。

本書分四十八講，並無窮盡老子八十一章經文全盤予以解析闡述其義，共計講解老子經文四十九章，自有新意，於現實社會有其啟發意義。四十八講所述經文包括 1.2.4.5.6.7.8.10.16.19.22.23.25.27.28.33.34.35.38.39.41.42.43.45.47.48.49.50.51.52.53.56.58.59.61.63.65.67.68.70.71.72.73.74.76.77.78.79.80 等共四十九章。

白光大師於書中強調在老子言論中多所反語，所謂「正言若反」，故不可其取語言表意，否則易生曲解與錯解，或只當作淺薄之常識解而失老子之微言大義，此提醒於深體老子奧義甚為重要，不可不察。

　　在本書中作者亦直陳，在研究老子思想的學者中，多所把老子視為消極主義者，實是一大誤解。老子思想之究竟既非積極亦非消極，而是超越消極與積極之大道境界，是無對立分別的本真生命。呼應老子「上德不德」、「至譽無譽」之言，此解甚諦。大道境界乃至真、至善、至美之境界，此境界乃超越一切真假、善惡、美醜相對之渾淪、大全。

　　全書一大瑕疵在於作者以「神」解「道」，雖作者於書中多所說明，共所稱「神」之內涵大致而言實與「道」無異，然「神」之名稱易使讀者產生一些不當之聯想，比知有位格之最高主宰，非「道」本有之義，不如回到老子「道可道，非常道」之強名為「道」，復其「道」家本色。（劉見成撰）

林雄著《道德經釋義》

　　《道德經釋義》，林雄著，老古文化事業公司，1983 年，平裝，317 頁。

　　本書作者林雄係基於修道者之立場，揭示老子之道落實於人生界時，正是人類思想行為的通路、途徑、指標、方向、路線，誠為現實人生之所當從，「孔德之容，唯道是從」。若背道而馳則自遺身殃，故作者本書釋義之作，旨在以現代口語之方式複述老子古老金言，期以發揮警惕世人、淨化心靈、回悟前塵、長生久視之意義與價值。

　　本書依唐景龍二年易州龍興觀道德經碑本校訂，逐章釋其經義，分經文、闡釋、字義、校釋之凡例進行之。每章先引經文，再作義理闡釋，字義部份則針對該章關鍵字詞作出精要之定義，使讀者更加精確掌握重要概念之意義，最後校釋部份取景龍碑本為底本，並參校諸本加以考訂，彰明經義。

　　老子論道有天道有人道，天道乃善利萬物而不爭、損有餘以補不足的自然無為大道。人道乃人所行之道，既有孔德之容唯道是從的聖人之道，亦有背道而馳妄作兇的俗人之道。人生之正道即法道自然之道，即少私寡欲見素抱樸的知足知止之道。作者各章所釋義皆顯老子去私欲以彰大公道心之意，大力批駁恆為學者曲解為玩弄權術及愚民政策之謬論，直陳一種在生活中修道、在修道中生活的和諧人生。本書足為初學老子者入道之津梁。（劉見成撰）

鄭良樹著《老子論集》

　　《老子論集》，鄭良樹著。臺北：世界書局，1983 年 2 月初版，約 13 萬多字，平裝橫排 25 開本，217 頁；此書 1998 年 3 月世界書局曾再版，但 2011

年 11 月已併入作者新名為《老子新論》之「下編」，由上海：古籍出版社重新
出版；原《老子論集》的內容，除了書前有其同學黃啟方教授所寫的〈黃序〉
及作者之〈自序〉，正文分別為：〈一、論帛書本老子〉、〈二、敦煌老子寫本考
異〉、〈三、敦煌老子寫卷探微〉、〈四、論嚴遵及其道德指歸〉、〈附錄：七十年
代出土竹簡帛書對古籍之影響〉等篇章，主要是作者在七、八○年代撰寫的有
關《老子》版本研究的幾篇重要論文。

　　鄭良樹，字百年，1940 年生，祖籍廣東省潮安縣，馬來西亞華裔，為香
港永久居民。國立臺灣大學文學學士、碩士、博士，師承王叔岷、屈萬里兩位
先生，又受毛子水、臺靜農等教授之治學方法啟迪，發展出屬於自己「立體式」
的研究方法，為海外華裔獲臺大中國文學博士之第一人。曾任馬來亞大學中文
系講師、副教授、系主任共十七年，其後轉任香港中文大學，擔任中文系及研
究院教授十四年。現已退休，仍為馬來西亞南方大學學院華人族群與文化研究
所榮譽所長及榮譽教授。著作除本書外，還有《淮南子校理》、《孫子校補》、
《戰國策研究》、《春秋史考辨》、《竹簡帛書論文集》、《續偽書通考》、《顧頡剛
學術年譜簡編》、《古籍辨偽學》、《商鞅及其學派》、《韓非之著述及思想》、《韓
非子知見書目》、《新馬華人文化史論叢》等共計二十多種；亦嗜丹青，曾出版
《百年書畫集》三集；又陸續花了三十三年，2004 年終於完成四冊一千多萬
字的《馬來西亞華文教育發展史》，故榮獲 2015 年（第 28 屆）林連玉精神獎。

　　《老子論集》一書，作者依據當時已出土公佈的資料，對馬王堆帛書本、
敦煌諸寫卷本《老子》及嚴遵《指歸》本等各版本狀況，作了詳盡描述和細致
的比對，在校勘學方面頗具參考價值。尤其是〈二、敦煌老子寫本考異〉、〈三、
敦煌老子寫卷探微〉二篇，在八０年代初大型敦煌文獻尚未集結出版，又敦煌
《老子》資料分散難見的狀況下，作者幾乎搜羅了當時所有可見到的敦煌《老
子》文獻與今本進行對勘，大大地推進了敦煌《老子》寫卷的匯集、刊布與流
傳，也方便學者們了解利用。而〈附錄：七十年代出土竹簡帛書對古籍之影響〉
一文，則可說是臺灣當時較早地對簡帛文獻的價值加以系統性總結的代表。此
外，作者後來新版的《老子新論》「上編」，則屬作者 1975 年以後陸續發表在
臺灣《大陸雜誌》的《老子新校》各單篇的基礎上，參考當時可見兩岸三地的
各種《老子》新校新注加以審定改寫而成，後已由臺北：臺灣學生書局 1997
年 4 月印行。故合併《老子新校》與《老子論集》本書為上、下兩編的《老子
新論》，則可說是作者研究老子版本校勘多年之總成果。（賴慧玲撰）

鍾應梅著《老子新詮》

《老子新詮》，鍾應梅著，臺灣學生書局 1977 年 10 月再版（台初版），
4.5 萬字，精裝 30 開本，單色印刷 255 頁；末有附錄一篇《老子的自然說》。

鍾應梅（1908～1985），號藥園，廣東梅縣人，1908 年（清光緒三十四
年）生。1923 年畢業於梅縣東山中學，後居家讀書。1930 年畢業於廈門大
學，獲文學士學位，1931 年應國立中山大學之聘，任預科國文教員，後歷任
廣東省立勤勤大學講師，中山大學副教授及教授。1949 年移居香港。1953 年
受聘為香港崇基學院中國語文系教授兼系主任，香港能仁書院中國文字研究
所所長兼能仁書院院長。著有《文論》、《老子新詮》、《易辭衍義》、《周易簡
說》等。

鍾應梅著之《老子新詮》，整書內容以王弼分段道德經之版本，依八十一
章分章節，作者中國古文造詣深厚，整本書內容採以文言方式詮解，非現代採
用一般白話型態解釋。全文內容非用一般之印刷字體，採用毛筆字體，無整句
式翻譯，是以個別方式分述解釋。每段開頭均以作者個人之詮釋每段經句之義
理，解釋內容均以「詮曰」字做為開始，再加以古人或老子本身其他章句，引
証道德經主文，其自云：「自漢以來，注老子者、或自囿於章句之末，或雜以
神仙怪迀之說，蓋去莊周、韓非遠矣！余今為新詮，首以老子之言證老子，次
則索解於莊周、韓非之書。」其證言亦融合現代物理科學之引證，如解釋第四
十二章之「道生一、一生二、二生三、三生萬物。萬物負陰而報陽，沖氣以為
和。」其詮釋為：萬物負陰而抱陽，言萬物皆各自有其相反相成之道。朱熹易
本義序曰：「易有太極，是生兩儀。太極者，道也；兩儀者，陰陽也。陰陽一
道也，太極無極也。萬物之生，負陰而抱陽，莫不有太極，莫不有兩儀。」其
理蓋本於老子。今世原子之學大昌，而原子含陰性之電子與陽性之質子。中子
雖無陰陽電，然一經變化，其產物如有電荷，則必具陰與陽，其中和之性固在。
蓋隱與老子所謂「負陰抱陽」「沖氣為和」者相若。說明聖哲之推理，往往為
科學發明之先驅，自述說明，作者之讀老子，於陰陽二字，早期皆自拘于形而
上之幻象耳，今得而知也。

文中旁徵博引，重新審析，並擇莊周、韓非等精要互相印證，對於人生的
體悟、萬物的哲理，闡述鞭辟入裡，句句精簡明暢，汲取老子其智慧精華，尤
有其獨特之見解，值得深入品味、細細深思。其文造詣用詞極簡，非為一般讀
者能視懂，因此非有讀過道德經的人能理析解讀。

附錄《老子的自然說》，為 1970 年 9 月 21 日在中文大學研究院中國語文講論會之講辭。由其學生李淑文筆記，單一深入老子之「自然」哲理思想探討，由「自然」一般解說，老子之所謂自然，自然與無為，自然與虛靜，作深入闡述析言。（熊品華撰）

張揚明著《老子考証》

《老子考証》，張揚明著，黎明文化事業公司，1985 年，平裝，298 頁。

張揚明教授精研老子之學，卓有盛譽，在本書之前已出版《老子斠証譯釋》、《老子學術思想》，前書主要在考訂章句、音義、蒐羅諸注、擷取眾長、糾正謬誤、發皇老子本義，力求契合原著精神；後書則是尋譯老子的思想理脈，闡發其精要奧旨，以明老子所揭大道乃包羅萬有的宇宙本體。

《老子考証》一書，旨在辯証歷代各家學者對老子其人、其事及其書的所疑所惑，闢其譌誤以存其真實。全書分為老子人事考証及老子書考証兩篇凡十二章，廣引群經相關文獻資料、分類擷取、條分縷析，務求立論平實、引証詳盡，以澄清歷來疑義。

第一篇老子人事考証：下分七章各就老子姓名的問題、老子籍貫的問題、老子官職的問題、孔子見老的問題、老子過關西去諸問題、老子生卒及其後人的問題與老子關係人物的問題等七大項目逐一考証析論。

第二篇老子書考証：下分五章克就歷來治老學者所提疑義歸納為五大類分章析論澄清之，這些問題包括：老子書思想問題、老子書語詞問題、老子書文體問題、老子書作者問題與其它相關問題、諸如孔子前無私人著作的問題、孔墨孟不言老的問題、從引書例推測老子成書年代的問題等。

張揚明教授於老子其人、其事、其書相關問題之詳實考証後，其結論明証老子確係陳相賴鄉曲仁里人，名耳字聃姓李氏；在春秋時曾為周室柱下史；是道德經的著作人；並在著書之前將其學說口耳傳授，風靡朝野。此亦証明歷代學人之所疑所惑，均係疏於考証有欠深思而人云亦云互相滋擾，不值重視。

本書窮搜博採、資料完備、條分縷析、考證入微、論証詳實，對於歷來莫衷一是眾說紛紜之疑難問題，得以澄清，雖不敢說就是最後的結論，然於學術研究上具有重要的參考價值。（劉見成撰）

程南洲著《倫敦所藏敦煌老子寫本殘卷研究》

　　《倫敦所藏敦煌老子寫本殘卷研究》，程南洲著。臺北文津出版社出版，1985 年。作者先是任教於臺東女中、北一女中等多所中學，後執教於臺北商專、政治大學等大專院校，又曾任明志技術學院主任秘書、開南管理學院代理校長等行政職務。其學術專長為經學、諸子學及詩學。學術專書論文頗豐，如《東漢時代之春秋左氏學》、《倫敦所藏敦煌老子寫本殘卷研究》等。1983 年曾以《經傳釋詞辯例》一書榮獲第十八屆中國語文獎章。

　　光緒 26 年敦煌石室寶藏重出壁壤後，世界各地群起鑽研，敦煌蔚為顯學。其中，首先劫去敦煌石室經卷畫繡者為斯坦因。斯坦因所得計滿裝寫本之箱子二十四件，畫繡等美術品之箱子五件，雇用駱駝四十頭，先運往印度，成立西域圖書館，後載往英國，藏於大英博物館。斯坦因所選，大抵以卷子幡畫較完整清晰為主。1958 年，中央研究院歷史語言研究所以美金一萬元購得英倫所藏敦煌寫本全部 Microfilm 副本，存於中央研究院傅斯年圖書館，以供研究。後來新文豐出版公司由黃永武主編敦煌寶藏一書，亦輯有斯坦因全部之資料，足堪參考。

　　作者素來喜研老子，於斯坦因所得之敦煌老子寫本殘卷頗為喜愛，故於暇時屢至中央研究院傅斯年圖書館手自抄錄，以與王弼、碑本、御注本、河上本、遂州道德經碑相校，以探其異同，而撰作此書。

　　倫敦所藏敦煌老子寫本，皆為殘卷，共有十五本。用以對校的版本為民國九年浙江圖書館覆刻浙江書局本，此為王弼注本之最善者，本書校證即以此書與倫敦所藏敦煌老子寫本殘卷相對校。倫敦所藏敦煌老子寫本殘卷，自第四章起至八十一章皆有殘存，一至三章從缺，本書校證因此始自第四章。

　　本書並比對了多家版本之間的差異，參考書目包括馬敘倫《老子覈詁》、莊錫昌《老子校詁》等前人著作，其中朱謙之《老子校釋》中又有石刻本、寫本、佚本、道藏本、諸刻本等；嚴靈峯《馬王堆帛書老子試探》及十種英倫《老子》殘卷，交相比對，加以校證。結論有六：

　　一、英倫殘卷頗有價值，對老子之校勘工作助益甚大。

　　二、英倫甲、乙、丙、戊、己、卯、辰各本較為相近，與碑本、遂州道德經碑屬同一系統，其中甲、乙、丙、卯、辰五本與遂州道德經碑尤為相近。

　　三、英倫丁本與王弼本較為相近。

四、英倫庚、辛本皆為河上公注本，然與宋麻沙本河上公相較，為大同小異。

五、英倫己、丁本避唐太宗諱，其寫本較碑本、御注本、遂州道德經碑為早。本書以唐本較唐本，更見真確，亦可見唐代當時版本甚為紛歧。

六、英倫所藏殘卷，多省助字，極少加助字。可謂以省助字為正例，加助字為變例。（林翠鳳撰）

周次吉著《老子考述》

《老子考述》，周次吉著。臺北：文津出版社，1986 年 5 月初版，約 15 萬多字左右，平裝直排 25 開本，261 頁。本書最前印有〈帛書老子甲本書影〉及〈帛書老子乙本書影〉各三頁，〈目錄〉之後則有〈凡例〉及一頁〈前言〉；正文實分三要類，最前列有六篇考證文章，分別為：〈乙本非抄自甲本考〉、〈帛書乃善本考〉、〈老子非有二傳本考〉、〈老子為古學考〉、〈釋道關涉考〉、〈帛書可補說文考〉；其次即針對《道德經》八十一章有〈本書校注〉之全文，每章最後均附已校注後之分章「正讀」；最後則將全部「正讀」，以德經在前、道經在後之順序，排成類帛書不分段、並加上現代標點符號之〈老子正讀〉格式，共有九頁；全書最後再列〈附錄：參考書目〉。

周次吉，自號半十老人，1942 年生，臺灣屏東人。國立政治大學中國文學系學士、碩士、博士畢業，師從羅宗濤教授及南懷瑾先生，曾在南先生早年所創的「十方禪林」擔任十方叢林書院研究部研究員；博士畢業後先後擔任過屏東科技大學副教授、朝陽科技大學教授兼通識教育中心主任、義守大學通識教育中心教授等職，2009 年 6 月已退休。除本書外，另著有《六朝志怪小說研究》、《唐五代志怪傳奇敘錄》、《神異經研究》、《吳越釋氏考》、《左傳雜考》、《左傳小說輯釋》《詩經入門》、《比丘尼傳及其補遺考釋》等書，還編有《太平廣記人名書名索引》。

1974 年湖南長沙馬王堆第三號漢墓出土大批帛書，其中因有作者素好之老子書，又當時臺灣可見之相關研究仍有許多語之未詳，因此專長在校注稽考古籍的作者，便以此為主題，考述與老子相關之各項主題內容。其中書前六篇考證文章之標題，實即作者考證之結論，而每篇文章內容即論述考證推論之過程。由於此書寫於臺灣尚未解嚴、兩岸各種學術資訊仍未正式且公開交流以前，故所根據帛書資料，乃當時嚴靈峰先生已出版的《馬王堆帛書老子試探》

（臺北：河洛圖書出版社，1976 年 10 月初版）所影之帛書本。而本書出版隔年，臺灣即宣布解嚴，一時間大陸各種學術書籍也大量湧入臺灣，與帛書老子甲乙本有關之各種更精確與細密之研究資料也紛紛湧進，因此《老子考述》一書幾乎湮沒其中，很少引人注意。故以今觀之，此書宜作為臺灣解嚴以前，考述帛書老子甲乙本之階段性看法與成果。（賴慧玲撰）

李勉著《老子詮證》

　　《老子詮證》，李勉著。臺北：東華書局股份有限公司印行，1987 年 4 月初版，將近 20 萬字左右，平裝直排 25 開本，266 頁；1987 年 10 月二版。全書最前有作者〈自序〉，其次正文分為：〈老子句義詮證〉、〈老子身世探隱〉、〈老子書考辨〉三大單元，最後則有〈附錄〉共六篇補充資料：〈老子微旨例略〉、〈雲笈七籤卷之一 ──總敘道德〉、〈老子微旨例略說明與校注〉、〈老子佚文搜秘〉、〈老子韻語集成〉、〈有關老子重要參考書目〉。

　　李勉（1919～2015），家名李華表，字君勉，浙江省縉雲縣夏家坂村人。1940 年以公費考入國立浙江大學，但因戰亂後轉入國立廈門大學續學，畢業後再考入國立中山大學國文研究所。碩士畢業後即獻身教育界，曾任國立臺灣師範大學、國立成功大學、私立東海大學哲學研究所教授，又曾獲邀在德國法蘭克福大學、美國賓州大學、芝加哥大學等校講學，1989 年退休於臺南國立成功大學中國語文學系。晚年則旅居美國費城，仍講學不輟。2005 年起開始到北京大學、西安陝西師範大學、上海華東師範大學、杭州浙江大學等校講授宋詞古唱。著作除本書外，還有《管子今注今譯》、《莊子總論及分篇評注》、《莊列二子比較研究》、《史記七十篇列傳評注》、《古書疑義辨證》、《歷代詩詞論證》、《詩詞曲通論》、《詞曲概論及精選評注（附宋詞古唱）》、《詩詞作法唱法通考（附宋詞唱譜一）》、《宋詞古唱考定》、《詩經探義》、《詞曲論釋》、《中國京劇名劇唱譜及琴譜考定》、《文字學概要》、《千字文解注》、《訓詁學述要》、《聲韻學》、《四書釋疑》、《大學國文通解》、《中國歷代文學批評》、《中國聖經》及其他詩集、詞集、文集、書畫集等共三十八種。

　　此書〈老子句義詮證〉部份依王弼注本章句為序，作者強調其詮釋原則乃「以老解老」，而非「以儒釋老」、或「以佛詮老」；句義注釋之後，特附錄嚴靈峯先生從《正統道藏·正一部·皷字號》錄出的〈老子微旨例略〉一篇，以為有助於老子真義之闡發。又列入張君房之《雲笈七籤·卷一 ──總敘道

德》一篇，以資參證，此二篇皆經嚴靈峯先生校勘，也收在其所編著的《經
子叢著》（1983 年臺北：國立編譯館中華叢書編審委員會印行）第八冊之中。
此外，作者又論老子身世及其書，因老子身世，撲朔迷離，其書亦頗多猜議
者，故予分別辨證。又將後世發掘老子《道德經》之佚文予以補列，還附歷
代解老書目，以供世人參考。本書作者原考慮學嚴靈峯先生大膽改編《老子
章句新編》（1955 年臺北：中華文化事業出版）之方式，使句與句間，含義
相屬，易於會通。但最後仍老實訓詁以詮釋句義，採文獻考證之研究方法完
成此書。（賴慧玲撰）

賀榮一著《老子之樸治主義》

　　《老子之樸治主義》一書原名《老子之道治主義》，賀榮一著。臺北：五
南圖書出版公司，1988 年 5 月初版，平裝 25 開本，279 頁。但 1994 年 4 月準
備發行大陸版時已經過八年，作者決定將書名改為《老子之樸治主義》，由天
津：百花文藝出版社重新發行，並印成精裝橫排 25 開本，16 萬五千字，205
頁，且將臺灣初版全書中原「道治主義」一詞，均更正為「樸治主義」之說，
故以下提要均以「樸治主義」為準。此書最前有〈作者自序〉、西德白玉峰先
生的〈對本書之推薦〉及〈引言、老子之理想國〉，最後則有〈卷尾、樸治主
義之總結〉；正文則有八章，標題分別為〈第一章、樸治主義緒論〉、〈第二章、
人君立身為政所當選取之途徑〉、〈第三章、論樸治主義之形上基石「道」〉、〈第
四章、樸治主義之兩大主角「侯王與萬物（人類）」〉、〈第五章、以聖人為中心
的樸治主義者之四大師表「道、天、地、聖人」〉、〈第六章、論樸治主義經國
治民之道〉、〈第七章、論樸治主義者〉、〈第八章、老子對實現其樸治主義之期
望與失望〉。而大陸新版發行時，在〈作者自序〉之後新插入一篇〈對本書更
名緣由之說明〉，主要解釋作者經多年思考，認為「樸治主義」之說比「道治
主義」一詞，更能允當地表明老子學說大旨之理由。

　　賀榮一（1933～1993），北京人，後入意大利籍，早年曾於北平私立輔仁
大學哲學系就讀。1949 年時因獲出國留學獎學金，遂負笈意大利，入熱那亞
市佈理學院哲學系研究所六年，主要從事有關東方哲學之研究。從 1958 年起
之 30 年間，曾先後任教於意大利都靈大學東方學院、米蘭東方學院、米蘭語
言學院、以及古老的巴維亞大學等校，61 歲過世時，仍在巴維亞大學亞非各
國歷史文化研究所從事教學與研究工作。除本書外，還著有《中國文學之分析》

（意文）、《中國國畫簡史》（意文）、《道德經注譯與析解》（中文）、《孟子之王
道主義》（中文）等書。

　　本書是作者根據其《道德經注譯與析解》一書已析解出的義理為基礎，
將老子思想以有系統地理論綜合方式，再重新編述而成。作者認為，《道德
經》一書原由許多不相連屬的個別思想單元組成，但經過對各章句義、思想
的分析和對照綜合之後，可發現其中內涵實是互相關連而構成的一個不可分
割的思想整體，且認定這個思想整體所表達的乃是一套具有完整體系的政治
哲學學說，其內容一言以蔽之，即是「人君當以自然之道，亦即當以自然之
方式治民」，以現代語言稱之即所謂「樸治主義」。此說宗旨認為老子想建立
一個清淨無爭、質樸自然、自給自足的小農社會，故肯定老學是為濟世救民
的實用學說。本書論述條理清晰、論證有據，作者認為用「樸治主義」概念
統領《道德經》全文，可使世人得睹老子思想之真貌。然此說雖概念清晰，
實際卻將老子學說之面向，僅限縮為「政治哲學學說」而已，反不能全面說
明老學更寬廣多重的可能意義，故可作為研究老子政治哲學之重要參考，而
不能視為全面認識老學之唯一方式。（賴慧玲撰）

袁保新著《老子哲學之詮釋與重建》

　　《老子哲學之詮釋與重建》，袁保新著。臺北：文津出版社，1991 年 9 月
初版，列為「鵝湖學術叢刊」編號第 15 號，有精裝及平裝兩種，橫排 25 開
本，約 15 萬字左右，218 頁；1997 年 12 月有再版。本書最前有王邦雄教授的
〈序〉和作者的〈自序〉，正文共分上、下二編：〈上編〉收錄作者 1984 年 1
月所完成的博士論文《老子形上思想之詮釋與重建》全文，章節安排為：〈第
一章、導論〉、〈第二章、老子《道德經》中「道」一概念的初步解析〉、〈第三
章、當代老學詮釋系統的分化〉、〈第四章、創造性詮釋的探索〉、〈第五章、老
子形上思想的重建〉、〈第六章、結論〉；〈下編〉則是作者後來參加一些學術會
議所撰寫的單篇論文集，其主題分別有：〈老子思想中「道」之形上性格底商
榷〉、〈存有與道──亞里斯多德與老子形上學之比較〉、〈老子語言哲學試探〉、
〈老子思想在現代文化中的意義──以唐君毅先生有關存在主義之省察為線
索〉、〈老子政治哲學的洞見與侷限〉、〈文明的守護者──老子哲學智慧試詮〉
等共六篇。

　　袁保新，1952 年生，臺灣臺北人，輔仁大學哲學系學士、碩士，私立中
國文化大學哲學研究所博士，師從王邦雄教授。碩士班時即為《鵝湖月刊》的

創辦人之一、並擔任社長；又曾任臺灣銘傳商專講師、副教授及訓導主任，中國文化大學副教授兼訓導長、國立中央大學教授及總務長、主任秘書、哲學所所長，南華大學教務長、副校長，醒吾科技大學校長，淡江大學中文系專任教授，現職為明新科技大學校長。除本書外，還著有《孟子三辨之學的歷史省察與現代詮釋》及專業期刊論文二十多篇。

本書〈上編〉首先說明老子形上思想探究之價值，而後展示老子義理詮釋的困境，最後再以「創造性詮釋」為原則，逐一檢討當代老學較具代表性之詮釋系統，並給予一理論之定位。其中最主要討論的焦點，即是老子的「道」究竟是「客觀實有」型態或是「主觀境界」型態的問題。經由作者逐一分析的結果，認為除了牟宗三先生力主「主觀境界」型態之外，其餘學者大多採「客觀實有」型態之立場。作者最後也在眾家之中特取牟先生意旨來詮釋老學，但對牟先生「主觀境界」的詮釋立場，進一步分析出「道」的客觀性，從而避免了此說被批評為「主觀主義」之誤會。而本書〈下編〉所收單篇論文，基本上並沒有超出〈上編〉之思路及架構，大多是進一步補強詮釋或以概念更明確的語句方式來分析老子思想。

本書在義理詮釋與理論重建方面，不乏融貫性的創見，尤以作者為徵定老子哲學的現代性所自鑄的「文化治療學」一詞，主要想表明老子的形上思想與西方形上學不同，它所關懷的世界，是以人作為行動中心所輻射出去的「價值世界」；又認為老子哲學對應「周文疲弊」，其與儒家最大不同的地方，是其智慧、精采全在於批判、治療，而非積極的建構。此「文化治療學」之說，在牟宗三先生之後的當代新儒學群中，已經常被引用為理解老學之詞，且進一步被詮釋與討論。（賴慧玲撰）

嚴靈峯著《《老子》研讀須知》

《《老子》研讀須知》，嚴靈峯著，正中書局 1992 年 4 月出版，為該書局《文史哲叢書》系列，362 頁。

嚴靈峯（1903～1999），名明傑、字靈峯，以字行，福建省連江縣人，1928 年畢業於莫斯科東方大學，其同學至交中，包括蔣經國（1910～1988）、鄧小平（1904～1997）、楊尚昆（1907～1998）、聶榮臻（1899～1992）等後來擔任兩岸政、軍高層之人物。1933 年，受陳獨秀（1879～1942）派任，赴福建擔任「人民革命政府」情報處處長，隔年，該支人民革命軍遭蔣介石（1887～1975）

派軍瓦解，在蔣經國力保之下，嚴先生遂轉而追隨蔣氏父子，並在赴臺前後歷任福州市長、國安會辦公廳主任、總統府安全局長、駐日本大使、駐港澳代表以及國民大會代表等職，直到蔣經國病逝前，皆為其重要幕僚。嚴先生曾任輔仁大學哲學研究所講座教授、臺灣大學哲學研究所教授等職，除留學蘇聯時期所習之經濟學、唯物論等領域外，對先秦諸子、儒學、老莊哲學等，有極深入的理解，歷年著作包括《《老子》研讀須知》等六十餘種，並編有《無求備齋老子集成》初、續編，《無求備齋莊子集成》初、續編，以及《無求備齋列子集成》、《無求備齋老列莊三子集成補編》、《無求備齋易經集成》、《無求備齋論語集成》、《無求備齋墨子集成》、《無求備齋荀子集成》、《無求備齋韓非子集成》等書，對於歷代易學、論語學及諸子學文獻之整理，有極大的貢獻。

《《老子》研讀須知》全書分為上、中、下三卷，上卷為〈研讀《老子》的基本知識和步驟〉，透過文獻學的校勘（又析為避諱、訛字、脫文、衍文、通用、假字等十六種類型）、錯簡（本文、注文錯簡以及注文混入正文、正文混入注文等四種）、考證老子其人其書、義理學（注疏、集注、輯佚等）、重要參考書目（本文、校理、考異、音義、索引等項）、諸子學、小學等視角立論；中卷〈老子學說簡介〉，拈出老學的道論、道的自化與規律性、視「德」為「道」之顯現與作用、人生觀、治國之理、用兵原則、知識論、正言若反、無為觀等重要思想；下卷〈附錄：研究老子的基本資料〉，則收錄帛書老子、唐代寫經碑、敦煌寫卷及嚴先生於 1944 年損益《老子》原文，經 22 年、10 度修訂並析為道體、道理、道用、道術四篇之《老子章句新編》，另附〈老子哲學中若干重要問題〉、〈老子書中的「天道」、「人道」和「聖人之道」〉、〈老子思想對孫子兵法的影響〉、〈老子「正言若反」的邏輯及其歷史淵源〉、〈老子的知識論〉、〈老子主張「寡欲」是對人類「好生」的肯定〉、〈先秦道家哲學中的科學影子〉、〈易經和道家中之「相反相成」原理〉等八篇老學論文。

《《老子》研讀須知》此書為嚴先生八十九歲所著，通觀全書，嚴先生透過中文學門各面向的研究方法，提出初學《老子》者應理解的基本知識，並使其得以對老子重要學說思想有所認識，進而以出土文獻、今人專論相搭配，具有極豐富、紮實的內涵，堪稱當代老學著作中，不可多得的一種。（李建德撰）

黃釗著《帛書老子校注析》

《帛書老子校注析》，黃釗著。臺北臺灣學生書局，1991 年 1 月。

作者為武漢大學政治與行政學院教授、博士生導師。曾任該院副院長兼政治管理與公共關係學系主任、湖北省周易學會顧問等職。長期從事中國傳統文化與思想道德教育方面的教學與研究，特別是在道家文化的現實價值的研究用力頗勤。著作主要除《帛書老子校注析》之外，另有《中國道德文化》、《道家思想史綱》、《中國古代政治思想史綱》等。

1973 年長沙馬王堆第三號漢墓出土了帛書《老子》兩種寫本，一本以篆書書寫，被稱之為甲本；一本以隸書書寫，被稱之為乙本。帛書甲乙這二種本子，是今日所能見到的最古的《老子》抄本，是極為珍貴的古文獻，有力地促進了近世《老子》研究的深入發展，值得特別重視。

作者概括帛書《老子》的珍貴處有三：一、帛書《老子》有助於恢復原本《老子》的完整體系。二、帛書《老子》有助於訂正今本《老子》字句的訛誤。三、帛書《老子》有助於全面評價《老子》的思想。

帛書《老子》並非《老子》原本，它只是眾多抄本中的一種手抄本，作者歸納其不足之處有四：一是脫爛之處需要校補，二是同音假借字需要訓釋，三是衍字漏字需要刪增，四是錯別字需要糾正。基於以上，因此需要參閱今本，對之加以校勘。

歷來研治《老子》的學者，大多以校訂本文為首要之務。本書校正文以馬王堆漢墓帛書《老子》甲、乙本為底本，主要參閱河上公注《老子道德經》（即《老子河上公章句》）、王弼《老子道德經注》、傅奕《道德經古本篇》等流行較廣的諸今本，也適當參閱其它有關《老子》本，校文在力求保存帛書風格的前提下，擇善從之。

帛書《老子》甲乙本均不分章，為研究方便，本書仍按今王本八十一章之次序，分章進行校注及簡析。校注採用分段的方法，一般是先校後注或校中夾注。簡析部分著重剖析《老子》的哲學思想，意在從微觀上揭示其思想內容，從宏觀上把握其基本精神奠定基礎。校注及簡析均吸收了古今注家的研究成果，包括許抗生、張松如、陳鼓應等海內外學者的論述精華。

帛書《老子》甲乙本上篇為《德經》，下篇為《道經》，與今本相異。作者認為應是《道經》在前，《德經》在後，既符合《老子》「道生德」的思想，也符合古往今來人們稱老子學派為「道德家」的歷史傳統，不應該輕易改移。故本書仍依今本慣例，將《道經》列為上篇，《德經》列為下篇。

　　本書作者從文獻的史源考訂入手，資料收集之齊備、文字校正之謹嚴、詞語詮釋之細密、義理闡說之精徽，以及善取眾家之長的寬容態度，均有其獨到之處。（林翠鳳撰）

張成秋著《老子王弼學》

　　《老子王弼學》，張成秋著，中華民國老莊學會出版，1992 年，平裝。

　　張成秋教授，1941 年生於四川三台。1950 年隨父母來台。1964 年畢業於國立台灣師範大學國文系，而後於 1976 年獲得國家文學博士學位，同時取得國立新竹師範大學的教授資格。張成秋教授治學範疇主要在於中國思想文化與傳統宗教之研究，又因從小受基督教薰陶，於基督教義理亦有深厚之涵養。先生於教學之外，勤於寫作，著作甚豐，計有《莊子篇目考》、《詩序闡微》、《老子王弼學》、《易經真 easy》等。

　　《老子王弼學》一書，乃作者研究王弼老學思想，於學報發表之一系列相關論文集結出版成書。全書共分五篇，合計二十一章。

　　第一篇〈老子王弼學緒論〉，共分六章，分述老子生年傳略；歸納老子學說基本主張：尊道貴德、柔弱居下、自隱無名、謙虛守愚、清淨自正、無為自化；總結歷史上對老學之認識與批判；再述王弼生年傳略；疏理展示王弼老子研究之基本資料《老子王弼注》、《老子微旨例略》，並涉及相關學者的研究資料；最後一章總結闡述王弼老學三大重點：一、對道之認識首重一「無」字；二、道即無，乃宇宙根源與存在變化之原理、動力；三、以無為原理發而為「無為而治」之政治理論。

　　第二篇〈王弼老學之道與無〉，共分四章。作者認為以無釋道乃王弼對道之最大見解，道即無、無即道。第一章論大道，企以了解王弼對老子道之認識。道為老子學說之核心，大乃道之形容，故言大道。第二章論無與無名。無既指本體論上之虛無大道，亦指體道而行之生活上的不執著。人之體道行無即老子所言「無為」之精義：無心而為，為而無心。第三章論述道為根本之法有益於人，道為宇宙萬有之源亦為維繫宇宙運行變化之力量，故為人生存在所應遵循的根本大法，唯道是從是謂知常，知常明，不知常妄作凶。第四章論正言若反，反者道之動而且道又與俗反，故老子之論道自可謂「正言若反」。道與無乃老學之重心，王弼識其宗旨，提要示綱，故其老學亦以此為重心所在。

　　第三篇〈王弼老學之弱道〉，作者指出弱道實為老子哲學之最大特色，故有此專篇以觀王弼對老子弱道哲學之看法。此篇共分三章。第一章學道，老子之主張柔弱實即源於對道體之認識：「弱者道之用」，道體之特性乃柔弱主張之根基，故欲明弱道，先由學道入手。第二章柔弱不爭，老子多所柔弱並言：「柔弱勝剛強」、「柔弱者生之徒」，弱之為柔並非儒弱畏怯之義，實乃有容乃大不爭之德，相反於剛強之鬥勝好爭。第三章得道者如嬰兒，「含德之厚比於赤子」，老子即以嬰兒之生命狀態象徵得道之理想境界。第四章聖人與修養，聖人即體道而實踐柔弱不爭天理之人，要言其處世修養，皆由此所開展演發，慈、儉、不敢為天下先、和光同塵、挫銳解紛，凡此種種修養，實皆唯道是從、柔弱為用之應世表現。

　　第四篇〈王弼老學之政術〉，作者直陳王弼老學特別突出於政治思想之發揮，為其截然不同於凡俗之處。老子政術唯遵「自然無為」，即唯道是從也，蓋「道常無為而無不為，候王若能守之，萬物將自化。」本篇共分四章，分別由戰爭與用兵、批評時政、政治論以及帝王術闡析論述王弼老學之政術。

　　第五篇〈王弼老學：大智與小智〉，此為《老子王弼學》一書之終篇，闡明老子思想之智慧內涵，其主張似與一般常理相左，此相左處即顯大智小智之別。第一章即彰顯老子合道順天之大智義理，第二章即對比世俗小智，實乃背道妄議之愚見。老子絕聖去智之論，其所反對者正是這種背道而馳的逐末小智，並敦促吾人應追求體道之本真大智。第三章為王弼老學之總結，是為本書之結論。作者總結王弼老學乃起於對道與無之體認，進而發揮無名無形之見解，而後推演闡發老子之弱道哲學，並突顯自然無為之政治主張。

　　整體而言，本書對於王弼老學之研究，於文獻資料之搜集、整理與運用，實在作出系統之論述，而於王弼注老思想亦有鞭闢入理之闡析，時有創見，實為老子王弼學之研究開展一嶄新之局面。

　　本書雖然切要地論析展示老子思想之精粹與人生智慧，猶難避免傳統一般對老子思想之偏見，實為其美中不足之外。如以老子思想容易使人消極，及言老子不爭之弊害。作者明白區分老子有關大智小智之別，然上引作者之判實以世俗人智批評天道大智之謬，恰是老子所欲加以批判導正者，故作者之判與其所論乃不一致。另一美中不足之處是在全書最末段〈由基督聖道觀察老子〉之論述，蓋作者為基督徒，依其宗教信仰之教義以斷老子之非宇宙真正底蘊、人生之堂堂大道，而作總結其意寧以基督教義之信仰為最終依歸。

吾人理當尊重人人各自不同之信仰，但以各人之信仰據以論析學術研究之是
非，則不免以信仰取代理性之論証，而有逾越學術研究論理精神之不當與偏
失。（劉見成撰）

譚宇權著《老子哲學評論》

　　《老子哲學評論》，譚宇權著。臺北：文津出版社，1992 年 8 月初版，約
20 多萬字左右，直排平裝 25 開本，396 頁。本書作者最前標明「謹以此書獻
給我的初二導師，中國名女作家吳崇蘭女士」，之後附有四頁圖片，主要為「老
子騎牛」、「趙孟頫畫老子」圖像及王羲之、褚遂良、趙孟頫等書法家寫《道德
經》之碑刻影圖；正文前有〈林玉體教授序〉、〈自序〉；正文則分為「老子哲
學概論」及「老子思辨方法評論」上下二部份，共十五章。其中「第一部份」
之章節安排為：〈第一章、論老子的讀法〉、〈第二章、論老子哲學的價值〉、〈第
三章、論建立中國第一個形上學的老子〉、〈第四章、論老子哲學形成的背景〉、
〈第五章、比較老子與中庸的「道」〉、〈第六章、比較孔老兩子的中心問題及
其解決方法〉；而「第二部份」之分章則為：〈第七章、論老子的論理法則——
反〉、〈第八章、評論老子的自然學說〉、〈第九章、評論老子的萬物論〉、〈第十
章、從人性論，評論老子的思辨方法〉、〈第十一章、從形上學，評論老子的思
辨方法〉、〈第十二章、評論老子的知識論〉、〈第十三章、從宗教哲學，評論老
子的思辨方法〉、〈第十四章、從政治學學，評論老子的思辨方法〉、〈第十五章、
評論老子的人生哲學〉。

　　譚宇權，1946 年生，廣東省南海縣人，國立中興大學公共行政系畢業。
曾任中學教師，現已退休。曾陸續在臺灣師範大學教育研究所、歷史研究所進
修，目前仍在國立中央大學哲學研究所博士班就讀。著作除本書外，還有《中
庸哲學研究》、《荀子學說評論》、《墨子思想評論》、《孟子學術思想評論》、《孫
文思想評論》、《梁漱溟學說評論》、《莊子哲學評論》、《孟子哲學新論》、《胡適
思想評論》、《孔子精神建設論》、《孔子思辨方法評論》、《科學的思辨方法論》、
《國中教育改革論》等。

　　本書作者主張：老子思想的進路，有朝向解決原儒創始人——孔子未竟之
業而來的趨勢。故孔子思想的終點，可說即是老子的起點。又認為因孔子主張
自強不息的人生觀，而老子提倡柔弱勝剛強的人生論，故兩家思想有互補之功
能。但在人生哲學方面，以為老子學說雖有助於中國人在貧窮社會中養成「樂

天知命」或「安貧樂道」的習性，但同時也培養了成為二千年來專制政治奴才的性格。此外，作者認為帛書老子的出現，首先證明老子思想先有形下學，才有形上學；其次證明老子學說是起於對當時社會政治的不滿；最重要是證明今日所見各注本的老子典籍，實際已經過歷代學者潤飾修改，故越到後面的註解，就越有可能無法掌握原作意義。此書文字表達方式類似口頭講義記錄，故非常直白易懂，作者希望以「以經解經」之客觀原則，去把握原著的精神與內涵。然因作者並非學文史科班出身，表面論述講解雖清楚而頗有創發，但許多古籍訓解之基本訓練不足，歷史斷代資料運用也少憑證，往往僅憑各種邏輯推論即作結論。故本書可作為對文史外行者閒餘親近國學之作，但作為當行的學術論著，則爭議頗多。（賴慧玲撰）

王博著《老子思想的史官特色》

　　《老子思想的史官特色》，王博著。臺北：文津出版社 1993 年 11 月初版，列為「大陸地區博士論文叢刊」第 55 號，約 25 萬字左右，平裝直排 25 開本，364 頁。此書原為作者 1992 年 6 月完成答辯的北京大學博士論文《老子思想探源及研究》，之後經過一年的修改，才在臺灣正式出版。又經陳鼓應、邱鎮京兩位教授建議而改成本書名，以突出本書內容上的特點。正文分為上下二篇，其中〈上篇、老子思想探源〉之章節安排為：〈引言〉、〈第一章、老子思想的史官特色（上）——老子與史官〉、〈第二章、老子思想的史官特色（中）——太史之職掌對老子思想的影響〉、〈第三章、老子思想的史官特色（下）——史官思維的一般特徵及其在老子思想中的體現〉、〈第四章、老子思想的民族背景〉、〈第五章、老子思想的神話淵源〉、〈第六章、從老子哲學看中西哲學之差異〉；而〈下篇、老子思想研究〉部分之分章則為：〈引言、老子哲學的基本問題〉、〈第七章、老子所謂道的意義〉、〈第八章、老子關於道物關係的看法〉、〈第九章、君人南面之術——老子的治國思想〉、〈第十章、老子的治身思想〉；之後還有〈附錄、馬王堆《老子》乙本卷前古佚書的研究〉單元，這部份也有兩章為：〈第十一章、馬王堆《老子》乙本卷前古佚書的書名、成書年代及產生地域〉、〈第十二章、《黃帝四經》的主要思想及其在黃老之學中的地位〉；書後則有作者簡短的〈後記〉。

　　王博，1967 年生，內蒙古人，北京大學哲學博士，師從朱伯崑教授。現任北京大學哲學系教授及系主任、宗教學系主任、博士生導師、北京大學社會科學部部長、儒學研究院院長、道家研究中心主任、教育部哲學學科教學指導

委員會副主任。2004 年入選教育部第一批新世紀優秀人才支持計畫，國務院特殊津貼獲得者。已經出版專著七種：《老子思想的史官特色》、《簡帛思想文獻論集》、《易傳通論》、《莊子哲學》、《無奈與逍遙》、《奠基與經典》、《中國儒學史──先秦卷》，並發表論文八十餘篇。其《莊子哲學》一書曾獲得 2005 年度北京市精品教材獎，並翻譯成英文和韓文出版。英文版《莊子哲學》則獲得北京大學哲學社會科學成果一等獎。另《中國儒學史──先秦卷》也獲得北京市哲學社會科學成果特等獎。曾主持國家社科基金重大專案「中國解釋學史」及哲學系「哲學與當代中國」研究計畫，並主持多卷本《中國經學史》之研究和寫作計畫。

　　此書〈上篇〉主要探討老子的思想淵源，因作者認為老子思想的形成，與其史官的經歷有密不可分的關係，故想通過這種角度來準確把握老子思想的整體精神及真實內容。在〈上篇〉中除了討論老子哲學的史官特色之外，還輔之以對老子思想民族背景的考察，力求使探源更加全面而符合歷史。另外，由於神話在古代文化中具有重要地位，作者也專章討論其與老子哲學的關係。而〈下篇〉部分著重探討老子思想的基本內容，包括對道、物、有、無等概念之討論，及在「治國」與「治身」兩方面思想的探討。最後作者還有兩章專門研究「馬王堆帛書《老子》乙本卷前古佚書」，認為這應就是成書于戰國中期或更早時期的《黃帝四經》，且為越國人所作。本書考辨精詳，引用資料頗多，較全面地研究了與《老子》有關的各種問題，屬於從歷史考證觀點全面討論老學的特色之作。（賴慧玲撰）

吳怡著《老子解義》

　　《新譯老子解義》，吳怡著。臺北：三民書局，1994 年 2 月初版一刷；2005 年 1 月又新刷，至 2005 年 10 月已初版七刷，平裝 25 開本，將近 30 萬字，465 頁；2008 年 5 月則重編為二版，改為平裝直排菊 16 開本，484 頁。此書屬於三民書局專門出版的「古籍今注新譯叢書：哲學類」系列中的一本，書前有作者之〈前言──我讀《老子》的一點心路歷程〉，全書最後則列有〈本書有關主要參考書〉共計 33 冊；正文即分列《道德經》八十一章原文，每章均以老子同一章句之關鍵字為標題，以方便檢尋；又八十一章原文均加上注音符號，以便於初學者閱讀；且每一章後面，均附白話之「語譯」及詳細的「解義」以說明義理。

　　吳怡，1939 年生，原籍浙江省青田縣，出生於浙江嘉興，1953 年來到臺灣。1961 年國立臺灣師範大學國文系學士，1964 年中國文化大學哲學碩士、1970 年國家文學博士，師從張起鈞先生。曾先後擔任中國文化大學哲學系所、美國加州萬佛城法界佛教大學中國哲學教授及系主任，現仍任美國加州整體學研究學院亞洲比較研究所教授及哲學系主任。著有《禪與老莊》、《逍遙的莊子》、《中庸誠的哲學》、《哲學演講錄》、《公案禪語》、《中國哲學史話》（與張起鈞合著）、《新譯老子解義》、《新譯莊子內篇解義》、《生命的轉化》、《生命的哲學》等中文著作二十多冊，並有《老子翻譯》、《禪心》、《中國哲學的術語》、《關心茶》、《易經與易德》等英文著作五冊。其中《中國哲學史話》（與張起鈞合著）、《新譯老子解義》、《新譯莊子內篇解義》、《禪與老莊》、《逍遙的莊子》等，幾乎均是海內外暢銷多年之專書。

　　在本書中，作者以為與老子書相關的注解與著述之書籍頗多，雖為後人之豐富資產，但其中紛紜複雜的考證和妙絕言詮的玄談，往往易使初學者望而卻步。且許多為《道德經》作注解的學者，在遇到字句難解或字義模糊時，又常常以改字或改句的方法，來達到所謂合理的解釋目的。如此原文詮釋似乎變得通順，但又可能陷入另一種曲解的陷阱，故不輕易改動老子書之原有字句，且跳脫一般古籍的注釋形式，以直接的白話語譯和豐富的解義，透過不斷自問的方式，將問題一層層地剝開，且試圖通過老子的提示，來思考及面對現代人的各種問題。然也因作者擅於哲學理路之分析，本書以「王弼注本」為底本，並不另從事精確的考證及章句的注解，故閱讀時雖可整體的把握每章義理，但若哲學思路完全不同者，亦可能對其解義方向產生歧義。又其哲學的論證分析，在大陸許多新出土資料發現後，勢必會影響原文之詮解，但作者並不對此作進一步的說明。故此書較適合不擅哲思或文言文閱讀能力不佳之初學者閱讀，並為以「王弼注本」讀老子，相對較清楚之白話詮釋本。（賴慧玲撰）

張揚明著《老學驗證》

　　《老學驗證》，張揚明著。臺北：新文豐出版股份有限公司，1994 年 3 月臺一版，約 20 多萬字左右，有精裝及平裝兩種，均為 25 開本，頁 325；在1999 年 9 月臺 1 版曾 2 刷。此書〈自序〉前除了有本書「內容提要」之短文，還特別附有作者曾書贈當時擔任中華民國副總統之李元簇、及中華文化復興運動推行委員會與孔孟學會創始人陳立夫這兩位先生之覆函影本；正文則包

括十九篇文章，前十八篇收錄作者在 1974 年 10 月至 1993 年 12 月間，曾針
對老學中重要問題所作專題講論之講辭論文；第十九篇則為帛書老子出土後，
作者發現所曾著《老子斠證譯釋》中某些章句解釋，將因一字之差而義理別有
天壤，故於 1988 年 6 月特作〈老子斠釋補證〉一文。全書最後還附〈後記——
老子問題座談解答紀要〉一篇，為作者 1993 年 6 月 22 日在宗教哲學研究
社所舉辦座談會中之發言記錄。另書付印後，作者最後又再補入「後記二」一
篇文章，主要說明各種會議受邀之始末，以及對李元簇副總統及當時已高齡 94
歲的陳立夫先生覆函之感佩。

張揚明簡介，見賴慧玲撰〈《老子斠證譯釋》提要〉。

此書是作者老學系列研究之最後一本，選輯作者歷年講演論文之精粹。因
原屬演講稿形式，故雖均為較嚴肅之論題，但文章結構相對較鬆散易讀。講演
主題大抵有幾個方向：一是以泛論老子之思想內容為主，或從科學觀點來論、
或論研究老子之方法、或論老子與《易經》之關係等等；二則常談道家、道教
對中華文化之影響或與儒家會通等相關主題；三則因作者為楊氏太極拳傳人，
故專談太極拳理論與老子關係之類主題。尤其作者認為道之體用及其與宇宙
萬有關係，為老學中之重大問題，故從個人修身到化成天下，究應如何守靜、
如何致虛、如何養氣、如何研參、如何驗證實踐等問題，常藉演講時發抒個人
體會。其在詮釋老學時，實可歸為丹道致虛的氣論進路，常援引內丹學和太極
拳的原理，以論證老子的「抱一」即是「以心守氣於丹田」，最終可達忘意忘
息之恍惚境地，故此書研究方法並非屬哲學純思的路子，而更近於藉老學詮釋
己修的方式。（賴慧玲撰）

劉光弼著《老子試讀》

《老子試讀》，劉光弼著。臺灣商務印書館發行 1983 年 12 月初版，7.8 萬
字，平裝 13×21cm，218 頁單色印刷；全書先有：台大哲學系教授鄔昆如之
試讀有感、作者之老子試讀提要概說（代自序）。1995 年 3 月修訂版第一次印
刷，2003 年 11 月修訂版第四次印刷。此後，臺灣商務印書館將該書列入「新
人人文庫」叢書中。

著者劉光弼生於 1925 年 8 月 12 日，浙江蘭谿人，筆名劉真光、孟良、王
基甸，1952 年臺灣高等考試優等及格。臺灣中央警官學校正科畢業、臺灣中
央警官學校高及行政研究班第一期、臺灣革命實踐研究院第二十七期，臺灣政

工幹校戰地政務班第一期，臺灣政治大學東亞研究所大陸問題研究班研究，東方神學院教育哲學碩士，美國加洲亞西亞聯合神學研究院榮譽神學博士。歷任報刊、期刊社長兼主筆、大專院校講師、副教授、教授、臺灣中央警官學校簡任警監教席。著有《星光集》、《仰天廬文集》、《東西方文化主流之融合及儒釋道之比較》、《中華文化經傳簡介》、《宗教統戰論叢》、《國家安全學》、《基督信仰與中國文化》等書。曾獲 1952 年臺灣全國文藝創作獎，1981 年臺灣全國文藝創作散文光華獎。文學風格以有裨益中華文化與發揚儒學精神為旨趣以散文為主。作者強調為文確立藝術良心，力求流暢，表達生動。

作者認為中華文化道統，以儒家思想與老子哲學為兩大支柱，皆以天道為主，以生民為本。儒道兩家昌明，則恆為太平盛世；若沒落湮沈，每為劫患之起。而如今物慾氾濫，雜說偏激，人心浮躁，思想狹隘，豈非皆患生於斯。讀《老子》當可祛短視，闢邪說，遠爭競，滌私慾而明天道。此書文辭通暢淺近，避其晦澀，使人人可讀，可行，可明白，人人領悟而能有所助益。該書特色誠如封面所述，不以陰陽巫卜讀老子，不以虛玄奧秘讀老子，不以禪佛之說讀老子，則老子之道，裨益於修養身心，洞明事理，體悟天道，從政處事，皆可獲益於平實之間。

書本章節內容依老子原有章節做為區分章節，共分 81 章節，每章節分有三部分，第一部分為道德經原文，第二部分作者直接逐句以白話翻譯原文其標題為〔試讀〕，第三部分為針對原文難澀字彙加強補充解釋其標題為〔註釋〕。老子道德經被中國道教奉為圭臬經典，原文本分上卷《德經》、下卷《道經》，原始之《老子》並沒有分章節，到了漢代河上公將其分為八十一章，改為《道經》在前，《德經》在後。至此，遂成定論。而本書內容則無分上下卷，僅以八十一章節來分。

每段翻譯作者並不以因擁有其極高深古文學造詣，採用深澀難懂的用詞用語，而是以其現代文明人的生活體驗，再經由作者本身完全消化經文經句後，以最淺顯易懂的白話語言闡述表達出老子思想，使得讀者不會因文辭表達難懂而不知作者所云，不因為了證明其對老子解釋之正確性，而引印證後代古人對老子道德經解釋之用詞用語，其解釋用語精簡卻不失完整的老子哲學思想表達，非一般學者能輕易完成的著作。因此讀者不需要有某種程度以上者才讀得懂，讀者只需有基本中文基礎的人均可以很容易從作者解釋翻譯中了解到老子的道德哲學思想。直譯內容雖為白話，但不絮絮叨叨拖泥帶水，試讀翻

譯是經由作者一再細嚼慢嚥反覆思慮，再經由作者本身體驗，以通俗而最為能讓一般讀者接受語法闡釋。正符合現代任何文化階級層的人，來閱讀古文學書籍。

　　該書閱讀方式可以依作者編著順序，先看原文、次看〔試讀〕之翻譯，如從〔試讀〕翻譯中仍無法了解部分原文難澀字彙字彙時，再看其難辭生字之〔註釋〕內容。或是初學者完全未曾看過老子道德經者，可先看作者〔試讀〕部分了解老子「道」的哲學思想後，再欣賞老子古文字用詞的美，最後如再無法了解古文用字，則最後再看作者的〔註釋〕解譯，融會貫通整個書本內容。

　　〔註釋〕部分是以最貼近現代文明詞語解釋，原文中特有古字用語生澀文辭，讓現代讀者能很容易理解老子用詞之義理，並沒有引經據典採用其他後代作者之用詞用語來解說其用法之正確性。而仍採用該書之特色，由作者本身融會貫通後以最符合現代人用詞用語的語法做解釋。

　　書本雖非像其他著作，書籍厚實多頁，內容豐厚大本，雖僅短短兩百餘頁，卻能採用現代人白話用語，詳細盡述了老子整體哲學之精髓，如同一場精彩的老子哲學演講，白話又精彩。（熊品華撰）

魏元珪著《老子思想體系與探索》

　　《老子思想體系與探索（上、下）》，魏元珪著。臺北：新文豐出版公司，1997 年 8 月初版，約 50 多萬字，有精裝與平裝 25 開本兩種，合上、下二冊共 825 頁。此書規格份量龐大，主分〈緒論〉、〈本論〉、〈結論〉三大單元。〈緒論〉前有作者〈序言〉及〈凡例〉，全書最後有〈附錄〉一篇為：〈米契爾勸雷根勤讀老子〉及〈跋〉、〈參考書目〉。而〈緒論〉分為二篇共十五章：〈第一篇、老子的時代背景及其人其書〉（內有十二章）、〈第二篇、對老子道德經釋義與文體問題的商榷〉（內有三章）；〈本論〉則分七篇共十八章：〈第一篇、老子道論的辯證〉（內有三章）、〈第二篇、老子對知識問題之探討〉（內有三章）、〈第三篇、老子論美與生活教育〉（內有三章）、〈第四篇、老子論經世治國〉（內有三章）、〈第五篇、老子論道德修養與生命體證〉（內有二章）、〈第六篇、老子的歷史智慧與人生境界觀〉（內有二章）、〈第七篇、老子思想之兵學原理〉（內有二章）；〈結論〉也有二章為：〈第一章、道家中心思想與哲學精神〉、〈第二章、道家之發展暨對中國文化之貢獻〉。

魏元珪，1927年生，福建人，1946～1949年間曾在廈門大學法律系念書，1949年來臺灣。1955年從台大法律系畢業，又攻讀神學、哲學，後成為輔仁大學哲學研究所博士、國家文學博士。其漢學由前清遺老毓鋈先生啟蒙，西方哲學則從方東美教授學習；又出身衛理公會福州年議會，曾擔任過東吳大學、東海大學之校牧。歷任東吳大學講師、中原理工學院副教授、陽明醫學院副教授、輔仁大學副教授、東海大學教授、哲學系主任及哲研所所長，以及東海大學《中國文化月刊》總編輯。七十歲退休後，仍於東海大學、山東大學易學與中國古代哲學研究中心兼課，並任北京中國社會科學院世界文明比較研究中心特約研究員。除本書外，還著有《當代文明的危機》、《荀子哲學思想》、《孟荀道德哲學平議》、《中西方古典美學》、《易學通義》、《易學大義》、《論語與當代管理哲學》等學術論著及哲學散文集共十多種。

此書完成於作者七十歲之時，花了六年的時間，將《老子》五千言演繹成五十多萬字之長論。作者因認為老子之說實彌綸宇宙天地人間之至理，歷代名儒碩傑莫不奉為圭臬，又歷來詮釋者也何止百千，故不欲在眾多詮釋中再插其足，只在本乎老義，以發揮其哲理，並以現代之觀點，去擷取老子的智慧，更以西洋哲學之智慧與老子相互觀照，以收相互輝映之效果。因此至少參考引用了191冊古今中外之相關資料來完成此大作，這在一般專論理論體系之純哲學著作中是較為少見的。本書形式綱舉目張、結構龐大，內容引經據典但處處節外生枝，並以哲學散文之筆調行文，文字飽滿豐沛又常以感性欸惋之語調發揮，對老學之熱愛可見。但也因極力探索、特意深廣，除標題綱目令人會意，各章論證邏輯與焦點結論，卻難以理出脈絡及輕易掌握。（賴慧玲撰）

蒙文通遺著《老子徵文》

《老子徵文》，蒙文通遺著。臺北：萬卷樓圖書公司，1998年9月初版，約4萬多字，精裝25開本，200頁。此書封面特別標為「蒙文通遺著」，因是由作者之子蒙默（四川大學教授、中國民族史和中國史碩士生導師）為其董理出版。全書最前有蒙默所寫的〈序言〉、其學生龔謹所寫的〈蒙文通先生學略〉及〈徵文凡例〉；以下則為正文，分為〈《老子》徵文上〉、〈《老子》徵文下〉兩部份；最後則有一篇附錄：〈《老子》佚文〉。

蒙文通（1894～1968），名達爾，字文通，四川省鹽亭縣人，1911年入四川存古學堂，受教於廖平、劉師培兩位先生。1918年畢業後，返鄉辦私塾。期

間任教於重慶府聯中和重慶省立二女子師範學校。1923 年後，師從歐陽竟無先生學習佛學。1929 年時即已出版《古史甄微》、《經學抉原》二書而馳名學林；1927～1949 年間，曾先後任教於成都大學、成都師範大學、成都國學院、中央大學、河南大學、北京大學、河北女子師範學院、四川大學、東北大學、華西大學等校，並曾擔任四川省圖書館館長。1949 年後則歷任華西大學、四川大學歷史系，並陸續兼任中國科學院歷史研究所研究員、學術委員會委員、成都市人大代表、政協委員、中國民主同盟成都市委、四川省委委員。然文革以後，卻被打成「反動學術權威」，但其仍在牛棚里寫作《越史叢考》，直至 1968 年 5 月被迫害致死。其著述原由哲嗣蒙默教授先以《蒙文通文集》方式整理編出，現又重編成《蒙文通全集》，2015 年 5 月由四川：巴蜀書社重新出版，包括《儒學甄微》、《諸子甄微、史學甄微》、《古史甄微、古禮甄微》、《古族甄微、古地甄微》、《道教甄微》、《甄微別集》等九卷共六冊。

　　本書原是作者於 1957 年左右即完成之初稿，因認為世傳《老子》各本字句差異頗大，欲彙集唐開元前各家引文作為探究古本《老子》之資料。而主要正文以傅奕《道德經古本篇》為底本，參以范應元《老子道德經古本集註》本，擇善而從。為檢索方便，正文按傅奕本分章，但因編集目的純為比較各本異同，故一般不出校語、案語。又認為坊間各種河上公註《老子》及王弼註《老子》皆經後人竄亂，非河、王所用原本，故並不徵引，而僅徵引唐、宋所見河、王之本。由於 1973 年湖南長沙馬王堆漢墓出土大量西漢早期帛書，中有《老子》甲、乙二種，此乃真古本，但蒙先生已於 1968 年過世，之於其原本想探究古本《老子》資料之努力，可謂十分遺憾。故本書〈序言〉，實即蒙默先生後來將《老子徵文》一書又與《老子》甲、乙二種帛書再作比對所寫的後記補充，且認為帛書之出固大有助於研究《老子》，然帛書之與傳世諸本仍互有短長優劣，認為其先君所蒐集開元前異同引文一千數百條，於世之治《老子》者仍不無裨益。由於蒙文通先生讀書擅於從本源尋找立論的根基，並逐條分源各派進行深入剖析，且辨其前後承接及延續，故本書可視為帛書老子出土前，以《老子》傅、范本為底本之精校本，但若欲檢尋型態內容更接近古本之老子書，則仍須另尋他本。（賴慧玲撰）

丁原植著《郭店竹簡老子釋析與研究》

　　《郭店竹簡老子釋析與研究》，丁原植著。臺北萬卷樓圖書有限公司，1998 年 9 月。作者為比利時魯汶大學哲學博士，英國牛津大學哲學博士後研究。輔

仁大學哲學系教授。專書著作有《郭店楚簡儒家佚籍四種釋析》《文子新論》《淮南子與文子考辨》等。

　　1993 年 10 月在湖北郭店一號楚墓中出土了大量竹簡，其中有《老子》資料三種，分別被編為甲本、乙本、丙本。本書即是對郭店竹簡《老子》的探析，試圖在其與帛書或通行本的比較中，發現可能的意義。作者的看法是：透過竹簡《老子》的研究，似乎要將「老子」、老子與《老子》三者不同的意含，加以明確的分辨。「老子」代表一種思潮的發展，它與《老子》資料的產生有關。老子是形成《老子》思想的一個重要關鍵人物，它確有其人。而《老子》卻指對此種思潮資料編輯的思想文獻。因此進一步提出六點見解：

　　一、「老子」這種思潮起自於周室東遷之後，由於王權的衰微，諸侯勢力的崛起，地域文化逐漸對士人獨立的思想產生了根本的影響。在這種運動的巔峰時期，於周文化的邊陲地帶的陳國，形成了一種標顯人文導源與始源觀念的新思想建構。

　　二、「老子」指這種思潮探索下一種思想的成果，傳說中的老子應當對早期「老子」資料的編輯與撰寫，起著重要的作用。老子可能是李耳或老耼，這與「老子」資料早期形成之事的傳述有關。

　　三、「老子」的原始資料，應當接受漢人的說法，產生於春秋末葉。但它卻是以不定型的方式流傳於戰國初期。其中包括生命真實體驗的格言，哲人的雋語或精要的語錄，與思辨觀念探悉的解說。其資料的內容似較今日《老子》文本為多。

　　四、《老子》一書當為戰國時代所編輯，並明確定為《老子》。其寫定年代，或許在戰國初期之中段。今通行本《老子》與帛書《老子》的抄本關係很大。此種文本至少在紀元前第四世紀，已經流傳甚廣，而且出現不同的抄本。竹簡《老子》似乎與帛書《老子》抄寫的資料同源，但不屬同一編定的文本。

　　五、戰國時代對於《老子》一書的認知與後世不同。他們並不是就學派意義的「某家」或強調為「某人」的作品來看待這些資料。而是將它視為一種人文探索與建構的觀念根基。因此，在傳抄或注釋的時候，時常將各種地域思想的闡發與衍生的觀念摻雜其中。

　　六、以「老子」所標顯的事情，是我們反思中國古典哲學的重要線索。這就需要首先克服種種加諸《老子》之上的誤導。「老子」之事是哲學的問題，

而不僅是老子其人或《老子》其書。或許本著這種要求，我們更可面對竹簡《老子》對今日哲學探索所顯示的意義。（林翠鳳撰）

魏啟鵬著《楚簡《老子》柬釋》

　　《楚簡《老子》柬釋》，魏啟鵬著。臺北：萬卷樓圖書公司，1999 年 8 月初版，平裝橫排 16 開本，279 頁。此書前有饒宗頤和王家祐兩位先生的〈序〉，之後正文由三大單元組成，即：〈楚簡《老子》柬釋〉（又分甲、乙、丙三組來注釋）、〈楚簡《太一生水》箋注〉、〈研究札記〉（有兩篇：即〈「大成若詘」考辨──讀楚簡《老子》札記之一〉、〈《太一生水》札記〉）；之後為〈附錄〉兩篇：即〈帛書《道原》注釋〉、〈《管子・水地》新探〉；接著是〈通假字匯解〉、〈部首檢字〉、〈本書所用考訂書目〉、〈楚簡《老子》摹本〉、〈楚簡《太一生水》摹本〉等工具或參考資料部分；最後則有一篇〈跋〉。

　　魏啟鵬，1944 年生，四川重慶人，1967 年畢業於四川大學中文系和語言文學專業。曾任四川大學歷史系教授、四川師範大學文學院教授、華中師範大學歷史文獻學博士生導師、四川省書法協會副主席、四川省老莊學會副會長，2000 年起為國務院政府津貼享受者。除本書外，還著有《蘇詩禪味八題》、《馬王堆漢墓帛書〈德行〉校釋》、《馬王堆漢墓醫生校釋》（二冊）、《簡帛五行箋釋》、《馬王堆漢墓帛書〈黃帝書〉箋證》、《簡帛〈五行〉校箋》等書；另書法史相關著作則有《郭店楚簡〈老子〉摹本》、《郭店楚簡〈太一生水〉摹本》及其他論文多篇。又 1996 年、1998 年曾在香港道教學學院講學。1997 年 4 月至 6 月則於臺北輔仁大學文學院講授出土簡帛研究與中國古代學術史。2003 年 3 月至 6 月，又曾在臺北中國文化大學文學院講授馬王堆漢墓帛書專題研究。

　　本書是 1993 年 10 月湖北省荊門市郭店《楚簡》出土、並在 1998 年正式公布後，第一本完全針對其中有關《老子》原典進行考查比對的學術論著，主要探索楚簡中某些《老子》異文的歷史文化內涵和在老學史上可能的意義。為避繁瑣，作者主要側重與「帛書本」和「河上公本」、「王弼本」對校。作者頗擅於利用新發現的文獻與出土材料，或者在傳世文獻清理中發現問題，並以文獻學的角度對許多失傳多年的佚籍進行全面的詮釋。而在本《柬釋》中，作者以荊門市博物館 1998 年編出、由北京：文物出版社所發行的八開精裝本《郭店楚墓竹簡》為底本，改為橫行，將整理本竹簡編號用阿拉伯數字逐次列入行

間，並用內外證結合、參照發明，對《楚簡》之老子章句進行較詳細箋釋之研究方法，讓我們除了看到目前為止距本人年代最近的一本老子書原貌外，也進一步了解其中之內涵與意義，故《楚簡《老子》柬釋》一書實有很高的文獻學參考價值。（賴慧玲撰）

南懷瑾著《老子他說續集》

　　《老子他說續集》，南懷瑾著。臺北：老古文化事業股份有限公司，2009年10月初版一刷，約20多萬字，平裝直排25開本，474頁；才出版兩年到2011年2月即已五刷。另北京：東方出版社2010年6月也發行此書之簡體字版，為橫排16開本，368頁。此書前面除了簡短的〈出版說明〉、〈目錄〉之外，全部正文即南先生針對《道德經》第二十七章到第八十一章之分章講述記錄。由於1987年臺灣的老古出版社即已出版《老子他說》的上集，當時已收錄了南先生針對《道德經》前二十六章之講記，原由其學生蔡策根據1980年3月南先生在臺北十方書院上課時的錄音整理，後經編輯及南先生重理，隨即每期發表於當時的《知見》月刊；直到1987年時則由老古出版社將已刊登的前二十六章集結印行。但當時南先生已赴美兩年，也因此全書後半部文稿隨同其他資料書籍被攜至國外，數年後又輾轉運到香港，直至2007年再運轉大陸太湖之濱，才由南先生指導再重新整理，因本書內容已包括部分上篇及全部下篇，特定名為《老子他說續集》。故總括《老子他說》上集及續集各一冊，合為老子《道德經》一書的全部講記出版，這中間已相隔二十二年。

　　南懷瑾（1918年3月18日～2012年9月29日），浙江省樂清縣南宅殿後村人。浙江國術館國術訓練員專修班第二期畢業，中央軍校政治研究班第十期畢業，金陵大學研究院社會福利系肄業。抗日戰爭期間投筆從戎，後返蜀執教於中央軍校軍官教育隊。之後隨即潛心佛典，遁跡峨嵋大坪寺閱藏三年。此後講學於雲南大學、四川大學等校。1949年起則隨中華民國政府遷至台灣，先後受邀在臺灣政治大學、輔仁大學、中國文化大學及許多機關和社會團體講學；1984年後旅居美國、香港；2004年起則回到中國，最後逝世於蘇州太湖大學堂。其在港、台及居美時期，曾先後創辦東西方文化精華協會總會、老古文化事業股份有限公司、美國維吉尼亞州東西方文化學院、加拿大多倫多中國文化書院、香港國際文教基金會；又在溫州成立南氏醫藥科技基金會、農業科技基金會等，並倡建金溫鐵路，且在1998年建成通車。

　　南懷瑾先生之著作多以上課演講或與人對談之記錄整理為主，內容跨及釋、道、儒等多種典籍，目前已有六十多種，且其學生們仍在陸續整理出版而數量增加當中。其生平致力於弘揚中華傳統文化，被視為對社會影響力極大的「國學大師」或「禪學大師」，尤其以與佛教實修方法相關之講記最為勝場。而《老子他說續集》一書主要接續《老子他說》上集講述，針對《老子》二十七章到八十一章以其「經史相參、以經注經」的個人方式講解，並有深入淺出的各種評說。主要目的是教導學生「知人論世」的方法，並旁徵博引釋、道、儒三家之學，尤其以佛教故事或禪宗公案來舉例詮釋其中章句的比例最高。嚴格說來，此書之通俗性高於學術性，藉「他說」之詮釋方法，對其個人思想的了解也將高於對老子原典進一步的理解，但讀者仍可經由書中講者之個人魅力，進而引發對國學古籍及老子思想之嚮往與好奇。（賴慧玲撰）

郎擎霄編《老子學案》

　　上海：大東書局，1926。200頁。作者曾任職立法院編譯處，著有《莊子學案》、《老子學案》、《中國民食史》等書，推廣職業教育，並對於中國西南方客家人與地方衝突也頗有研究。

　　此書雖名為老子學案，但與宋元學案體裁不同，書分十七章，每章之下或分小節，或不分節而以小標題取代。第一章為〈老子傳略〉，從文獻中整理老子的生平傳說；第二章為〈老子時代之社會情況〉，整理出老子時代的社會情況與之所以出現老子思想之因；第三章為〈老子篇目考及其體例研究〉，討論老子篇目考證及其體例研究，在體例這一項之下又分為「詞賦體」、「詩體」及「雜記體」三例；第四章為〈老子學說之淵源〉，討論老子學說的由來，及黃老何以並稱的根據，最後認為老子學說淵於易學；第五章為〈老子哲學之根本觀念〉，論述天道為老子的根本觀念；第六章為〈老子之天道論〉，此章參考胡適的《中國哲學史》以述老子天道論點；第七章為〈老子之自然哲學〉，析論老子一書中的「無」、「道」諸名相及對自然的看法；第八章為〈老子論知識〉，討論老子為無知論者，或稱為反知識論者；第九章為〈老子之人生哲學〉，論述老子的柔弱不爭、去智忘情、少私寡欲以歸簡樸的人生哲學；第十章為〈老子之政治哲學〉，討論老子廢兵、無為、尚愚之政治哲學；第十一章為〈無政府主義〉，討論老子的無政府思想及對莊子、許行及鮑敬言等人無政府主義的影響；第十二章為〈老子之經濟哲學〉，討論老子對於欲念之廢除、尚儉等主

張；第十三章為〈革命家之老子〉，論老子為無抵抗主義之革命者，影響所及老莊哲學也是消極革命者；第十四章為〈道家諸子上〉，專章討論莊子及其哲學理念，第十五章為〈道家諸子下〉，討論自管子、關尹子、亢倉子、文子、楊子、列子及鶡冠子諸家思想；第十六章為〈釋老子者之歧異〉，主要以莊子釋老、韓非釋老及諸家釋老之歧異為討論對象；第十七章為〈老子學說之批判〉，論述對於老子自然主義、天道觀念上的批判，對於無為而治的批判，對於廢兵、尚儉、尚愚諸理念的批判。

　　章節綱目清楚，從章節編目上即可了解所欲討論的重點。如作者所言，此書整理與老子相關的資料而成書，前人對於老子的注釋往往人各異義，令人無所適從，因此作者不從註釋著手，而從事學理上的研究，希望提供初讀者能了解老子學說的大概情形。行文風格為文白夾雜，不到三月即成書，書中除雜引古書之外，近代人著作中常引者為胡適對於老子的論點，但不全然接受，行文中一邊引用胡適之文一邊批評者頗為常見。此外，朱謙之、梁啟超諸人之文也引用之。（藍日昌撰）

沈春木著《老子環境倫理思想》

　　《老子環境倫理思想》，沈春木著。臺北花木蘭文化出版社，2010 年。本書為作者碩士論文。作者曾任國小校長、國小主任、國小教師等。

　　本書研究老子《道德經》，文本上採用王弼注老子之通行本文依據，帛書老子及郭店竹簡本為輔。研究方法上，依據牟宗三的詮釋三標準——「文字」「邏輯」「見」。本書在環境倫理思想上，以西方環境倫理思想中的三大思想——「人類中心倫理」、「生命中心倫理」、「生態中心倫理」為研究範圍與材料，做為理解環境倫理思想的基礎。

　　在老子「道」的形上學義理詮釋上，以牟宗三《中國哲學十九講》《才性與玄理》《現象與物自身》等著述中展開出「主觀境界型態」的詮釋系統為依歸。了解到老子的「道」是以「無」為本的哲理。老子「境界形態形上學」可說是透過「無」的實踐功夫所朗現出來的，而「無」的功夫徹底修證實踐出來時，所函著一個存有論可稱為「實踐的存有論」，這也就是老子的「境界形態形上學」。

　　作者探討老子「道」的環境倫理思想，認為「道生之」，道是以「不生之生」、「不塞其原，不禁其性」的方式實現了天下萬物，繼而「德畜之」，

以「德」來潤澤涵養萬物。因為天地萬物都是「道生之，德畜之」，所以萬物莫不「尊道貴德」，道所以受尊崇，德所以被珍貴，是因為它們無施無為、順物自然的生長化育。人們應通徹「水善利萬物而不生」的啟發，公平無私地對待大地，順應「無為自然」的天道，才能使生態環境實現自我與整體的和諧發展。

論述「老子環境倫理思想之實踐工夫」時，作者謂中國哲學是重生命、著實踐的學問，異於西方哲學重思辨、著知解的學問。老子的文本中也蘊含了豐富的環境倫理實踐工夫，偏重於向內修煉，強調通過體現「守道修德」、「吾有三寶」、「知足知止」、「簡樸生活」、「知常知和」、「至虛極、守靜篤」及「靜觀美學」等實踐工夫，讓「道」和「德」內化為生命理想實踐的主體特徵，面對環境問題時能自然而然從內在心靈尋求解答，而非一直向外在尋求更多的物質滿足。

相對而言，西方環境倫理思想較注重對環境問題的實在關切。本書主張遵守環境倫理規範原則、改變現有的環境相關政策、通過實踐解決環境問題。今日應以西方環境倫理思想與倫理原則的基礎，再加上老子環境倫理思想重視「心靈治療」的環境倫理實踐功夫，才能建構更全面、更整體的環境倫理思想學說。

作者推崇老子「靜觀美學」的環境倫理實踐功夫，重要且有獨特見地，從靜觀玄覽中，天地萬物各得其位，朗現出虛一而靜、自然和諧的境界，值得終身追求。（林翠鳳撰）

黃裕宜著《老子自然思想的考察》

《老子自然思想的考察》，黃裕宜著。臺北花木蘭文化出版社，2010 年。本書為作者碩士論文。作者為臺灣大學哲學研究所博士，曾任世新大學通識教育中心兼任講師。

本書考察老子的自然思想，分為「自然思想的界定」、「基礎理論的闡釋」與「應用層面的強調」三方向。全文採取「道術合一」之立場，即天道與人事並重的觀點。結論歸納為四大面向：

一、背景視域。即史官視域的提出，可解釋關於道的描述可能來自於史官特有的天道觀。《老子》以遍察經驗之細密出發，故主張：「見小曰明。」所以對於天道、人性觀察透徹，主張不論修身或治國，應本著合乎自然無為之天道，

方可長治久安。若只僅僅認識到天道的規律意義，在文本上的解讀易流於輕率。唯有自然化的認識進路，才能凸顯中國哲學的特殊性與優越性。

二、思想內容。（一）「自然」應屬「本性」一義，「本性」是人認識能力的產物，而非指超越感官而有的實體認定。（二）道的意義，可分為天道運行的描述性意義，以及據天道而成的規範性意義兩層面，後者其實即指天道的應用層面而言。（三）規範性意義的道，其線索在老學中最豐富也最重要。老學被誤以為缺乏「人道」思想，其實《老子》著重自然現象的觀察，因此充斥著「描述性」的語言，然後從中汲取自然思想為君所用，因而形成「規範性」語言。（四）作者在史官視域下，認為道概念根本上是觀察天的運行軌跡而形成的「呈現性」活動，似乎並無現象背後的實體假定意義。因而其論述的旨意在於由天之道擴及人之道，強調規範性的道可供人取效，並導引行為至一理想的正途。（五）「與其用『道』來概括老子的哲學，還不如用『自然』來概括老子的哲學。」可見老學思想應以自然思想為基礎，且《老子》文本中自然思想應具有最全面與最深刻的影響力。

三、道論的一致性。實體論的觀點雖賦予《老子》更深層的哲學意義，而由設計論來解釋老子的道，卻能與歷史發展的事實契合。而這兩種理論並不對立，都可被尊重接受。

四、中心旨趣。古人暢言天道之旨趣，意在「務為治者也」。在「道術合一」，而道論依託在天道的背景視域下，《老子》由天道而主君人南面之術，大抵無疑。《老子》所示之道，雖以五千言傳世，但後人只能知其中心旨趣，卻未必能落實於具體實踐。但若以自然原則為準，依人之「自然需求」行事，如此則可謂易行。

書後附錄四篇論文，篇幅約占全書之半。依序為：〈《公孫龍子》的名實區辨原則〉、〈《孟子》的人性論研究——以認識論為進路〉、〈《春秋公羊傳》中的戰爭概念考察〉、〈《淮南子》的認識論思想探究〉。（林翠鳳撰）

彭振利著《《老子》研究在美國》

《老子》研究在美國》，彭振利著，新北：花木蘭文化出版社，2012 年初版。16 開本，精裝，約二十餘萬字，共 274 頁，收於《中國學術思想研究輯刊》第十四編第二十冊。

彭振利（1962～）。台灣雲林人，台灣雲林科技大學應用外語系，雲林科技大學國際漢學研究所碩士。

本書《《老子》研究在美國》，共分為七章。本書係以美國地區學者的《老子》研究論著為主，其中包含顧立雅、孟旦、Norman J Girardot、陳漢生、柯雄文、安樂哲、David C. Yu、David Loy、史華滋、韓祿伯、Callahan、梅維恆、Kohn、La Fargu、Mark Csikszentmihalyi、羅浩、萬白安、劉笑敢、Philip J. Ivanhoe、劉殿爵、Steve Coutinho、Edward Slingerland、成中英等二十三位學者，討論並述要三十三篇作品。第一章〈緒論〉，說明本書的研究動機、目的、研究方法與範圍內容。第二章〈《老子》研究在美國之緣起及概況〉，本章介紹美國漢學研究概況及《老子》研究在美國的緣起及概況。第三章〈《老子》研究在美國述要〉，本章針對美國的《老子》研究中，作者選擇了二十三位學者，三十三篇作品，依出版的先後順序分成四個部分予以摘述，作為本書討論的依據與基礎。第四章〈《老子》「道」之「體」研究在美國述論〉，由於「道」為《老子》思想的核心，也是國際漢學討論的中心。「道之體」包括「自然」、「道與德」、「有與無」。本章從這三組概念來探討上述美國漢學界有關《老子》的研究成果，作一客觀的述論。第五章〈《老子》「道」之「用」研究在美國述論〉，「道之用」指的是「無為」、「虛靜」、「弱道」。本章依這三個概念來探討上述美國漢學界有關《老子》的研究成果，並作一客觀的述論。第六章〈《老子》之其他觀點研究在美國〉，美國學者的《老子》研究，除了老子的自然思想之外，還有些其他的議題，如道家的分類、老子的聖人觀、老子的神秘主義、老子語言學分析等，可以更完整地呈現出老子研究在美國的整體風貌。第七章〈結論〉，作為本書所作研究之綜合性敘述，並依此提出美國漢學界對《老子》研究的回顧及美國老子研究的未來展望。

本書對《老子》研究在美國的學術貢獻：一、能夠簡明扼要呈現美國學界的《老子》研究成果，可作為國內學界研究《老子》時的參考，並收他山之石可以攻玉的效果。二、能夠呈現美國漢學界的《老子》研究之新觀點或發掘新的問題，可提供新的學術研究方向或論題。（郭正宜撰）

林安梧《道可道：《老子》譯評》

林安梧，1957 年生，台灣省台中縣人，台灣大學哲學研究所碩士，台灣大學第一位哲學博士，當代大儒牟宗三先生高足。台灣師範大學中國文學系所教授，慈濟大學宗教與人文研究所所長，台灣大學哲學博士，美國威斯康辛大學（麥迪遜校區）博士後研究。研究領域為宗教哲學、中國哲學、儒道佛文化交融，長期致力於中華傳統文化的研究與傳播。

該書是作者譯讀《老子》的成果，是閃耀著哲學光芒的佳作。在每章的譯文後，附有作者參悟《老子道德經》之心得，給現代人開出的心靈藥方，這些文字是幾千年前老子人生哲學的精要，在「道法自然」的指示下，已經麻木的現代人或許能從中悟出一些久已迷失了的東西。在華人文化傳統裡，儒道佛早已通而為一，作為華人文化心靈的共同土壤，這本《道可道》就是在「傾聽」中「開顯」為「言說」的，但願能給我們的讀者帶來更多的「傾聽」與「開顯」。

作者近 21 年講習儒道佛經典，有一大感觸，於自序中提到他每回講來，感覺不是我在講，而是我在聽，因為傾聽經典，而使得這傾聽開啟了講，此之謂「開講」。由傾聽有交談、有融會、有溝通、新的話語就在耳際重新響起。這些開講內容是儒—道—佛，也是佛—道—儒，也是道—佛—儒。

這本《道可道》，是以簡體字來呈現，其結構主要有四部分，第一是道德經各章的標題與原文，第二是各章的白話譯文，第三是作者特予標榜的插圖，並藉此自詡本書乃插圖本，第四是將作者參悟各章的心得，以「道可道」的方式來呈現他的認知價值。

上述四種結構的呈現體例，筆者擬舉第六章（谷神）來作介紹，望能引導讀者進入本書，窺其堂奧。就第六章之原文為「谷神不死，是謂玄牝；玄牝之門是謂天地根。綿綿若存，用之不勤。」接著其白話譯文乃「那川谷之神阿！永生而不死。這就叫根源的生育之門啊！那根源的生育之門啊！這就叫做「天地之根」。它綿綿若存的好似存在你左右，用著用著的永不停歇！」另插圖是以綿綿若存四字的篆刻印來呈現，最後部分的「道可道」有四點心得，即 1. 要虛懷若谷，這樣才能起死回生，謙虛是最好的藥方；2. 世間事總有個根源，根源就在天地，要注意生活世界的安排；3. 事情要綿綿密密的，隨時都在思考，自會有答案；4. 永不停歇，但不用急，長一顆大樹，不是那麼快。

基本上，這四種結構之譯評設計，是有其創新性價值，作者在求言簡意賅，求圖文並茂，求學思並進或學悟雙得，此三求之創舉是使得道德經之導讀更具吸引力與實用性。不過也因這三求加上篇幅侷限，卻使這本書過於簡陋隨意與流於主觀，在導讀效果上多出現學習盲點及空洞無據現象。例如：（1）白話譯文部分，並未能將一般不易懂的字詞作譯註，如：谷神、玄牝、綿綿、不勤等字詞；（2）插圖應與原文作呼應性的對話，才能圖文並茂，但作者卻疏於筆耕，只是虛應敷衍而已；（3）道可道部分之參悟心得，最好能與原文作呼應，才能貫通實用性，但作者似乎也未作好此連結，誠屬可惜。

大體經書之譯註，工作主要有二，一是作者之譯註考據的功力，二是兼顧讀者的需求與導讀成效。作者在譯評過程，起初是有此設計，重視白話、圖文與心得三部分之併存，在解讀投入與呼應連結方面皆屬粗陋，其待補強處似囑後學跟進，期共勉之。（熊品華撰）

蕭登福註譯《老子古注今譯》

《老子古注今譯》，蕭登福註譯，香港青松出版社，2013 年 9 月。

作者指出《老子》一書，有治國理論，有修身及處事哲理，有萬物生化的道體論，奠定了道家思想的初基，也影響了法家的韓非，及其所撰的《韓非子》。老子思想並且影響了漢魏六朝佛教譯經師的大量引用道家本體論及無為、自然之說，使得佛教成為具有中國思維與特色的中國佛教，而有別於印度佛教。

《老子》一書，現今所見最早的本子是 1993 年冬湖北省荊門市郭店一號楚墓出土竹簡本，一般簡稱為郭店竹簡本《老子》。該墓葬於戰國中期，竹簡寫成於此前，成書亦在此前，《老子》說明此書極可能是老子所親寫。此本殘佚，所存約今本的五分之二。其次為 1972 年湖南長沙馬王堆三號西漢墓出土的帛書《老子》二種。

戰國以下的《老子》注，有許多家今皆已遺佚。現存《老子》最早的注解，為西漢人河上公注本。作者稱書中以神仙修練之說來注解《老子》，把《老子》當成神仙修練之書。且似乎自河上公注本以後，《老子》一書，〈道經〉在前，〈德經〉在後，便已定型。實則《史記‧老子韓非列傳》已記載《老子》一書有上下篇，今本《老子》即分為〈道經〉、〈德經〉，〈道經〉在前，〈德經〉在後。

本書以四部集要子部王弼注本《老子》為底本。在撰作上先依章次列出經文，各章經文之後，再分「章旨」、「版本異同」、「注釋」、「今譯」、「引釋」等項，來詮釋老子。

本書用以校讎的本子，以郭店竹簡本、馬王堆漢墓甲本、乙本、漢‧河上公注本等為主，其他刊本、注本為輔。所採用的主要古注有：漢‧河上公注、魏‧王弼注、唐‧成玄英、唐‧李榮注、唐玄宗注、宋徽宗注。上述諸注《老子》者，各有所偏：河上公以道教思想注《老子》；王弼以玄學注《老子》；成玄英以佛、道教注《老》；李榮既以重玄學及道教注《老》，亦引《老》注《老》；玄宗以儒注《老》；徽宗以《莊子》注《老》。這些注疏對後代哲學思想，均有

深遠影響。又，先秦《文子》、《關尹子》、《列子》、《莊子》、《韓非子》〈解老篇〉〈喻老篇〉、屈原《楚辭‧遠遊篇》、西漢‧劉安《淮南子》等，均對老子哲學有所發揮，本書皆將之採入「引釋」中，臚列相關文字，作為參考。

　　《老子》一書是現今所見《聖經》以外最多外國譯文及論述的書籍。外文譯本已近五百種，涉及三十餘種語言，包括有中、英、法、俄、德、西班牙、葡萄牙、義大利、日本、韓國、阿拉伯、捷克、波蘭、荷蘭、羅馬尼亞、冰島、印地文、馬來文等不同語文的譯本。《老子》對世界人類的影響，十分深遠。
（林翠鳳撰）

蕭登福著《老子思想研究》

　　《老子思想研究》，蕭登福著，香港青松出版社，2013 年 6 月發行。

　　本書計十篇，分兩部分，前半部論述老子與道家道教之關係，後半部論述老子對佛教譯經及對佛教般若學、第一義諦之影響。在老子與道家道教部分，先論述今日所見之《老子》版本，次述老子思想意涵，次述老子對戰爭的看法及對孫武的影響。再論述老子與道家及神仙道教之關係，最後論述《老子》道體論之推衍及道教萬物生化說之建立。

　　老子是道家的創始人，下起文子、關尹子、列子、莊子等道家思想，也是漢魏六朝道教的代表人物。作者考察老子的思想，衍成道家，也影響了法家，《韓非子》有〈喻老〉〈解老〉，《史記》將老子、莊子、申不害、韓非同列一傳，以其同源於道德，只是，申、韓將道德經之意運用在刑名上，以致於慘礉少恩，而漢代則有雜黃老刑名以治國的黃老之治。作者認為老子同時是一個軍事家，老子的「以正治國，以奇用兵，以無事取天下」、「正復為奇，善復為妖」之說，對兵學權威孫武有所啟發，而撰成《孫子兵法十三篇》。

　　在老子對佛教的影響上，作者先辨明老子化胡出自漢代，可能為初期方便佛教傳教而立。本書說明了老子對佛教譯經師安世高、支婁迦讖、支謙、竺法護、鳩摩羅什等人的影響。由於這些譯經師大量引用老子的有、無、無為、自然、恬淡、寡欲及道體論、本體論等，下啟玄學與般若的合流，使原無本體論的佛教，也有真如體及萬物化生之說，使得佛教成為具有中國思惟與特色的中國佛教，而有別於印度佛教。而形成了呂澂《中國佛學源流略講序論》所說：「中國佛學的根子在中國，而不在印度。」道出了老子對佛教的影響力既深且遠。

作者從文獻上指出老子其人，《史記》本傳中孔子稱老子為「猶龍」，難以網繪，變幻莫測。司馬遷並說老子著書五千言，以贈關尹喜，出關「而去，莫知所終」。此為漢魏六朝老子化胡說所本，佛教初期因而有所依附，得以「黃老浮屠」而傳教。北齊魏收《魏書‧釋老志》說老子「上處玉京，為神王之宗。下在紫微，為飛仙之王。千變萬化，有德不德。隨感應物，厥跡無常。」老子在文獻上來看，具有仙凡二格，既為哲學道家的老子，也是神仙道教的老子。

老子其書，今日所見最早的本子是郭店竹簡本，係戰國中期的殉葬物，去春秋不遠，所以此書應是老子所親撰。註解此書最早者，據《隋書‧經籍志‧道家類》記載，為戰國時的河上丈人，歷代以來有梁武帝、唐明皇、宋徽宗等九帝為之作注，而學者注釋論述至今不絕。《老子》不僅流傳中國，也廣被翻譯為外文，是今日除《聖經》外，譯述最多的書籍。（林翠鳳撰）

第二章　莊子經典闡釋及版本校對

蘇甲榮著《莊子哲學》

　　《莊子哲學》，蘇甲榮著，台北文听閣圖書有限公司出版，2010 年初版，此據 1930 年鉛印本影印。16 開本，平裝，約萬餘字，74 頁，收於《民國時期哲學思想叢書》第一編第四十九冊。

　　蘇甲榮（1895～1946），男，廣西省藤縣籐城五袴廂（今大東街）人。國立北京大學畢業，曾留學德國，著名地理學家。歷任教職於北京大學秘書及助教、武漢大學地理系教授等。另著有《史學概要》、《三萬里海程見聞錄》、《最新世界現勢地圖》、《中華省市地方分圖》、《最新中華地圖掛圖》等書。

　　《莊子哲學》一書，分為：一、導言；二、宇宙觀；三、生死觀；四、命定觀；五、本真論；六、智識論；七、養生；八、處世；九、治道；十、結論，共十部分。本書特點，有下列二項：一、研究範式的轉變，即近代學者普遍運用西方學術分科的方法研究老莊思想。蘇甲榮《莊子哲學》從宇宙觀、生死觀、智識論等方面揭示莊子的思想；二、化消極為積極：蔡元培先生稱讚蘇氏《莊子哲學》一書，「證明其為積極的而非消極的」。本書企圖將老莊思想之傳統消極印象，轉化為積極的面向，此為本書一大特色。（郭正宜撰）

譚戒甫著《莊子天下篇校釋》

　　《莊子天下篇校釋》，譚戒甫著，原為 1932 年排印本，今據成文出版社出版，1982 年初版，32 開本，平裝，約 3 餘萬字，89 頁，收於嚴靈峯編，《無求備齋老莊列三子集成補編》第五十六冊。

　　譚戒甫（1887～1974），湖南省湘鄉縣（今漣源市）人。先秦諸子研究專家、楚辭專家、金文專家。歷任教職於武漢大學、西北大學、西北師範學院、貴州大學、貴陽師範學院、之江大學等，西北大學中文系系主任、貴州大學中文系系主任、湖南大學教授、文學院院長兼任中文系系主任、武漢大學歷史系教授等。另著有《墨辯發微》、《公孫龍子形名發微》、《墨經分類譯注》、《校呂遺誼》等書。

　　《莊子天下篇校釋》一書，乃譚戒甫先生精心之作。特點有下列幾項：一、《莊子‧天下篇》為周秦諸子學說總匯，譚先生精研先秦諸子，校釋《莊子‧天下篇》，遠引諸子之文，近引章太炎、馬敘倫、梁啟超與嚴復等之文，可謂豐贍。二、先生佐三圖以注莊，本指森羅，可為新穎。三、先生認為聖人實兼內聖外王之關鍵，他說：「聖人以上，有至人、神人、天人，共四層，為神之屬，及內聖之事；聖人以下，有君子、百官與民，共四層，為明之屬，即外王之事；總凡七層：其所以下降上出者，皆由眾人為之中樞而生之成之也。蓋聖人實兼內聖外王而一之；其神聖之三與明王之三，皆由於聖人之一。」此處說明《莊子》之學非徒內聖之學，亦有外王之說。三、譚先生認為天下治方術者，可分為：偏於外王者有：1. 墨翟、禽滑釐；2. 宋鈃、尹文；3. 彭蒙、田駢、慎到；4. 關尹、老聃。偏於內聖者，則有莊周。二者合之，則為古之道術。此處譚氏有圖佐之。四、譚氏疑《莊子‧天下篇》中，引惠施事之文，應別為〈惠施篇〉，疑為後人揉合以成今日面貌。五、譚先生校釋之文，雜揉古文家法，主旨綱目，森然羅列，宜於瞭解。（郭正宜撰）

曹受坤撰《莊子哲學》

　　《莊子哲學》，曹受坤撰，原刊行於 1941 年，1948 年復與《莊子內篇解說》一併梓行，收入《知止居士存稿》之中，書前有其學友葉恭綽（1881～1968）、陳融（1876～1956）之序文與曹氏於 1941 年所撰〈《莊子哲學》初印小引〉、1948 年所撰〈第二次印《莊子哲學》並附印《莊子內篇解說》弁言〉，書末有曹氏 1941 年所撰跋文，共 126 頁。後為嚴靈峯（1903～1999）先生收入《無求備齋莊子集成初編》第三十冊，與王重民《莊子殘卷校記》、葉國慶《莊子研究》、張栩《莊子釋義》、于省吾《雙劍誃莊子新證》、曹受坤《莊子內篇解說》、楊樹達《莊子拾遺》等六書合刊一冊。

　　曹受坤（1879～1959），字伯陶，廣東省番禺縣人，1904 年留學日本，就讀東京法政大學速成科，與陳融、胡漢民（1879～1936）同門。返國後，先於廣東法政學堂講授刑法，後一度出任該校改制之廣東公立法政專門學校校長，並於 1920 年受時任廣東省長的陳炯明（1878～1933）邀請，擔任廣東省法制編纂會委員，同僚有陳融、廖仲愷（1877～1925）、孫科（1891～1973）等人。1921 年暫時署理廣州地方審判廳廳長，1924 年受孫文（1866～1925）任命為法制委員會委員。1928 至 1929 年，曾任中華民國訓政時期第一屆立法委員。其研究領域以刑法為主，撰有《刑法述義》，另撰《莊子哲學》、《莊子內篇解說》二書。

　　《莊子哲學》初稿撰於 1913 年曹先生隱居香港、精讀《莊子》、《史記》之際，1927 年再度香港，透過閱讀法國哲學家柏格森（HenriBergson，1859～1941）著作，與《莊子》哲學相互比較。1937 年避難外邦時，復參看古今注釋《莊子》之書，前後歷經四年，遂仿照孫詒讓（1848～1908）《墨子閒詁》之例，於 1941 年撰成《莊子哲學》一書。

　　《莊子哲學》全書共九章，其取材不分內七篇或外、雜篇。第一章〈莊子之根本思想〉，以「環中」為莊子思想立論之基礎，並批評清儒王夫之（1619～1692）《莊子解》區分作者之觀點；第二章〈從認識論檢討莊子之去知主義〉，說明莊子之所以主張「離形去知」之原因，以及「大知」、「真知」之指涉對象；第三章〈莊子之宇宙論〉，認為莊子學說係以宇宙論為中心，其宇宙觀與人生觀、修養法可劃上等號，並運用西方哲學理論，對《莊子》書中論及宇宙生成、物我關係、物之存在與觀察問題等面向加以說明；第四章〈莊子之生物說〉，討論莊子的生物原理、萬物由氣成形之經過、萬物生死變化之現象說解；第五章〈莊子之人生觀〉，討論人類在生物演化過程之地位、行為定命說與人生價值；第六章〈莊子之修養功夫〉，分析向內所作「離形去知」、「修性復初」之工夫論；第七章〈莊子之處世方法〉，分析向外所作「虛己以遊世」之工夫，認為此方法以定命論為基本觀念，並與修德密切相關；第八章〈莊子之政治理想〉，認為莊子之政函手段著眼於放任自由，其理想則在於使天下萬皆達到「至人無己、神人無功、聖人無名」之境界；第九章〈莊子之道德論、名學或辯學〉，分析莊子道論與先秦名家、邏輯思辯之異同。

　　總的來說，曹先生以參酌西方哲學理論的方法撰成《莊子哲學》，對莊子之道論、知識論、宇宙論、人性論、工夫論等面向，作了系統性的分析，雖難

免有流於武斷或臆測的看法，但在時局動盪的 1940 年代而言，卻也是較難能可貴的學術研究產物，同樣值得吾人肯定。（李建德撰）

吳康著《老莊哲學》

《老莊哲學》，吳康著。臺北：商務印書館，1955 年 2 月臺初版第一次印刷，1967 年 9 月修訂臺六版，1999 三月修訂第十一次印刷，全書將近 20 萬字左右，直排平裝 25 開本，242 頁。內容依序為〈序〉、〈目錄〉、〈例言〉、〈緒言〉，之後正文則分為：〈第一篇、老子哲學〉、〈第二篇、莊子哲學〉及〈後論、老莊自然主義〉，最後則有三篇附錄，分別為：附錄一〈老莊文說〉、附錄二〈老莊與道教〉、附錄三〈老莊書目〉，以及〈後敘〉、〈跋〉。但從第四版開始，附錄一〈老莊文說〉的後面再補入〈老莊文說續（第四版）〉有六段內容，而全書的最後另加上〈再跋（第四版）〉的短文。

吳康（1897～1976），字敬軒，別號錫園主人，廣東省平遠縣東石鄉錫水村人。1920 年畢業於國立北京大學哲學系，之後在廣東高等師範學校文史部任教。1924 年擔任廣東大學文科教授兼院長。1926 年則經公費保送出國留學，獲法國巴黎大學哲學博士學位。1932 年開始則擔任國立中山大學教授兼文學院院長達 22 年。同時於 1942 年秋，在廣東省樂昌縣坪石鎮創辦「中華文化學院」（附設國文專科學校）（「中華文化學院」後來更名為「私立文化大學」），並擔任校長。1949 年遷文化大學至香港，該校後來於 1956 年併入聯合書院，1963 年聯合書院又併入香港中文大學。1951 年春，吳康從香港來到臺灣，先後擔任過教育部特約編纂、臺灣大學哲學系教授、政治大學文學院院長、香港中文大學客座教授。其通曉英、法、德和拉丁語等多國語言、精研中西方哲學，在大陸時期即在哲學界與胡適並稱「南吳北胡」，但畢生堅持不寫任何有關自傳性質的文章。其病逝前一年，時任臺灣逢甲大學校長的及門子弟廖英鳴發起編印《吳康先生全集》（共八冊），1975 年 9 月由臺灣商務印書館、正中書局、華國出版公司聯合印行。此全集出版後，吳先生於病榻中展讀甚悅；但隔年過世，夫人李漱六教授旋即發現吳先生遺稿尚多，故於 1980 年再出版了一冊《吳康先生全集續篇》，合計著作共九巨冊，著作總字數超過 1000 萬字。另臺灣商務印書館 1987 年 1 月，也補出版了《吳康先生全集補篇》一冊。

《老莊哲學》一書的正文主要在分論老子和莊子的哲學思想，兩篇論述之分章模式相似，均以〈序說〉、〈第一章、形上思想〉、〈第二章、知識論〉、〈第

三章、人生哲學〉、〈第四章、政治哲學〉、〈結論〉的結構形式論析，引老莊原典章句，論析作為道家代表二人之主要思想論點。由於當時同時期知名史學家錢穆先生已先出版《老子辨》（上海：大華書店，1935 年初版）、《先秦諸子繫年》（上海商務印書館，1935 年 12 月初版）、《莊子纂箋》（香港：東南印務公司，1951 年 12 月初版）等書，之後又寫《莊老通辨》（香港：新亞研究所，1957 年 10 月初版）一書，以註譯訓詁及歷史斷代之研究方式，主張在年代上應「莊前老後」之觀點而眾所周知。但吳康先生的《老莊哲學》卻認為依學術思想衍進歷程，仍以老子書為「與孔子同時期之老聃所作，而以莊子書為在其後」之思路論述，尤以其受過哲學嚴格訓練之方法，將老莊哲學以西方哲學系統化之模式來分辨論析，並不時與西哲之思路比較其中異同，為臺灣當時解析道家思想成哲學系統中，結構較為謹嚴且思路相對清晰者。（賴慧玲撰）

周紹賢著《莊子要義》

　　《莊子要義》，周紹賢著。臺北：文景出版社印行，1965 年 1 月初版；1973 年 9 月修訂二版，約 6 萬字左右，92 頁；當時書版最前除了作者〈序〉，之後即排十個主題篇章，再接一篇〈附：擬莊〉，最後放〈莊子考證〉一文。但此書 1983 年 8 月改由臺北：臺灣中華書局重新印行，重排成平裝直排菊 16 開本，102 頁；2015 年 7 月再版一刷；2015 年 11 月即又再版二刷。此時書版排序已更動，在〈自序〉之後直接放〈莊子考證〉，之後才是《莊子要義》之正文，依序為〈第一章宇宙觀〉、〈第二章空觀〉、〈第三章生死觀〉、〈第四章政治思想〉、〈第五章道德境界〉、〈第六章自然〉、〈第七章性命〉、〈第八章養生〉、〈第九章內聖外王〉、〈第十章道家之人格〉十個篇章，最後又補了〈第十一章結論〉，但附錄〈附：擬莊〉仍放在最後。

　　周紹賢簡介，見賴慧玲撰〈《老子要義》提要〉。

　　本書是以「主題式」的研究方式，針對莊子之宇宙觀、空觀、生死觀、政治思想、道德境界、自然、性命、養生、內聖外王等各種觀念加以析論，並闡述道家式之人格型態為何。而〈莊子考證〉部份，主要針對莊子生平及其遊歷、交友狀況來作查考。書末附錄「擬莊」七篇，則為作者精研莊學之心得，以內七篇之原標題來從事個人之發抒、理解並再創作。全書可見出作者對莊子頗有文學感性式之欣賞態度，又其曾師從梁漱溟、熊十力等儒家學者，故幾乎來臺期間均大力從事諸子及國學方面之相關著述。但在作者最後之回憶錄中顯示，

其反覆自道一生坎坷跌宕及身心病痛，心志傾向實更偏於佛教。尤其在本書之〈第二章空觀〉文中，直接就說道莊子之「破除我執」，即為實證佛教之「空觀」；又認為莊子之「慧通」，豈非「已登佛地」？故此書可視為「以佛解老」之代表作，並不作哲學邏輯式的論證分析，而是以文言書寫作家心中所認為「與佛教相通的莊子」之類哲學散文。（賴慧玲撰）

陳鼓應著《莊子哲學》

　　《莊子哲學》，陳鼓應著。臺北：開拓出版社，1965 年 6 月初版，約五萬五千字左右，平裝直排 32 開本，125 頁；後來又由臺北：臺灣商務印書館於 1966 年 9 月，改以「人人文庫」系列平裝直排 10.5×17.5 袖珍本之形式重印初版，收為編號 070，改排成 139 頁，此版到 1980 年 12 月已增訂了十三版；而 2010 年 12 月臺灣商務印書館又再度重印初版，改成 16K 菊版，共 160 頁；到了 2015 年 9 月，則另再版為平裝 25 開、160 頁之形式。此書最前面有作者的〈寫在前面〉當作序言，之後則為正文，主要以改寫莊子原典的部分篇章為白話故事，再加上作者夾議夾敘之個人講解，成為十五篇議論散文式的小文章。但 1965 年開拓出版社初版的正文最後，另有一頁作者的〈記在後面〉短文，主要記述當時許多朋友幫忙集資刊印出此書之困難過程，這一頁短文從 1966 年臺灣商務印書館「人人文庫」版重印時已刪除，此後所有版本均不再附此短文。

　　陳鼓應，生於 1935 年，福建省長汀縣客家人。1960 年考取國立臺灣大學哲學研究所碩士班，師從方東美、殷海光兩位先生。二十世紀六、七〇年代，在當時臺灣政治高壓的情況下，因其言論涉及政治敏感因素，曾前後三次遭到任教或任職單位解聘，尤以 1973 年所謂「台大哲學系事件」——參與當時台大校園內的保釣運動，因發表時論而被解聘之事最為所知。1979 年離台赴美，任美國加州大學柏克萊校區研究員，1984 年轉到北京大學哲學系任教。1997 年臺灣大學為其平反，他再次回到臺大哲學系任教，直至退休。但退休後，仍擔任臺灣大學人文社會高等研究院訪問學者，且持續在臺灣大學及文化大學兼課；2010 年起，則受聘為北京大學哲學系「人文講座教授」。其曾主編《道家文化研究》學刊，著有《悲劇哲學家尼采》、《尼采新論》、《存在主義》、《莊子哲學》、《老子今注今譯》、《莊子今注今譯》、《黃帝四經今注譯》、《老莊新論》、《易傳與道家思想》、《道家易學建構》、《管子四篇詮釋》、及《耶穌新畫像》

等書。主要研究論域為道家哲學與存在主義，尤以所提出：「《易傳》哲學思想屬於道家」之觀點，一反兩千年來「《易傳》思想屬於儒家」之傳統說法；又主張「中國哲學乃道家主幹說」，現已成為當代道家研究主要代表人物之一。

在《莊子哲學》書中，陳先生反對以西方哲學概念術語來硬套莊子哲學，並認定價值的轉換或價值的重估，實為莊子哲學之精華。此書以輕鬆生動的筆法來勾勒莊子瀟灑的個人形象，又以通俗易懂的詞彙來詮釋莊子之哲學概念，故非常適合對莊子生平及其思想感興趣之初入門者閱讀。嚴格說來，《莊子哲學》一書之敘述方式，較似綜合性地詮釋古籍之類哲學普及讀物，不算是嚴格意義的學術用書。後出之增訂版，雖也小幅修訂其中文字敘述語句，但大抵仍屬於陳先生早期對莊子研究較具感性浪漫心情時的表達，此書與其《莊子今註今譯》（臺灣商務印書館 1984 年初版），至今仍可算是初學莊子最暢銷易讀之參考讀本。（賴慧玲撰）

吳康著《莊子衍義》

《莊子衍義》，吳康著。臺北：商務印書館 1966 年 3 月初版，平裝直排25 開本，344 頁。全書依次有〈莊子衍義序〉、〈莊子衍義題辭〉、〈史記莊子傳〉、〈例言〉，而後則分為：第一編〈南華真經十卷札記一卷〉，第二編則是作者本人所著的〈莊子衍義〉正文；正文後接有簡短的〈莊子衍義後敘〉及兩頁〈跋〉，並附「本書作者著述簡表」。其中本書第一編屬晉·郭象注、唐·陸德明音義的〈南華真經十卷札記一卷〉部份，完全出自上海涵芬樓藏明刊本、上海商務印書館縮印《四部叢刊》初編的縮本書錄，內容依序為晉·郭象撰的〈南華真經序〉、〈南華真經篇目〉，之後列有〈內篇〉（分三卷共七篇）、〈外篇〉（分四卷共十五篇）、〈雜篇〉（分三卷共十一篇），最後則附留菴居士孫毓修依世德堂本影印、別錄宋本異同的〈南華真經札記〉一篇。而本書第二編〈莊子衍義〉部份，則為作者本人著述，依〈甲、內篇〉（共七篇）、〈乙、外篇〉（共十五篇）、〈丙、雜篇〉（共十一篇）之順序，一一發揮衍義。

吳康簡介，見賴慧玲撰〈《老莊哲學》提要〉。

《莊子衍義》（甲乙丙三篇）原名《莊子文說》，本書是以哲學觀點一一講說莊子三十三篇的義理，因書前已收錄莊文郭注，其目的即不打算對原典章句再分別訓詁註釋，故「衍義」部分完全只針對三十三篇之義理發揮。由於吳先生先前曾寫過《老莊哲學》（臺北：商務印書館，1955 年 2 月臺初版）

一書，故在本書〈例言〉第四條中，特別點明兩書併讀可相得益彰。又因其出國學習西方哲學之背景，故是最早將莊子所述之「自然」，詮釋為「被動的自然主義」概念者，以相對於西哲征服自然以為人用之「主動的自然主義」之說；又理解「逍遙義」為具出世理想的莊子式「自由主義」概念，故其說可算是臺灣 1950 年代以後，以西方哲學敘述用語理解詮釋莊學之最早代表。（賴慧玲撰）

張成秋撰《莊子篇目考》

《莊子篇目考》，張成秋撰，臺北：臺灣中華書局印行，1971 年 7 月初版，約 10 萬多字，原是平裝直排 25 開本，215 頁；1986 年 4 月已印行到臺六版，2015 年 7 月臺七版一刷，此時已改為菊 16 開本，重排為 224 頁。本書最前收有李漁叔先生的〈序〉，及作者的〈自序〉；最後有〈附：本書重要參考書目一覽表〉；正文則分七章，分別為：〈第一章、今本莊子三十三篇之形成〉、〈第二章、莊子內外雜篇之區分〉、〈第三章、莊子篇章之移易與分合考〉、〈第四章、分篇討論——內篇部分〉、〈第五章、分篇討論——外篇部分〉、〈第六章、分篇討論——雜篇部分〉、〈第七章、莊子佚篇佚文考〉等主題。

張成秋（1941～2014），遼北省西豐縣人，1964 年畢業於國立臺灣師範大學國文系、1968 年獲私立中國文化大學中文研究所碩士學位，1976 年獲國家文學博士學位（文化大學中文研究所所推薦）。其易學由高明先生啟蒙，先秦諸子則從林尹、李漁叔二位先生學習。曾任國立新竹師範學院中國語文學系教授、易經學會與孔孟學會會友，老莊學會會員兼常務理事。除本書外，還著有《詩序闡微》、《關於詩經與詩序的幾個問題》、《先秦道家思想研究》、《歐遊吟草》等書，另有《易經》方面論文十餘篇。其雖研究中國文哲三、四十年，然因從小即為基督徒，故退休後專以網路為基督傳道，同時宣揚中華文化。蒙主寵召後家屬遵其遺願，將其 17 部繁體中文、簡體中文著作全球發行版稅（印刷書＋電子書）永久奉獻給中華基督教信義會信義堂。

本書屬莊學考據之作，上溯其原始，下究其流變，中審其篇章，旁求其佚文。歸納分析所得之結論為：《莊子》書最原始之著作不得早於戰國之時，又非出自一人之手；從原《漢志》所記五十二篇本，到今日常見有內、外、雜共三十三篇本，實有一分合移易之過程，其中〈內篇〉絕多漆園之筆墨，〈外篇〉、〈雜篇〉雖出乎莊周弟子、或其他各派之學者，然亦多申莊子之學，且未違莊

學真義，故亦不可棄。此結論今日看來稀鬆平常、早成定論。但作者當時研究方法為：蒐羅史料、明辨慎思，除源流考辨，兼以論敘註解，匯集許多史料。故將莊書「何以非出自一人之手」的來龍去脈，考證分析得頗為清楚簡要，全書篇幅雖不大，但卻屬臺灣七〇年代間考據莊學之重要論著，也是當時治莊學或研究道家學說者，常備參考引用之資料。（賴慧玲撰）

劉光義著《莊子發微》

臺灣：正大書局，1972。102 頁。

劉光義字慕桌，河北滄縣人，民國五年生。北平輔仁大學畢業，歷任海軍官校、成功大學講師、副校授，輔仁大學教授、兼任東吳大學教授。設「劉光義教授紀念獎學金」，東吳大學中文系設有「劉光義教授紀念專題講座」。與道家相關著作尚有《張道陵的想爾注：老子河上王弼及想爾注比較研究》（臺灣：松慧文化，2003）、《莊學中的禪趣》（臺灣：臺灣商務印書館，1996）、《試以莊意說禪公案》（臺灣：瑞興圖書，1994）、《司馬遷與老莊思想》（臺灣：臺灣商務印書館，1992）、《莊周與老聃：道家發生發展兩哲人》（臺灣：學富文化，2000）、《莊學蠡測》（臺灣：臺灣學生書局，2003）

此書由兩篇文章構成，即「莊子死生觀念的剖析」與「莊子的應世哲學及其所達之人生境界」，後附錄一篇文章「從子書考辨戰國趙將軍廉頗食量」。

作者認為莊子生死觀念即在於視生死變遷不過如春夏秋冬四季的運作，一切只能順從依隨。達觀地視生死與天地為一體，生不可悅，死亦不可惡。這是由於莊子生於戰國亂世，由痛苦的生活中磨練而出。

書中以七點論莊子的生死觀，莊子的愛生、幻想、惡生、愛惡不由己、悟死生乃自然之道、順天安命、外生死等。總論莊子的生死觀初無異於常人，只是生逢亂世而無所逃，因生幻想脫離現實的理想世界，但理想世界終究是不存在的，因此在亂世之能抑己保身，苟活隱忍，悟生之無樂，起惡生之念，由生命的煎熬中悟生死乃自然運化之妙，我們只能順從而已，死生同為自然變化的一個環節，因此而悟心齋坐忘之理

「莊子的應世哲學及其所達之人生境界」一文則以散文的筆調隨著莊子文章抒發其意，文章分成十個大段落，隨興而無體系，大概與作者身世的感懷相關。作者認為莊子身逢亂世，但仍能塵垢不足汙其潔，卑穢不足辱其志，抱璞完貞，潔身自好，實為強者巨人。莊周之智，可稱邁越古今，而涉世之年，

守身如玉，超然物外。雖不然振起亂世，震頹俗而有積極的作為，實不為也，非不能也。

此書雖稱《莊子發微》，實藉莊子以澆心中塊壘，寓身世漂零之嘆。（藍日昌撰）

李勉著《莊子總論及分篇評注》

《莊子總論及分篇評注》，李勉著，臺灣商務印書館 1973 年 8 月出版，1990 年 8 月修訂重新出版。分硬皮精裝、平裝兩種，614 頁。

李勉（1919～2015），家名華表，字君勉，浙江省縉雲縣人，二十二歲以公費考取國立浙江大學，但學校因遭二戰西遷貴州，遂轉入廈門大學就讀。畢業後，復考取廣州中山大學，取得文學碩士學位。此後，由講師漸次升等至教授，先後曾任臺灣師範大學國文學系教授、東海大學哲學研究所博士班教授、成功大學中國文學系教授，並曾擔任美國芝加哥大學、賓州大學、德國法蘭克福大學等校之特約教授、兼任教授，投身教育界長達四十餘年。李教授曾著有《詩經探義》、《文字學研究》、《中國歷代文學批評》、《史記列傳評注》、《老子詮證》、《宋詞古唱考證》等專書三十餘種。李教授精通書畫、古樂器，且經長年比對宋代遺譜，考定三十八闋詞調之演唱方式，2010 年返回臺灣定居之後，翌年，李教授已九十高齡，仍戮力教唱宋詞，可見對推廣古典文學之熱愛。

本書前方有戴君仁（1901～1978）、周廉仕及作者於 1973 年所撰序言三篇，戴、周二〈序〉對作者人格、著作加以揄揚，作者〈自序〉則持論讀《莊子》可收齊視死生、曠渺心胸、淡泊名利、忘懷得失、深明道境等效。其後，本書則可分為總論及分篇評注兩部分。總論由六章構成，第一章〈莊書各篇作者辨證〉，徵引古今學者對《莊子》各篇作者異同諸說，並加以辨證。第二章〈莊子著書章法及其思想體系辨證〉，推定《莊子》以寓言、重言、卮言呈現之緣由，並認為莊子思想以「無心」為本，故能推擴為無待、無情、無用等面向，再引《莊》語以佐證。第三章〈莊子生卒年月及生平事跡辨證〉，透過文獻論證莊子與楊朱為迥異的兩人，並認為孟、莊二人在書中未曾互辯，係受交通阻隔、資訊難達之故，且二人思想相近，亦無須交辯。第四章〈莊書篇數及章節辨證〉，認為晉代注莊者篇次、章節相異，係各出己意棄取刪合所致之故，並持論《列子》、《淮南子》應有《莊子》佚文，但卻遭注家所刪。第五章〈莊書分篇及每篇優劣辨證〉，將《莊子》全書各篇分為五等第，認為內七篇有總

論、分論，為第一等；〈秋水〉、〈達生〉、〈山木〉、〈則陽〉、〈列禦寇〉等五篇
僅有分論而無總論，或總論未該全篇，為次等之作；再者則為〈在宥〉、〈天地〉、
〈天運〉、〈至樂〉、〈天下〉、〈田子方〉、〈徐无鬼〉、〈庚桑楚〉、〈寓言〉及〈知
北遊〉等十篇，間雜蕪蔓鄙俗之句；〈馬蹄〉、〈胠篋〉、〈天道〉、〈刻意〉、〈讓
王〉、〈外物〉、〈說劍〉、〈漁父〉等而下之，含蓄不足，不似道家文字，疑為學
莊者所作；最次則為〈駢拇〉、〈繕性〉與〈盜跖〉等三篇，無深旨可言。第六
章〈莊書得失論〉，歸結《莊子》之優秀處，並認為其失有七，如外雜篇寓意
較淺、漏字及通假太多、間有偽作及蕪說摻入等，且喜用滑稽事例，有失矜重。
其後，李教授對《莊子》現存三十三篇逐一注解、考評，書末另附〈莊子學說
詮證〉一篇，將莊子思想體系分為二十類，加以白話說明。

　　誠如作者歸結所言，若世人皆能體察莊學意涵，則可收世界安定康樂之
效。由是，亦可見作者治《莊》所以淑世之用心，實應加以肯定。（李建德撰）

袁宙宗著《莊子學說體系闡微》

　　《莊子學說體系闡微》，袁宙宗著，黎明文化事業股份有限公司 1974 年元
月出版，平裝，144 頁。

　　袁宙宗簡介，見李建德撰〈《老子身世及其兵學思想探賾》提要〉。

　　《莊子學說體系闡微》一書的撰作，據卷首〈序言〉所載，係袁先生在文
藻女子外語專科學校畢業班開設《莊子》課程時，與修習課程學生對談，見學
生多有「讀《莊子》書，可消除人生無謂之煩惱」的感受，袁先生遂有感而發，
認為當時科學昌明，造成物質生活享受已臻極致，但社會大眾在精神生活層面
卻日漸空虛的現象，乃提出「研究莊子哲學」如同「服清涼劑」的觀點，遂援
筆撰作此書。

　　本書分為〈莊子身世考證〉、〈莊子學說體系闡微〉與〈莊子著作考訂〉三
大部分，〈莊子身世考證〉對莊子的姓名、籍里、時代、生卒年代與生活環境
加以討論，〈莊子著作考訂〉則就著成傳說、現存篇次、文體分類、寫作筆法
與歷代諸家辨偽等面向進行梳理，認為《莊子》三十三篇中，內篇的〈人間世〉
與外、雜篇的〈至樂〉、〈胠篋〉、〈外物〉、〈田子方〉、〈徐无鬼〉、〈天運〉、〈天
道〉、〈天地〉、〈駢拇〉、〈馬蹄〉、〈刻意〉、〈繕性〉、〈讓王〉、〈盜跖〉、〈說劍〉
與〈漁父〉等十七篇，或與莊子思想不符，或時間、史實、文章體例不合，應
非莊子所撰。

至於〈莊子學說體系闡微〉，係本書之主幹，共分〈莊子的宇宙觀〉、〈莊子的人生觀〉、〈莊子的政治觀〉、〈莊子的知識論〉與〈莊子的論理學〉等五章。茲舉第四章〈莊子的知識論〉為例。一般而言，「知識論」傳統為古希臘哲學之範疇，而中國思想則是一種必須躬行實踐的「生命的學問」，故西哲黑格爾（1770～1831）在《哲學史講演錄》書中，遂以其前理解立場提出「中國沒有哲學」觀點，而袁先生將該章析為三節，援引《莊子》原典及郭《注》、成《疏》及章太炎《齊物論釋》，認為莊子反對公孫龍「循名責質」的立場，具有懷疑主義的精神，並脫離純粹經驗層次的討論，不以名言作外在分別的作用，達到「天地與我並生，萬物與我為一」這種莊子「知識論」的最高點。

要之，該書作為 1970 年代的大專學校用書，對於莊子學說體系的梳理及其生平、著作辨證，具有一定之價值，應給予肯定。（李建德撰）

龔樂群著《老莊異同》

《老莊異同》，龔樂群著。臺北：幼獅文化事業公司 1974 年 2 月初版，將近 17 萬字左右，平裝直排 25 開本，頁 226。此書「目錄」前有作者〈自序〉，之後正文共分九章，分別為〈第一章、老莊列傳補略〉、〈第二章、老莊的學說源流〉、〈第三章、老莊的宇宙觀〉、〈第四章、老莊的人生觀〉、〈第五章、老莊的養生觀〉、〈第六章、老莊的知識論〉、〈第七章、老莊的道德論〉、〈第八章、老莊的政治論〉、〈第九章、老莊思想對後世的影響〉。其中第一章因認為《史記・老莊列傳》原文有諸多不實在之處，故重新為「老子傳」及「莊子傳」做了「補略」；第二章則認為道家思想萌芽最早、發展最快、影響最大，且老莊學說源流小異而大同；最後第九章則總論老莊思想分別對後世政治、學術、宗教之影響；以外其餘各章，則分別以「宇宙觀」、「人生觀」、「養生觀」、「知識論」、「道德論」、「政治論」等主題，先後分論老子、莊子之觀念及其異同處。

龔樂群（1914～2008），原籍湖南省安化縣，畢業於黃埔軍校第十六期。1949 年來到臺灣，1982 年後則長期定居並最終以九五高齡病逝於美國。曾任教於台南一中十年、陸軍官校六年、臺灣國立中央大學中國文學系副教授十一年。著有《論語疑考》、《孟荀異同》、《老莊異同》、《孔墨異同》、《三家六子四論》等書；1960 年另奉蔣介石之命，撰成《黃埔簡史》（臺北：正中書局出版）之類談黃埔軍校創校歷程之專書，以及名為《風塵吟草》五百餘首之詩抄。

在《老莊異同》一書中，作者主要認為老莊思想之所同者，同於對宇宙之體認；所異者，在於對人生之觀察不同。故老莊之「人生觀」已如此背道而異趨，其「養生論」自必不能並馳而共向。所以老子之「養生論」仍有由抽象以趨具體之跡象，但莊子之「養生論」則不免累於物且只欲偷生苟活。故認為自魏晉以降我民族之所以積弱不振，甚至私爾忘公之頹風形成，未嘗非莊子之罪。又認為老子之「知識」、「道德」、「政治」諸論尚能前後貫通，但莊子則所由多非正道，實屬欺世盜名者。作者甚至引亞歷斯多德有言：「柏拉圖可愛，但真理卻更可愛」之說，來自肯本書對莊子攻擊之不遺餘力。此書作者有嚴重「褒老貶莊」之傾向，雖定書名為「老莊異同」，實際全書中凡認為莊子不同於老子處，幾乎全即是莊子之消極頹廢誤人處，故在學術論著中，屢以情緒激烈之語氣批判莊子、甚至誤讀莊子之說者，亦屬罕見特有之作。（賴慧玲撰）

宋稚青譯《老莊思想與西方哲學》

《老莊思想與西方哲學》，原為西班牙語，西班牙杜善牧著，宋稚青譯，有台北：光啟出版社，1975 年初版，1977 年再版，32 開本。今據台北：三民書局，1984 年四版，40 開本，平裝，約十萬餘字，共 170 頁。

宋稚青（1918～），河北清苑人。西班牙馬德里中央大學教育學博士，曾任台灣靜宜大學及中興大學教授。另著有《老莊思想分析》等書。

本書《老莊思想與西方哲學》，原本為西班牙語《莊子》譯的導論，後另結成書，共分為十八章，有：弁言、道家、道的自本自根、道的卓越性、道的無窮、道的單一性、道的無為、造物者、這是否天主、不和諧的聲調、聖人、道的德、道家之神秘主義、死後的觀念、物及其變化、天地、老莊思想總評、結論。

本書之書名雖說是《老莊思想與西方哲學》，其中所論是以《莊子》為主，旁及《老子》。本書特點有下列幾項：一、由於本書本為《莊子》西班牙譯文的導論，本寫在譯文前面，讓讀者瞭解莊子一些基礎資料、翻譯底本，不免須有所介紹；二、由於是導論，並且是寫給西方人看，在寫作的旨趣，並不是嚴格的學術論文，不免流於簡單；三、承上，在描述老莊思想，不免需要透過西方哲學概念來比較，如作者舉柏拉圖、亞里斯多德等相關概念作為比較的對象，但其論述並不是很嚴格的學術論述。換言之，本書的寫作，比較流於通俗與簡單，使讀者易讀易懂是其特色。（郭正宜撰）

陳鼓應註譯《莊子今譯今注》

《莊子今譯今注》（上、下冊），陳鼓應註譯。臺北：臺灣商務印書館股份有限公司，1975 年 12 月初版。至 1989 年 5 月九版。

陳鼓應潛心研究道家思想與中國思想，相關著作尚有《老子今註今譯及評介》、《老莊新論》、《莊子哲學》等。作者自言對《莊子》的欣賞遠勝過《周易》，深感莊子哲理對世人頗有「洗心」與救世之效。

本書是臺灣商務印書館與中華文化復興運動委員會（今國家文化總會）、國立編譯館合作出版的「古籍今註今譯」系列之一，旨在發揚中華文化之精髓，協助現代青年對古書之閱讀，期以復興中華文化。始於民國 56 年（1967）臺灣商務印書館王雲五董事長有感於由於語言文字之演變，今日閱讀古籍者，常苦其晦澀難解。因思今註今譯誠為可行之解決途徑，且有助於國人對固有文化的正確了解，增加對固有文化之信心。遂首先選定經部今註今譯十種，編撰白話註譯。稍後向中華文化復興運動委員會建議，並經決議納入工作計畫，經委員會選定進行今註今譯之古籍約三十種，再經慎選專家定約從事發行之。

《莊子》，一般認為是集莊子及莊學後人的篇章整理而成，分為內篇、外篇與雜篇。乃由戰國中晚期逐步流傳、揉雜、附益，至西漢大致成形，然而當時流傳版本，今已失傳。目前所傳三十三篇，應是郭象整理，篇目章節與漢代亦有不同。內篇大體可代表戰國時期莊子思想核心，而外、雜篇發展則縱橫百餘年，參雜黃老、莊子後學形成複雜的體系。

本書體例為「原文」—「註釋」—「今譯」，每章之前加一導論。以「註釋」部分化費時間最多，常遍查古注尋找適當解釋。註釋兼顧考證校勘。為表明今註有所根據，於是在後面附上前人的註解。除了可以達到解釋原著難句的目的之外，還可將歷代各家注莊的成績列示出來。「今譯」則依據「註釋」，並參考目前已譯成之中、英、日文等譯本，為使譯文曉暢且切近原意，他人譯得好的則盡量採用。而其有許多與別人譯法不同者，乃出於註譯者個人對莊文的解釋觀點所致。

本書所用莊子原文，是根據王孝魚點校的郭慶藩集釋本（世界書局影印本）。郭慶藩集釋本收錄了郭象注、成玄英疏和陸德明音義三書的全文，摘引了清代王念孫、俞樾等人的訓詁考證，並附有郭嵩燾和他自己的意見。集釋原根據黎庶昌古逸叢書覆宋本，王校又根據古逸叢書影宋本、明世德堂本、道藏成玄英疏本，以及四部叢刊所附孫毓修宋趙諫議本校記、近人王叔岷校釋、劉

文典補正等書加以校正。本書凡有所增補或刪改原文時，均於「註釋」中說明。
（林翠鳳撰）

趙金章著《莊學管窺》

臺灣：弘道文化事業，1975。118頁。作者生平不詳，除了撰述本書之外，另有《老子臆解》、《朱子大學章句之研究》等。

書分六章以討論莊子書中的本體論、人生觀、宇宙論及倫理觀，第一章為前言，第二章為〈莊子論道—本體論〉，下分三節為〈論道〉、〈環中之說〉及〈修道程序〉；第二章為〈莊子之人生觀〉，下分三節討論〈宿命論〉、〈養生〉及〈生死觀〉；第四章為〈莊子之宇宙論〉，下分三節〈論天〉、〈論物〉，〈齊萬物以不齊之齊〉；第五章〈莊子之倫理觀〉，下分四節〈論德〉、〈論和〉、〈論人〉及〈論接物〉；第六章〈結論〉，下分二節論述〈莊子之最終目的與成就〉及〈總結〉。

書中認為個人與群體之間的關係向來甚難盡如人意，因此大都有尊古賤今的思想，莊子也是如此。面對戰體末年的亂世之局，諸子百家有二種作法，一者積極入世改造這個世界，一者任其自然，各遂其生，由其自化。莊子即屬於後者，主張遊心於萬物之上而不著力強改這個世界。

作者認為身處戰國亂世，想要以一人之力力挽狂瀾，實是力有未逮，因此在拓展群己關係之前，應當先為個人身心尋一出路，以修己之法，從濁世之中監拔擢而出一條道路，進而影響他人，以至於群體，復返於古之理想世界。

莊子一書分內、外及雜篇，何者為莊子所作，何者為莊子弟子所作，至今仍無定論，因此，解莊者貴在心之所得，得其所得，發人之所未得即可，如欲強作莊子千年後唯一解人，實為不可。因此本書即是作者個人讀莊後的心得。

書中雖是論莊子之道，但在行文中是雜引莊子文章再加以解說，間引老子之言，又引熊十力對於易經本體論的解說來詮釋莊子的本體論，熊十力雜揉儒佛之說，引熊十力本體論之學論莊，恐怕是摻雜了佛教之說而不自知。又引渾天之說來解釋莊子環中之說，再引修道之言述莊子修道次序，這都有雜學之感。個人認為此書具歷史意義，但欠缺參考價值。（藍日昌撰）

潘立夫著《莊子思想》

臺灣，臺灣文教出版社，1975。107 頁。

作者曾任臺灣永達工專副教授，以及開設大眾補習班為班主任。

書名《莊子思想》，但目錄上則作《莊子思想型態》，不作章節編目，而用甲乙編目，甲為〈道論〉，下分三小標題：〈不道之道〉、〈推論存在〉及〈入道〉；乙為〈物論〉，下有五小標題：〈兩行〉、〈道樞〉、〈物化〉、〈弔詭〉、〈兩盞明燈〉；丙為〈人論〉，下分三小標題：〈滑疑之耀〉、〈葆光〉、〈順化〉；丁為〈析釋與表解〉，無小標題，分析內七篇之意；戊為〈道貫〉，無小標題；己為〈人間世〉，下分五小標題：〈無情入道〉、〈去知入道〉、〈德論〉、〈生死之論〉（攖寧）、〈真人〉；庚為〈境界比論〉，辛為〈思想型態〉，庚辛皆無小標題。前有序語，後有尾語。

作者自述作此書的原則在於「以莊解莊」，此因老莊雖同列道家，但細察二者也有所區別，所以不以老註莊，也不以莊證老。本書只取內篇以作闡釋，乃因莊子一書博雜，內、外、雜各篇歧異頗大，雖經歷代研究作者、年代，但都無法令人深信，本書的目的在於探本源，所以去掉外、雜篇等。而釋論方法則採演繹、分析、推論求莊子思想形態，得其結論，以歸納、歸類證明結論之可信。文中大量設圖形相輔，以免推論過於抽象化。書中內容與古之作者、註者有所不同，並非故意標新立異，乃是自心所見即是如此，因此書中詞語取義有異前賢，實屬詞理不能兼顧，以詞就理，當中難免師心自用之處。

作者認為莊子的思想中心即在於「道」，道是超越形體、超越觀念、超越時間空間的真實存，雖是無法以語言表達，但是卻可從本源來推論及從必然性的存在來推論其存在的必然性，或是由入道者、得道者的體會證明其存在。又云道雖是推論的存在、絕對的存在，超越時空、觀念的不可言詮的非物之物，但其特性即是「化」——整萬物，澤及萬世。此之所以由道論開始，往下則有物論諸條目的論述。

行文的風格有異於傳統的梳理，反似自己的讀莊悟思心得的白描。具歷史意義，但欠缺參考價值。（藍日昌撰）

劉光義著《莊子內七篇類析語釋》

《莊子內七篇類析語釋》，劉光義著。臺北：臺灣學生書局，1975 年 10 月初版，約 10 萬字左右，平裝直排 25 開本，143 頁；1978 年 9 月有再版。此書

最前有作者〈自序〉，正文收標題簡明如：〈力求適應外在環境〉、〈涉世養生自全之道〉、〈莊生心目中聖人處世態度〉、〈辯無益〉之類，有如上課講錄體例之文章共十九篇，而其中第十九篇即為全書〈結語〉。有趣的是：「結語」實際只有一行文字為：「類析內七篇所言之旨，並加語釋。撰述如上文。」

劉光義（1916〜2005？），字慕皋，河北省滄縣人，畢業於北平輔仁大學國文系。歷任海軍官校、臺南國立成功大學講師及副教授、輔仁大學教授、兼任東吳大學教授。除了本書之外，還有《莊子處世的內外觀》、《禪在中國》、《張道陵的想爾注》、《藝苑奇葩說紅樓》、《老聃與莊周》等專著共四十餘冊、論文數百篇。又因其在輔仁大學任教超過 30 餘年，並推動教務行政工作不遺餘力，且曾長期在東吳大學兼課，故其公子劉雨生博士及陳玲弟女士伉儷後來為紀念尊翁，特捐贈專款成立輔仁大學跨文化研究所「劉光義教授紀念獎學金」，以及「東吳大學劉光義教授紀念獎學金」、「東吳大學中文系劉光義教授紀念專題講座」，用於獎勵碩博班表現優異之研究生，並定期舉辦各種學術講座。

此書內容是把內七篇中其義相近者，分別歸納來類析；又把難讀難懂的語句，以易懂的白話來詮解語釋；雖以內七篇名之，但外、雜各篇中，有意相近者，也附列於後。作者極為肯定錢穆先生：「莊子是衰世之學」之說，故以此角度來研究及解釋莊子；且認為莊子的內七篇不獨是文章的精華，也是莊子思想的焦點，又學界多認為是出自莊周手著，故初學者如能對內七篇先有概念了解，繼續研讀方為容易，方先出版此帙。本書名為「莊子內七篇類析」，故並非直接依內七篇之次第分析內容，而是以作者所欲發揮之主題將原典故事分類講解，其中表達詮釋方式較少哲學的分析，更多文人才學的體會與詮釋，故可歸屬於寫給初學初讀莊子者閱讀之國學普及讀物。（賴慧玲撰）

梁冰枏著《莊子內聖外王之道及其八大學說詮證》

臺灣：友寧出版社，1977。131 頁。

梁冰枏，蘇州人，父親梁小鴻，是劉海粟學生，跟傳字輩老師姚傳薌、方傳芸學過。耳濡目染，她自小就會唱昆曲。她在成功大學教中文，也唱昆曲。專長詞曲、古典戲劇、詩經、莊子，自成功大學中文系退休教授，目前仍活躍於昆曲表演。

此書上篇論莊子內聖外王之道之理及其闡釋，分三章述之，第一章〈明道〉，下分三節為〈道不以形器之〉、〈道與宇宙〉、〈道即自然之理〉；第二章內

聖之道，下分二節為〈修己之方〉、〈得道過程〉；第三章〈外王之道〉，下分四節為〈自然無為〉、〈順人與化人〉、〈外王極致─齊物〉、〈莊子之理想人物〉。作者以「內聖外王之道」為莊學玄旨所在，開章便以此入手開宗明義析論道之理，莊子的道實即存在萬物之間的自然之理而無所不在，所以莊子之道便不是消極避世之道，莊子一書頗多論及君臣治國之道，其文尤多散在人間世篇。內聖之道在於忘己、忘物，如此才能心無所企求，順應自然而可遊於無窮之境，忘物才能不分物我，與天地同流。外王之道在於能自然無為，順人而化人，即順應自然而各安其分，如此則人與萬物才能同遊於自由平等的世界。

下篇則以八章討論莊子學說中的主要思想，第一章〈無為無不為〉，下分二節為〈處世之無為〉、〈治世之無為〉，第二章〈無名無不名〉、第三章〈無功無不功〉，第四章〈無生死〉，下分三節為〈死生如一〉、〈不厭世輕生〉、〈無生死〉；第五章〈無情無不情〉、第六章〈無言無不言〉，下分二節為〈是非之論〉、〈無言之言〉，第七章〈無知無不知〉，第八章〈無用無不用〉，下分三節為〈有用無用不可定論〉、〈無用之用〉、〈無用而無不為用〉。第二、三、五、七章皆不分小節。

此書認為莊子生於戰國末年的亂世之局，雖不求為世人所用，但其匡時濟世之心實與孔孟一般無二，同時就正本清源之道，自本根匡救人心，則其用心顯非孔孟所能及。只是標旨過高，一時不易達到，所以看起來不如孔孟儒家之說切實可行，因此可以從儒家起步，親親而仁民，仁民而愛物，進而忘彼此、和世非、平貴賤以至於萬物齊一的理想社會。此所以由內聖而達外王之境，而能夠內聖外王的得道高人才是莊子心目中的理想人物。

八大學說則是綜合莊子全書提出八大綱領來論述，雖然這裡是內篇、外篇及雜篇雜揉在一起，似乎將莊子與非莊子之言混為一談，但作者認為莊子一書雖有真偽之辨，但皆莊子及其後學所作，只要無違道旨，合於莊意者，皆在所不捨棄，因此這是作者以莊子註己之作。個人認為文章具歷史意義，但欠缺參考價值。（藍日昌撰）

郭為著《老莊哲學與道學》

《老莊哲學與道學》，郭為著。興國出版社 1977 年 9 月出版，平裝，183頁。

郭為（1909～1986），字清寰，河北省霸縣（今河北省霸州市）人，1932年考取清華大學歷史學系，畢業後，受其師蔣廷黻（1895～1965）推薦任職行

政院。1937 年二戰爆發，乃投筆從戎。戰後，於 1952 年隨軍隊播遷來臺，1955
年任海軍官校文史系主任，並兼任成功大學中國哲學史、邏輯學教授。軍職退
伍後，改任海軍官校文史系教授，並兼任高雄師院（高雄師範大學前身）國文
學系教授，講授哲學、理則學、荀子等課程。1976 年退休後，仍於高雄師院繼
續執教，直至 1986 年病逝。除本書之外，郭教授另著有《學庸新釋》、《論孟
選註》、《人生哲學》、《理則學》、《思維方法研究》、《說命》、《中國哲學史引文
註》、《陰陽五行家思想之述評》等書，計三百餘萬言。其中，《學庸新釋》、《論
孟選注》曾被蔣介石（1887～1975）指定為臺灣各軍事學校必修科目之教科書，
藉以弘揚傳統文化。而郭教授於 1966 年、1979 年先後罹患肝硬化、膀胱癌，
經大小手術十餘次，仍戮力教學，更可想見其為人。

　　《老莊哲學與道學》分為〈老莊的本體論〉與〈宋道學家之本體論〉兩篇，
首篇由〈前言〉、第一章〈老莊的本體論之氣的部分〉、第二章〈老子本體論
之理的部分〉與第三章〈莊子本體論中之理的部分〉構成；次篇則由〈前言〉、
第一章〈周濂溪之本體論〉、第二章〈張橫渠之本體〉、第三章〈二程的本體論
之氣的部分〉、第四章〈二程本體論中之理的部分〉與第五章〈朱子的本體〉
構成。各章皆再分為數節，如首篇第一章即由「老莊所認為的宇宙之本體」、
「萬物所依據以生成之材料」、「由氣所引起之神秘觀念」、「氣的性質」、「無為
的意義之演變」、「道家與道學家達於無思無為的方法之比較」等六節組合而
成；次篇第二章、第五章，細分為十三節、十七節，分別詳細介紹了張載與朱
子重要的理學論點──氣質之性、天地之性、〈西銘〉、太和，氣稟與賢不肖、
理氣先後、性即理、氣質之性、義理之性等，而次篇首章更是對周、朱二子在
太極圖、無極太極等問題進行詳細闡釋。

　　至於本書何以將老莊哲學與宋代理學並列為兩大主題？郭教授在首篇
〈前言〉持論「宋之道學中，與老莊哲學最相似者，為道學中之理學派。而理
學派中，與老莊哲學最相似者，為朱子。……其與老莊哲學相似之處，在於其
所謂道，而道則是宋之道學家的一種共同觀念，只是在論證上有詳略深淺之不
同。」且郭教授透過比較老子《道德經》與孔子《論語》對「無為」、「德」的
界定，也明白肯認了「道家與道學對於道之觀念雖極相近似，然而此兩家之任
何派，仍有本質上之差異，即道家講無為，道學家則仍繼儒家之傳統而講有
為。……故道學家之近於老莊處，只在於對道之觀念。」則吾人亦可從中得知
作者之理路傾向。

然而，本書在標目上皆以本體論行文，撰述時雖有間涉人性論的部分，但由本體下貫之日用工夫，則未有論及，就中國傳統義理學想方面而言，讀之難免有所遺憾。且郭教授在次篇〈前言〉指出「宋之道學家，均主張理與氣同為宇宙之本體，其理論係承道家而來，其重要觀點，均是就道家所已述者而充實之。」將濂洛關閩一系皆視為理氣同屬本體、理論皆遠泝道家者，此觀點亦有商榷處，蓋周子未侈言理之重要性，張子出入佛老而歸本六經，故此說法頗令人為之不安。然而，全書之論述仍有其理據之可觀處。且本書在 1973 年馬王堆帛書老子出土不久後撰成，雖未能引用新出土文獻，但將先秦道家與宋代道學相比較，亦能成一家之言，其學術價值同樣應給予肯定。（李建德撰）

黃錦鋐著《莊子及其文學》

《莊子及其文學》，黃錦鋐著。東大圖書公司 1977 年 7 月出版，為《滄海叢刊》系列第一輯第 18 種，分硬皮精裝、平裝兩種，283 頁。

黃錦鋐（1922～2012），原名天成，字錦鋐，後以字為名，改字天成，福建省莆田縣人，1945 年抗戰結束後，奉派赴臺灣警備總司令部服務，後辭職繼續求學，於 1946 年考入臺灣省立師範學院（今臺灣師範大學前身）國文學系，在學期間，深受章微穎（1894～1968）教授在國文教學領域的影響，1950年畢業後，奉派淡水中學任教，先後歷任淡江英專講師、淡江文理學院教授兼中文系主任、臺灣師範大學國文學系教授。近六十歲時，兩度負笈日本，鑽研日本漢學，獲得九州大學文學博士學位。返臺後，除擔任臺灣師範大學國文學系教授兼系主任、研究所所長外，亦先後在政治大學、東吳大學、逢甲大學等校兼任，作育英才無數。擔任臺灣師範大學系所主管時，設置系主任獎學金，退休後，復因感懷師恩，由退休俸捐資百萬元，設置國文教學獎學金，嘉惠貧寒學子奮發向上，足見其苦心孤詣。黃先生教職退休後，亦受聘出任人文社會教育學科指導委員會國語文組主持人、國文教科用書編委會主任委員、總訂正等職務，對各階段學子國語文教育的啟迪，具有不可磨滅的貢獻，因而在 1999年受聘為臺灣師範大學首位名譽教授。

黃教授之研究領域兼涉先秦兩漢學術思想、六朝《龍》學文論、國文教材教法及日本漢學等面向，一生著作等身，主要論著包括《莊子及其文學》、《新譯莊子讀本》（三民書局，1992 年 9 月）、《國文教學法》（三民書局，2006 年1 月）、《晚學齋詩文論集》（萬卷樓，2009 年 5 月）、《秦漢思想研究》（學海出

版社，2011 年 5 月）等書，另有論文百餘篇，分見《中國語文》、《孔孟月刊》、《文史季刊》、《中等教育》、《國文學報》等期刊。

　　《莊子及其文學》共收〈關于莊子及《莊子》書〉、〈莊子之文學〉、〈從感情、理智、科學的角度看莊子的文學〉、〈關于《莊子》向秀《注》與郭象《注》〉、〈莊子筆下的孔子〉、〈釋《莊子》中的「不」與「弗」〉、〈魏晉之《莊》學〉、〈老莊的思想〉、〈六十年來的《莊子》學〉等九篇論文，係黃教授於 1958～1959 年在淡江學院、師範大學講授莊子課程時先後所撰。〈關于莊子及《莊子》書〉著重於《莊子》各篇的意旨與諸家考證；〈莊子之文學〉說明莊子的文學技巧與其對漢代以降名家作品的影響；〈從感情、理智、科學的角度看莊子的文學〉由科學之「真」、理智之「善」、情感之「美」三面向對《莊子》進行探討；〈關于《莊子》向秀《注》與郭象《注》〉臚列向、郭二《注》本及古今中外各家考證之言，認為郭象援向秀《注》為己見之說，殆無疑義；〈莊子筆下的孔子〉認為莊子以「重言」傳統，將「心齋」、「才全德不形」、「死生如一」等重要思想觀點，寄託於孔子身上加以表達，提出老莊對於儒家是一種「反面推崇」的殊途同歸；〈釋《莊子》中的「不」與「弗」〉對於《莊子》書中否定詞「不」、「弗」就文法結構進行討論；〈魏晉之《莊》學〉先言漢代老莊並舉，再對魏晉《莊》學發展析為先驅（王弼、何晏）、開創（阮籍、嵇康）、注述（向秀、郭象）、實踐（陶潛）等四階段；〈老莊的思想〉比較老、莊思想在道論、政治觀、知識論、倫理觀等面向之異同；〈六十年來的《莊子》學〉將 1912～1971 年期間的《莊子》專書、期刊等研究成果，析為總論（傳記、作者考訂、概說）、校詁（校勘、解詁、札記、篇什校釋）、義理（全書詁詮、箋注）、哲學（思想、道論）、新解（語體、今註、精華、廣解）等五範疇，並詳加介紹這些研究成果、臚列著述篇章出處。

　　透過上述資料，吾人當可得知《莊子及其文學》一書在文學賞析、義理辨證、小學比勘、學術史流變等方面，皆花費極大工夫進行論述，在當代《莊子》學研究而言，具有重要地位，而〈六十年來的《莊子》學〉更可作為後起學人按圖索驥之梯航，實大有功於學界。（李建德撰）

王叔岷撰《莊學管闚》

　　《莊學管闚》，王叔岷撰。臺北：藝文印書館，1978 年 3 月初版，將近 15 萬字，精裝直排 25 開本，222 頁；2007 年 8 月北京：中華書局陸續出版《王

叔岷著作集》為繁體字版，精裝直排 16 開本，共十九種三十冊，《莊學管闚》也收為其中一冊，已重排為 272 頁；2014 年 6 月此書已初版二刷。最早印行之臺北：藝文印書館本，書前有一〈莊學管闚勘誤表〉及作者〈序〉，全書正文即收〈莊學管闚〉、〈惠施與莊周〉、〈韓非子與莊子〉、〈淮南子與莊子〉、〈司馬遷與莊子〉、〈莊子「為善無近名為惡無近刑」新解〉、〈莊子向郭注異同考〉、〈茆泮林莊子司馬彪注考逸補正〉、〈黃老考〉等九個單篇及最後附錄：〈莊子通論〉一文。但在北京：中華書局重印此單冊時，原〈莊學管闚勘誤表〉及作者〈序〉已刪除，但在原〈附錄一、莊子通論〉之後，另增加了〈附錄二、莊子佚文〉及〈讀莊餘韻〉二文。

著者王叔岷（1914～2008），本名王邦濬、字叔岷、號慕廬，後以字行於世，四川省簡陽縣（今成都市東郊洛帶鎮下街）人。1933 年考入由國立成都大學、國立成都高等師範大學、公立四川大學合併的「國立四川大學」中文系，後又考取北大文科研究所就讀碩士。早年師從傅斯年、湯用彤兩位先生，畢業後留在中央研究院歷史語言研究所工作；1948 年跟隨史語所遷臺；1960 年以後曾陸續在新加坡大學、臺灣大學、馬來西亞大學、新加坡南洋大學等校教書。曾前後以 17 年完成巨著《史記斠證》，退休後則完成其集大成之作《莊子校詮》。2000 年曾獲中華民國行政院文化獎，2002 年開始長住於大陸，2008 年 8 月病逝於成都龍泉驛區其長子家中。

王叔岷先生於 1944 年秋時，即曾完成《莊子校釋》五卷及附錄一卷之初稿，但自認為此書不夠成熟。故再著《莊學管闚》一書，將歷年所發表與莊子有關之單篇論著匯為一冊，而以第一篇〈莊學管闚〉總其名，為其研究莊子心得之集中體現；又附錄中收錄〈讀莊餘韻〉一文，為其讀《莊子》數十年來所賦之詩篇，可見其愛莊之真性情。由於王叔岷先生精研先秦諸子，而於諸子之中最喜莊子，故在本書中，已針對《莊子》三十三篇之部分校勘、訓釋、思想系統及與莊子相關的若干問題，均作了撰述。其中〈莊子向郭注異同考〉、〈茆泮林莊子司馬彪注考逸補正〉，及〈莊子通論〉三篇，亦為其早年之作；而就闡發莊子義理而言，王先生自認後來新撰的〈莊學管闚〉，實較〈莊子通論〉充實，故在本書中將其早年曾作的〈莊子通論〉列為附錄。王叔岷先生是臺灣和南洋華人圈廣受推崇的歷史語言學家和校讎名家，《莊子校詮》為其研究莊學之代表作，再加上《莊學管闚》此書，可見其研究之莊學全貌。（賴慧玲撰）

王煜著《老莊思想論集》

　　《老莊思想論集》，王煜著。臺北：聯經出版社 1979 年 12 月初版，1990 年 5 月第三次印行，約 40 多萬字左右，平裝直排 25 開本，576 頁。本書共收作者 36 篇與老莊思想主題有關之單篇文章，由於是從 1966 年以後因各種原由陸續寫成，故至正式結集出版時，寫作前後時間跨幅已達 14 年，因此體例不一，大多是屬較嚴肅之學術論文表達方式，但有部分則為作者慣常之夾議夾敘方式，將無趣的學術主題，以談古論今或冷靜批判卻又幽默之口吻、及不嚴格的雜文卻又有憑有據的形式寫出。然通貫全書，仍可看出作者對老莊思想有其宏觀一貫之觀照思考，及明顯的個人寫作風格。

　　王煜，廣東省東莞縣人，香港大學文學學士、碩士、哲學博士，師從唐君毅、牟宗三兩位當代新儒學大師。1959～1965 年間，以治先秦儒家及宋明儒學為主；1965～1979 年間，則以道佛為主，儒法墨為輔。曾任香港中文大學新亞書院哲學系講師、教授、上海師範大學比較文學兼職教授、貴州大學中國文化書院學術顧問兼名譽教授、深圳職業技術學院客座教授、武夷山朱熹研究中心顧問、南京大學中國思想家研究中心特約評論員、貴州師範大學歷史研究所名譽教授等職。除本書外，還著有《中西哲學論文集》、《雜感與隨筆》、《文哲心得與書評》、《儒釋道與中國文豪》、《中國學術思想論叢》、《新儒學的轉變──宋代以後儒學的純與雜》、《明清思想家論集》、《東西方文哲劄記》、《精神探幽》等。

　　本書大抵屬批判性之闡釋，根據「莊子」的文字和義蘊，或先譯後評，或夾述夾評，盡量窮竭原文可能含藏之思想。批評本可針對原文之相容性或一致性，窺察其義理有無不相同之處。作者旨在探討道家哲學之優劣兩面，但整體而言，仍認為縱使在《莊子》之外、雜篇中，亦僅具有偏激程度的「量之歧異」，並無哲思的「質之矛盾」。不過若與儒佛對比，道家的缺憾仍昭然若揭、彰彰明甚。以為道佛的共同弱點，仍在視一切言行為權假方便，不能積極地在本原上肯定道德實踐和認知活動的意義與價值。又對照著儒家之「道德的理想主義」，則勉強可稱道家哲學為「藝術的理想主義」。由於作者之從學及哲思立場，均歸屬於當代新儒學之一員，故其對老莊思想所作的最後判定結果，也並不令人意外。故本書實可視為：「當代新儒家立場角度所認知的老莊思想」相關詮釋著作之一。（賴慧玲撰）

葉程義著《莊子寓言研究》

《莊子寓言研究》，葉程義著。臺北義聲出版社，1979 年 1 月。作者為政治大學中文系教授，專書著作有《老子道經管窺》《帛書老子校劉師培「老子斠補」疏證》《漢魏石刻文學考釋》等多種。

本書謂「寓言」者，有寄託之言也，謂言在此而意在彼也。其表達方式，以比喻法行之，即詩之比也。世俗之人，各是其所是，各非其所非，莊子渲染故事，以表達自己的哲學，其以寓言說道，亦不得已也。

作者指出在《莊子》全書中，寓言佔了十分之九，其書除了哲學的成分以外，還具有濃厚的文學色彩。在《莊子》寓言中，重言又佔了十九之七。重言者，借重古聖先哲時賢，年高德劭長者之言，以令人信服者也。其表達方式，以直敘法行之，亦即詩之賦也。蓋世俗之人，崇拜偶像，迷信權威，莊子不得不偽託之，以表達其思想。與後世腐儒託古以自重，則有天壤之別。作者謂：《莊子》書中「重言裡也含有寓言」，就形式言，以重言方式表達；就內容言，乃寓言也，謂之「重言式寓言」。其無論形式內容皆為寓言者，則謂之「純粹寓言」，可區別耳。莊子之重言，亦即寓言。故莊子所引古人，或有其人，或無其人；或雖有其人，而無其言；或雖有其言，而非其本義，皆偽託以立意。故莊子筆下之孔子，似有多重人格，則不難理解了。他如「朝三暮四」「莊周夢蝶」「庖丁解牛」「河伯與海若論道」等為純粹寓言，「越俎代庖」「十日並出」「螳臂當車」「不龜手藥」等為重言式寓言。

作者以宇宙舞台譬之，孔子如老生，莊子則如小丑，以喜笑怒罵，道盡人世酸甜苦辣，刻劃人生美醜百態，其逍遙一生，而亦寂寞一生。本書就《莊子》一書，摘錄其寓言，計得一九二則，仍循內、外、雜篇之序排比，加以剖析，以透視其思想。統合為「莊子寓言簡表」，劃分為主題、人物、要旨各欄，標列出純粹寓言或重言式寓言類屬。一目瞭然，簡明扼要，能彰顯莊子寓言之含義。

本書精采處在各則之「剖析」，茲舉「燕雀焉知鴻鵠之志」為例，作者曰：「本節為純粹寓言。託鯤魚化為鵬鳥，逍遙海闊天空自由自在之境，而遭蜩鳩之譏笑，以寓『燕雀焉知鴻鵠之志』。就文學觀點言，以誇大之筆法，作大小之對比。以鵬鳥之故事，創小說之雛形。就哲學觀點言，以鵬鳥蜩鳩所適之具體事物，明大小相等之抽象概念。……逍遙義曰：夫大鵬之上九萬，尺鷃之起榆枋，小大雖差，各適其性。苟當其分，逍遙一也。然物之芸芸，同資有待，

得其所待，然後逍遙耳。唯聖人與物冥而循大變，為能無待而常通，豈獨自通而已。又從有待者不失其所待，不失則同於大通矣。」（林翠鳳撰）

葉海煙著《莊子宇宙論試探》

　　《莊子宇宙論試探》，葉海煙著。臺北：嘉新水泥公司文化基金會，1979年6月初版，約4萬多字，直排平裝菊16開本，僅53頁。本書為作者在輔仁大學哲學研究所畢業之碩士論文，也是作者第一本正式印行的學術專書，由嘉新水泥公司文化基金會所設「研究論文獎助辦法」中擇優出資代為出版。正文共分五章，標題分別為：〈第一章、緒論〉、〈第二章、莊子宇宙論的重要意義〉、〈第三章、宇宙與道一致〉、〈第四章、道家其他宇宙論的佐證〉、〈第五章、結論〉。

　　葉海煙，1951年生，台灣嘉義縣人，臺灣私立輔仁大學哲學系學士及哲學研究所碩士、博士，師從於方東美、羅光與嚴靈峰等先生。曾任臺灣高雄文藻外語專校講師及副教授、輔仁大學中西文化研究中心研究員、東吳大學哲學系教授及系主任、長榮大學哲學與宗教學系主任、臺北市文化局錢穆故居執行長、臺灣哲學學會理事長、臺灣宗教學會理事、臺灣生命倫理學會理事等，現為成功大學中國文學系教授兼系主任。著作有《莊子的生命哲學》、《道德、理性與人文的向度》、《老莊哲學新論》、《人文與哲學的對話》、《中國哲學的倫理觀》、《哲學與人生》、《傳統倫理的現代挑戰》、《哲學在哪裡？》、《台灣學入門》等。

　　在本書中，作者首先認為莊子思想乃依循老子之道，兩哲所要達到的理想可說完全一致，雖在思想方法與精神修養兩方面，老莊的方向並非是一致的。其次因宇宙論在莊子思想中佔有極其重要之地位，可說莊子是透過宇宙觀的看法，來分析釐清人的每一個思想方向，並重新處理看待人事問題。故在本研究中，作者專論其對莊子宇宙論的理解，可歸納為以下幾個主要論點：一、莊子不承認有一有意志的創造者，他所謂的「造物者」是內在於宇宙的自然演化之精神，而不是在自然生化之外別立一物。二、莊子的宇宙論是有機的、絕非機械的，萬物均可在此大化中相安無事而各自榮長，因此如果人能透入宇宙最深邃之底層，便能和宇宙萬物合而為一。三、莊子的「道」有其獨立性、絕對性和實存性，但不是獨立存在於宇宙外的另一絕對實體，故離開了宇宙萬物，「道」也就失去了它的真實內涵。四、莊子的宇宙即客觀之自然世界，而能夠

被轉化為精神活動的境界。故莊子的心靈是絕對客觀的，能根本消除外在自然世界和內在心靈之任何矛盾衝突，而達到內外合一、主客合一的道的境界。五、莊子的認識論和宇宙論是不可分的，其認識論，目的即為認識宇宙真相；而宇宙真相，也必經由莊子自己所發明的獨特認識論才能了解。基本上作者認為，莊子的精神很難在西方哲學中找到可相比擬的，故其研究方法，並未在中西思想的比較上作功夫，而僅以莊子自己的語言作內證，認定莊子的本體論與宇宙論根本密不可分。此書為作者 29 歲時所完成，應與其約十年後另在臺北：東大圖書公司出版的《莊子的生命哲學》（1990 年 4 月初版）一書合觀，代表作者對莊子哲學之整體思考。（賴慧玲撰）

劉光義著《莊子處世的內外觀》

《莊子處世的內外觀》，劉光義著。臺北：臺灣學生書局，1980 年 1 月初版，12 萬字左右，平裝直排 25 開本，189 頁。此書最前有作者〈自序〉，正文分章僅為〈第一章、緒論〉、〈第二章、本論〉、〈第三章、結論〉。其中「緒論」有三節，主談莊子所處亂世之年代背景，以及同時代之哲人匡救世亂之分別路向；「本論」為六節，主要偏重論析莊子在亂世中仍無出世之想，故內在精神如何解脫、外在實踐應如何面對等之方法；「結論」僅有簡短三頁，主在一一論述群聖諸哲救人處世之言行後，肯定莊生在亂世中所教「上與造物者遊、不謹是非與世俗處」之方法，是為在世亂中的寶謨明訓。

劉光義簡介，見賴慧玲撰〈《莊子內七篇類析語釋》提要〉。

本書篇幅不大，討論重點明確，乃作者在輔仁大學教大一國文時，因得學生教學相長之刺激後，為配合以往所教國文教材，而進一步書寫給學生看的莊學討論專題。主要以為世人多目莊子之學為玄學，大有認為莊子是逃避現實、不親世務的，但作者肯定莊子雖不如儒墨兩家那樣積極，但認為其以命中注定、了無推脫逃避之態度面對亂世，雖較消極，但仍安然任之，此乃莊生生於衰世藉以應世之手段。故全書實屬發揮錢穆先生所說：「莊子是衰世之學」之觀念，來分析莊子內在修養及外在處世之方法，較適合初學初讀莊子者。但若欲進階了解莊學之高深，則宜另尋他書。（賴慧玲撰）

蕭純伯著《莊子治要》

臺灣：臺灣商務印書館，1980，二版。181 頁。作者是佛教學者，與程滄波、陳慧劍等友善，曾為臺北女子師專教員，參與慈濟等佛教活動。並參與印

順法師編修藏經等工作，提議：「先辦大學，養育人才」。著作除了《莊子治要》外，尚有《黃花魂傳奇》（臺灣：臺灣商務印書館，1972）、《老子道德經語釋》（臺灣：大中書局，1968）

　　本書為作者任職於臺北女子師專之時的著作，書無目錄，分五章闡釋內七篇之旨，另〈天下篇〉獨立不設章節。五篇篇目分別為〈莊子內篇語釋卷之一〉至〈莊子內篇語釋卷之五〉，篇目下先作全篇大意的語釋，之後採隨章段落語釋，卷一內容為〈逍遙遊〉，卷二為〈齊物論〉及〈養生主〉，卷三為〈人間世〉及〈德充符〉，卷四為〈大宗師〉，卷五為〈應帝王〉。段落中需註釋者採雙行小字，段落結束時再以「語釋」闡明本段宗旨及其延申義，全書體例如此進行。

　　作者認為老莊之學源出於大易，雖在《漢書·藝文志》列為道家，實則與儒家之學殊途同歸。大易之學本為通天人交談之作，但卻被人議為卜筮之學。道家談道深邃幽玄，但今人以其遠於近代之科學，遂一併批評為玄學或玄學鬼。今人入主出奴，深不可取。

　　作者認為莊子一書，乃天人交重，不單憑個人的私智，不執著於是非同異之見，其學先天後人，先體後用，因無而生有，在有而不忽於無，知天知人，以作內聖外王之學。〈逍遙遊〉暢言鯤鵬的變化，實通大易乾元用九飛龍在天之旨，〈齊物論〉以忘我而顯真，泯是非同異，〈養生主〉以養真我，知命全天，〈人間世〉以處世忘機，〈德充符〉以存神化物，〈大宗師〉述達道的本源，〈應帝王〉述無為而治。這七篇方是莊子的重心所在，而雜篇是演述內篇之旨，其中真偽雜出，學者取擇不一，因此作者不予處理。雜篇中獨〈天下〉篇為全書重言，兼論後世學術變化，也當是治莊者所宜留心。

　　作者在卷一逍遙遊的語釋中云，內篇講修己，外篇講致用，內篇為內聖之學，外篇為外王之學，這道理與老子一書分道經與德經，旨趣相同，與釋家所謂的先求度己再度他人，其意也相同。因此，內篇從逍遙遊開始，至應帝王而結束，頗具深意。作者期許讀者如果能精通這數篇的精意，可以使自己胸襟豁達，增益個人的聰明，放懷於塵埃之外，真理自出，物論可齊，人我一體，大同世界可期。因此，莊子之學與儒學相通，非僅為出世之作。（藍日昌撰）

蘇新鋈著《郭象莊學平議》

　　《郭象莊學平議》，蘇新鋈著，台灣學生書局出版，1980 年初版，32 開本，平裝，約 20 萬字，451 頁。

　　蘇新鋈，男。歷任教職於南洋大學、新加坡國立大學、香港大學客座教授、北京人民大學孔子研究院學術委員、東亞人文研究所教授。另著有《先秦儒學論集》等書。

　　本書共分為六章。第一章〈郭象生平〉，介紹郭象年里、才學、仕宦、交遊及著述。第二章〈郭象莊學之淵源〉，郭象之莊學，古來皆知其源自向秀莊注。然向秀莊注，自晉、宋行世以來，《世說新語》、《晉書》等載籍往往以為郭象竊自向秀。就源自向秀莊注而言，作者謹就今已可輯得向秀注遺文，凡一三八則，其中有象注可資比計其異同者，共九十則。作者據論郭象之莊學，殆約四分有三乃直接源自向秀之莊注。另外，作者以為郭象之莊學，除主要為吸收融化向秀之莊學發展而來外，在修治熔鑄過程中，亦尚有魏晉其他時賢莊學之啟導開悟。其中較有明顯事跡可考者，乃崔譔之莊注與嵇康之論、答養生諸文。第三章〈郭象莊注與向秀注之殊異〉，此章以三個部分來討論：一、對莊義闡述方式與程度上之殊異；二、對莊書若干相同字、句申訓之殊異；三、對莊書若干字、句有注與無注之殊異。作者透過以上三個部分比對，認為秀、象莊注之殊異，不在思理系統上之重大之殊異意義上，而是在於莊義闡述方式與程度上方圓深淺之不同。簡言之，作者認為郭象莊注對向秀莊注之承襲，實乃一深事增刪述廣的襲用。第四章〈郭象注對莊義之發明〉，此章論及「本體—宇宙」論、認識論、政治論、人生論，附錄〈試論何晏聖人無喜怒哀樂說之真義〉。在「本體—宇宙」論，作者認為在顯示造化事物之造化，乃自己之自造、自化、自然、自爾，並非於造化事物自身之外，尚有一造化本體在造化之結果。簡言之，除了造化事物自身以外，並不能再予肯定尚有造物本體。象注對此加以發明，更是文辭華贍、義旨暢著，極具弘揚彰揭之功。然象注對莊文原亦以造化本體為存在於造化事物外之義旨，故意不予發揮，只申述一己獨有所好之造物無主，物各自造，造化本體只能於造化事物自身中見之圓義之結果，此是象注未全然同於莊義，此亦可說是象注之特色。就認識論而言，莊子的認識論是以吾人經由成心對事物認知而來的一切相對理論或概念，皆無絕對之真、偽可言，而平齊無別之論。莊子認為所以平齊無別之理由，在於吾人若能以道心觀之：一，一切事物皆自其性足自得：二，一切來自彼、我之是、非皆能相互玄通而觀，瞭解其為關係質；三、從事物至變的實情觀，如果能作沖虛無定執之玄鑒。如此一來，即可頓見經由吾人之成心對事物所言之一切是非、真偽，實皆為平齊無別者。而郭象以性足自得、

是非為關係質的思理，申述莊子的認識論之平齊義旨，此為莊子認識論平齊義之本有。然莊子尚有萬物至變的思理，象注之釋，未為全當。就政治論而言，莊書的政治理論，為一強調道化之治的政治論。所謂道化之治，即無為而治。莊書所言之無為、不治之政治論，就君主而言，強調須行無為之治，圓迹於冥，順應自然，而玄通民性。就臣子而言，亦重其有無為而無不為之為，達到雖為而仍能順萬民之所務。就民而言，冀萬民於君、臣行無為、不治之政施下，皆能靜安其業、皆無不可以盡有其當分之為，各盡彼我之所能，致天下彼我，皆能有適性自得、逍遙自在之人生。作者認為象注實能掌握莊書政治論之義旨，並言之昭明顯豁之至，尤以莊書所蘊涵之迹、冥圓融義之申述，最見精彩。就人生論而言，莊子之人生論，實強調理想之人生，應純真靈明。此種純真靈明之人生，是適性自得、靜逸恬愉者。而人生要適性自得、靜逸恬愉，須在「心」上能作極深之虛靜工夫，達致有一道家逆提逆覺的精神生活，遂有「養生」、「心齋」、「安命」、「逍遙」諸義之交相映發。「養生」、「心齋」、「安命」、「逍遙」諸義通而言之，皆係於一虛靜之「靈台」。作者認為象注，實亦能把握此精神，精當相應，且其成就亦遠在魏、晉一般名賢之上，尤其是逍遙義。第五章〈郭象注對成玄英疏之影響〉，作者仍以上一章的論述結構，即以「本體─宇宙」論、認識論、政治論、人生論四部分來討論郭象注對成玄英疏的影響。作者認為成疏步躡象注，實有極為深重透徹之處，然亦有未能全面圓善之處，亦有成疏未能擺脫佛教影響而微雜佛義之疏。大體言之，成疏對郭注重要義旨之把握，雖未全部皆臻於精純不雜之境，但實能得其體要，並無重大之乖誤。第六章〈郭象莊學之評價〉，作者對郭象莊學的評價，可約分下列四項：一、傳統論述依據《世說新語·文學》篇記載，蓋謂郭象除自注〈秋水〉、〈至樂〉二篇，易〈馬蹄〉一篇外，其餘皆為竊襲向秀莊注，僅點定文句而已。作者認為《世說新語》之說不可據信。作者以為：今見之所謂郭象莊注，就其莊書之卷帙編次與各文章篇章字句之編錄而言，應已非秀注原貌之舊，確為郭象曾據己意將秀注增刪潤飾，改定編排，已寓有郭象之精神面貌，而可視為郭象以向秀莊注為基礎而成治莊的結晶之作。二、郭象之莊學，除了主要吸收融化向秀之莊學，在熔鑄修治過程，至少尚受有魏、晉其他時賢莊學之啟導開悟，較顯著者有崔譔及嵇康等。三、郭象莊學已深深寓有精神意向，對莊書思想理論有所發揮與確立，諸如其「本體─宇宙」論、政治論、及人生論之逍遙義，皆有極大的貢獻。其他對人生論之養生、心齋

義之闡述，亦頗確當，足為後人提示一瞭解莊義之正途。象注之微瑕，乃其對安命義之注釋，甚缺乏莊文之莊嚴鄭重感。四、郭象莊學對後世學者影響甚大，其中影響最深巨者乃是成玄英莊疏，影響所致成疏步躡象注之後，由此可見，象注與莊書本文同有並傳不朽之崇高地位。

本書之撰寫，誠如作者所言，師承牟宗三、唐君毅、徐復觀與王叔岷等大家，誠為博贍精深之作。本書之作，前半參照晉宋以來，學者對向秀莊注、郭象莊注之種種考辨，作進一步之分析與衡定，以顯出郭象之莊注，乃確有郭象莊學之精神面貌，是可作為說明郭象莊學之依據，真見郭象莊學可以離向秀莊注獨立之應有地位。本書後半則就郭象莊注思想理論之重要義旨，作有系統之提取抽繹，以與莊書之思想理論，乃至承其注以作疏之唐成玄英莊疏之思想理論，一一較驗其同異、得失，具體條陳郭象莊注高卓出眾，以至其亦有未臻善境之重要義旨之所在。從而認知郭象莊學之真正價值，及於魏、晉玄學家，乃至於中國歷代哲學思想家中所應佔之地位。（郭正宜撰）

鄔昆如著《莊子與古希臘哲學中的道》

《莊子與古希臘哲學中的道》，鄔昆如著，台灣中華書局出版，1982年初版，32開本，平裝，約18萬字，300頁。

鄔昆如（1933～2015），男，廣東省龍川人。台灣大學哲學系畢業，奧地利銀色堡大學神學碩士、德國慕尼黑大學哲學博士。歷任教職於台灣大學、輔仁大學、中國文化大學等，講授哲學。並為台灣神學院神學兼任教授。1977年再赴西德進修，研究比較文化哲學。另著有《西洋哲學史話》、《哲學十大問題》、《人生哲學》、《倫理學》、《哲學概論》、《西洋哲學十二講》、《西洋百位哲學家》、《宗教與人生》、《文化哲學講錄》等書。

本書原為作者之德國慕尼黑大學的哲學博士論文，之後改譯為本書。本書分為緒論、本論及結論三部分。本論又分為三章，第一章，論述中國道的概念，以孔子、老子及莊子的道為主要論述對象，並以天道、王道、人道，闡述向上之道及向下之道。作者認為孔子之道，開啟了向下之道；老子開啟了向上之道；而莊子之道，則兼容並蓄，會通了向上之道與向下之道，道通為一。第二章，論述西方「何多士」的概念，向上之道與向下之道。第三章，論述西方「羅哥士」的概念，對立和諧及智者等概念。在緒論中，作者開宗明義地闡明了本書的目的，在於概念與思想史之比較，以中國古代哲學之道概念，和古代希臘哲

學家之相應哲學用辭作比較。作者選擇中國文化哲學之中心概念「道」作為比較對象。作者以為「道」概念有太多種譯文，並未使讀者對「道」產生清晰的印象，反而將讀者引導到錯誤的地步。如福祿特爾（Voltaire）、愧斯乃（Quesnay）、萊不尼茲（Leibniz）、萊希萬（Adolf Reichwein）等人，對中國文化幾成為狂熱的過度崇拜；另一方面，亦有對中國文化之輕蔑與低估，如費內亂（Fenelon）、盧梭（Rousseau）、黑格爾（Hegel）等人。作者認為雙方對中國文化均有所誤解，這些誤會可能來自；一、不根據學術立場，而預設了目的，運用片面的手法，斷章取義，牽強附會。二、對外國文化抱有極大興趣與熱誠，卻對對方文化及語言的知識不夠，產生誤解。作者為了釐清這個問題，並將「道」概念的翻譯成歐洲文字的歷史羅列出來。在本論的第一章，特別考究道的概念，從《易經》，經孔子、老子，直至莊子的歷史演變。作者認為道的最根本意義，可從「道」的文字結構，已經指出。即是「從行從首」。「首」的意義是頭，是思想和理性的象徵。「行」的意義就是行為、作事，可表示生活的全稱。在古代的典籍中，道的最早用法是「路」；到了《易經》，道的概念已演變為「宇宙的起源」，有如希臘古代所研究的宇宙太初問題相若。作者認為孔子與當時的封建社會時期，用道的概念已有三種意義：有天道、人道及王道。天道也就是人類行為應當遵行的法則，也是人心追求的目標。這目標，作者認為只能通過執政者的導引，才能達到。因此，在天道概念中，導引出了王道和人道。王道的意義後來成了「導」，也就是引導百姓，走回天道之意。可是，到了老子，不肯承認王道為媒介一說，認為百姓可以直接與天道交往。於是天道的意義就無須經過「導」的概念，直接成了天人之道。到了莊子，不但以為人道之於天道有相互交往的可能，直接將天道拉下來，放入萬物之中。天道在莊子思想中，已非高高在上的絕對存有，人道也非是庸庸碌碌的百姓所屬。天人之間，甚至天與萬物之間，已不再存有任何鴻溝。莊子本身仍屬於道家，但在道概念的發展上，卻統一了孔子與老子的學說。同時，在莊子看來，道概念連合了多，使成為一。在這個統一的工作中，本身即包含了「向下之道」與「向上之道」，即道通為一。在本論的第二章討論帕米尼德斯，他的「思想之道」有三重意義。這三重意義都指出向上之道的深意，而且真正抵達了最高的、且不變的形式本身，以及存有本身和真理本身。他的向上之道，尤其在向最高真理的追求，可以與孔子思想相比。因為後者在倫理道德上，追求自己的成聖、成賢，追求仁的概念。

帕米尼德斯和孔子所努力的方向，均是指向最高處，都希望達到那絕對不會變的真理；而且二者均否定向上向下二道可以並存。作者認為孔子之道與帕米尼德斯之道均是從下而上。孔子在自己的倫理道德中，太重視實行，忽略了思維的系統部分。後來莊子運用「道通為一」，補足了孔子思維中缺乏的部分。從另一方面而言，由於帕米尼德斯的哲學思想，只有向上之道。這向上之道所追求的是存有本身；對於變化不定的現世事物，採取否定的態度，根本否定了感官世界的存在。換言之，帕米尼德斯無法接受完成不變的真理本身，能與變化莫測的世事世物，共同存在於思想之中。這種對感官世界的否定，可由莊子「道通為一」的向下之道來補充。就這一點上，作者認為是莊子超過帕米尼德斯的。第三章討論赫拉克利圖斯的「羅哥士」，他主張向上之道與向下之道是二而一的存在。作者認為赫拉克利圖斯的道，恰好與中國古代之道概念演變類似，類似莊子的道概念：首先是「路」，後來成為「導」，再後就是萬物的「原理原則」，推動萬物生成變化的「原因」。

在中西文化與哲學思想演變的比較工作中，作者選擇中國古代之道概念，在古希臘的思想中，選擇了路與言語二概念，把希臘文的二種概念合起來的意義，去瞭解中國道概念的深義。這二種希臘概念中，作者特別選擇帕米尼德斯的路概念與赫拉克利圖斯之言語概念；道概念以莊子為基準，以歷史的思想演變為經，以莊子書中道之深義為緯，發揮其與古希臘哲學思想之異同。就這一點而言，作者提出了中西文化與哲學思想的方法論，即透過各個文化之核心概念的比較，往往能言之有物，切中要點；言之有序，不會失之歧亂。簡言之，本研究的取徑與方法是深遠的、有價值的，值得讚揚與效法。（郭正宜撰）

顏崑陽著《莊子藝術精神析論》

《莊子藝術精神析論》，顏崑陽著，臺北華正書局 1985 年 7 月第 1 版，32 開本，精裝，366 頁。

顏崑陽，台灣省嘉義縣人，一九四八年生，台灣師範大學國文研究所博士畢業。曾任中央大學中文系教授、東華大學中文系教授兼人文社會學院院長，現任淡江大學中文系教授、東華大學榮譽教授。研究領域有古典詩詞、現代散文、小說之創作與中國古典美學、文學理論、現代人文學方法論、老莊思想、李商隱詩、蘇辛詞、現代文學批評等文史哲的多元面向。

全書以「莊子藝術精神」為主要論題，就文章結構，分為六章、十一節。除第一章緒論與第六章結論之外，主論部分各章之前皆有「小引」，以說明該章研究之範圍、步驟，問題之設定及若干術語之界說；各章之後皆有「小結」，以歸納該章討論之結果。就內容而論，由於作者深知《莊子》並未建立一套藝術作品論述，卻對中國傳統文學與藝術思想有著深遠影響，作者援以西方哲學藝術理論為線索，輾轉說明《莊子》如何看待藝術創作之主體，同時大量引述唐代以來文藝創作所體現的主觀境界與《莊子》的關連，證立《莊子》中的藝術思想不以作品為主軸，而以藝術主體的精神轉化為訴求。

本書大量引用 80 年代所積累的華語文藝研究資源，孜孜不倦、不分派別地引用古今中西的藝術觀點與主體哲學，標明與界定「為藝術而藝術」的《莊子》精神，這樣的精神追求，通過藝術對自身的轉化，洞見了藝術精神的本體、功夫進路與境界。就藝術本體而論，作者借鏡德國觀念論與浪漫主義的藝術理論，說明《莊子》中的主體如何在「道」的形上層次中建立自然的萬物存有論，而這樣本體乃藉由洞察經驗之相對性為功夫進路，以主體之自由逍遙的精神豎立起的藝術精神之性格：如藝術精神在創作的每一瞬間都是無目的性的，其所涉及的是純粹主體性的內在藝術事件，故而成就一種不拘泥於物的內在境界，同時對外界的認識又抵達完全自然性的認識體會，並在經驗中證成一種經驗絕對性。最終，在此進路中，透過詩書畫樂等各類藝術創作中開展與表現這番心靈修練。

該書的貢獻在於：收成當時所達成的《莊子》藝術思想的華語研究成果，尤其延續徐復觀《中國藝術精神》為主要線索，將《莊子》視為藝術體驗的極致表達，在意圖系統性建立《莊子》藝術理論的過程，穿插大量中國歷史傳統「詩話」與「畫論」，以佐證《莊子》藝術理論的證成，又兼顧中國傳統藝術創作領域的評論經驗，總結了當時《莊子》做為道家文藝思想的理論與實踐各項談論，並提綱挈領比較中西美學之差異。

該書不足之處，在於作者侷限於舉證工作，過度依賴西方哲學資源來界定《莊子》的藝術精神，只借用西方哲學的文字，而未能理解西方哲學的文化背景，急於豎立《莊子》之藝術精神，卻未能注意《莊子》本身不以藝術精神為主題的源由與脈絡。《莊子》本身即可提供藝術創作靈感與反省，正由於《莊子》本身不拘泥在藝術精神，而在齊論天下後，超脫是非，而與萬物同遊。（熊品華撰）

金嘉錫著《莊子寓字研究》

臺灣：華正書局，1986。320 頁。

作者 1928 年生，曾於臺灣大學中文系兼任上課，專長為莊子，少量論文見於期刊、文集中，著有《莊子寓字研究》。

書分四章，第一章〈寓字本身〉，下分四節以分析在莊子一書中的「寓」字用法；第二章〈與「寓」同諧「禺」聲的五個字〉，下分五節討論與寓諧聲的遇、愚、偶、耦、喁五個字在莊子中的用法；第三章〈與「寓」同音的「語」字〉，下分三節，討論「語」、「道」「言」的關係，另討論「語」與「吾」的關係；第四章〈與「寓」同音的「魚」字〉，下分七節，討論「魚」與「道」的關係，延申「魚」、「吾」「語」、「寓」在莊子一書中的用法及其延申義。

此書從莊子一書中的「寓」字提出討論，雖說莊子「寓言十九」，但寓言一詞僅出現三次，而有關「寓」字者則僅七次。寓字用法雖不多，但都作動詞使用，作者認為這些寓字的分佈及其用法在莊子一書中所佔地位甚為重要。因此，作者討論「寓」字的作用及其意思，另涉及與寓字同音者如遇、愚、偶、喁、語等諸字的用法，在本書中所使用的方法為同音詁訓，與寓字同音而延申的詁訓皆有其意義，此為本書所使用的解釋法。

首章討論寓字本身的用法，再則討論寓字在〈齊物論〉、〈人間世〉、〈德充符〉及〈田子方〉等篇章中的用法及其意義。第二章開始討論與寓字諧音禺的五個字如遇、愚、偶、耦、喁在莊子各篇中出現的頻率及其用法，第三章討論與寓同音的「語」字，由語而討論道、言的關係及其相關用法，第四章討論與寓同音的「魚」字，再由魚字而及吾字，這二字為上古同音字，故可視為同音字，由魚字而及語字、攸字、鮒字、撫字、鳥字等。

故本書不僅討論寓字，而是由寓字延申其同音字、諧聲字，再擴及與這些字相關的語詞，分析這些字散佈在莊子一書中出現的頻率，及其延申意義。行文風格大異常見之莊子註釋或思想發揮之作，大抵以訓詁學的方式尋求與「寓」字音有關連者漫延而出，實為少見之作。（藍日昌撰）

鄭峰明著《莊子思想及其藝術精神之研究》

《莊子思想及其藝術精神之研究》，鄭峰明著，臺北文史哲出版社，1987年 10 月初版，平裝，168 頁。2009 年 10 月初版一刷。

　　鄭峰明的生平資料公開的不多，在 2011 年 9 月 19 日，臺南大學民國 53 年校友會，鄭峰明以半禪自居，深刻體會君書法之妙，其作品呈現一種特有風格，令人駐留欣賞。鄭峰明，《褚遂良書學之研究》（台北：文史哲出版社），1989 年 6 月。在叢書名：中國學術思想研究輯刊，與李賢中、鄭峰明合著《孫子思想研究》、《公孫龍子有關認識問題之研究》。

　　鄭峰明認為莊周是一個謎樣的人物，莊子書也是謎樣的書，並指出導致這種現象的原因有（一）道家本身的思想使然，（二）先秦書寫工具之粗陋貧乏，（三）道術分化。並指出，莊子內七篇是莊子所著，只是有些後來的材料摻雜進去，至於外、雜篇，自昔賢即已疑其多為後人所偽託，外雜篇之作者大抵可歸五類：一、莊子弟子所作。二、老子學派的作品。三、秦漢間學莊者作品。四、秦漢間黃老之徒的作品。五、漢初儒家的手筆。因此，莊子外雜篇非出自一人一時一地之作，或許該是討論或衍伸莊學的論文總集。

　　著者文中肯定地理位置影響莊子的思惟，這些地理因素，及第一：老莊在河南省之地緣關係，第二：道家之先驅人物率乃棲隱高士，河南之地隱逸之風既熾，第三：蒙本屬宋地，宋乃周滅殷之後，封殷之裔於此。

　　進一步認為莊子之傲視王侯將相，顯現出莊子一生傲骨嶙峋之冰潔與嚮往逍遙自適之孺慕情懷，直令後世汲汲於名利而折腰從人者汗顏無已。這傲世逍遙情懷可從其行誼事蹟，窺見一二，因其貧窮生活，一身傲骨，甘於澹泊，莊子之貧窮，並不是真正的貧窮，他畢竟無視於「千金」「卿相」。還有莊子的交遊，他寧願夢交於髑髏，逍遙於無何有之鄉也不願屈己以從俗，況且莊子妻死，莊子則方箕踞鼓盆而歌。由此也能理解莊子之生死觀，莊子曰：吾以天地為棺槨，以日月為連璧，星辰為珠璣，萬物為齎送，吾葬具豈不備耶？

　　著者對莊子書之文體，有其獨特之見解，他指出莊子善屬書離辭，只事類情。以「寓言」、「重言」、「卮言」為其思想表現方式，莊子內七篇為其宗旨，顧取篇名以命意，內七篇有論有喻，論僅佔全文之一二，而論喻交錯聯為一義。且內篇篇次以義連貫，分開觀之，則篇自為義；合而觀之，則上下銜接。

　　莊子之思想，著者指出可能來自三方面的影響；一為道家早期人物之學風，二為老子，三為流行於當時之諸子學說。就道家早期人物而言，有許由、卞隨、務光三子之高蹈隱行，或許是道家早期的代表人物，後又有伯夷、叔齊之清風高節，義不食周粟而隱於首陽山，至若論語所記載之晨門、荷蕢者、楚狂接輿、長沮、桀溺、荷蓧丈人等之隱於市井田野，或許均是道家早期人物之

佼佼者。就老子而言，如焦竑莊子翼自序曰：「老子門人之書，傳於世者，獨莊子耳。」史遷所言莊子「其要本歸於老子之言」，莊子思想有青出於藍之處，莊子之過分尚虛而不適於治道，也正是莊子特異於老子之處。至於諸子學說而言，究竟有那些思想與莊子有關係，著者試為探究之，大抵有 1 楊朱 2 宋鈃、尹文 3 彭蒙、田駢、慎到 4 惠施、公孫龍等。

莊子思想中的核心概念「道」，著者特做一邏輯性的核理，從道的本體、衍化、聚散、論到其運行法則。其中莊子論道之本體，從大宗師這段話裡說明了道之幾種特性：第一、道體雖是「無為無形」，卻是「有情有信」，第二、道體雖不可受、不可見，然卻可傳、可得，第三、道乃恆久自存，第四、「道」能「神鬼神帝，生天生地。」，第五、道乃超越時空而無所不在。

就道之衍化來看，如（莊子天地篇）：「泰初有無，無有無名，一之所起，有一而未形。物得以生，謂之德；未形者有分，且然無間，謂之命；留動而生物，物成生理，謂之形；形體保神，各有儀則，謂之性。」進且指出莊子的氣之聚散概念，強調萬物之生，乃「聚氣以成」，（莊子知北遊）云：「人之生，氣之聚也。聚則為生，散則為死。若死生為徒，吾又何患！故萬物一也，通天下一氣耳。」至於道之運行法則，如（秋水篇）：「物之生也，若聚若馳，無動而不變，無時而不移，何為乎？何不為乎？夫固將自化。」這些都是莊子對宇宙現象之認識，主要是基於宇宙現象之相對存在，莊子欲進一步齊萬物而臻逍遙。

總體來看，莊子從第一篇逍遙遊即以大小之對比，來陳述超逸相對的世界，遨遊於廣大無垠之自由蒼穹。其次，為了脫卻相對世界之限制，就要將相對存在的萬物泯滅其區別相，極微的世界，就是恆大的世界；無限小的連續，就是無限大。莊子齊物論云：天下莫大於秋毫之末，而大山為小；莫壽乎殤子，而彭祖為夭。末者，再強調物化之工夫，在忘去「自我」，消卻「我執」，也即「喪我」、「忘我」，因此，莊周可以為胡蝶，蝴蝶可以為莊周，入於物我融合之空靈境界。（熊品華撰）

陳知青編著《老莊思想粹講》

《老莊思想粹講》，陳知青編著，頂淵文化事業有限公司 1989 年 3 月出版，1990 年 8 月再版，平裝 16 開，為《中國古典文學新刊》叢書第七冊，207 頁。

陳知青，浙江省上虞縣人，曾任馬公高中教師、澎湖縣文獻委員會委員。
著有《老莊思想粹講》、《中華名言集解》（國家書店，2012 年）、《中華名言匯
集》（國家書店，2012 年）等書，任職縣文獻會期間，曾編有《澎湖史話（上
集）》（澎湖縣文獻委員會，1972 年）、《澎湖史略》（澎湖縣文獻委員會，1973
年）、《澎湖設治七百年史》（澎湖縣文獻委員會，1981 年）等書，並於 1950 至
1970 年代陸續撰述澎湖在地史料考證及國文教學之論文十餘篇，登載於臺灣
的報章與期刊。

　　《老莊思想粹講》全書分為〈修身：修養完全的人格〉、〈待人：尊重對方
的尊嚴〉與〈處世：創造自然的環境〉等三篇，每篇十二節，各節以十二字短
語為題（如修身篇的〈吾身何患？身為天下，可寄天下〉、待人篇的〈寡言守
中：多言數窮，不如守中〉、處世篇的〈功成身退：事告段落，急流湧退〉等），
文中先節錄《道德經》或《南華經》之短篇章句，再引證古今中外的史事或日
常生活中的實例、故事，加以白話說明，文末並附所引用之《道德經》或《南
華經》章句原典，以及引證古代史事之解釋。例如修身篇第二節〈行以柔弱：
弱能勝強，柔能克剛〉引用《道德經‧七八章》，並舉柔道比賽與伊索寓言中
的〈北風與太陽〉為例，說明柔弱勝剛強之理；修身篇第五節〈無用則久：有
用則暫，無用則久〉引用《南華經‧人間世》，並舉書局編輯、部屬公事相處
間的道理，以及《南華經‧人間世》「匠石之齊，於曲轅見櫟社樹」的寓言，
說明「無用之用」的道理。

　　由於本書行文淺白，且能引證古今實證、生活小品，因而在 1992 年 1 月
通過臺北市政府新聞處遴選之專家學者評選，將本書列為「青少年優良讀物」，
予以公開推介。透過本書，的確可使年輕學子瞭解《道德經》、《南華經》的基
本思想，並將之推擴到日常生活之中，就先秦道家思想在當代社會的價值再衡
定層面而言，具有一定程度的價值，值得吾人肯定。（李建德撰）

莊漢宗著《逆境中的老莊思想》

　　《逆境中的老莊思想》，莊漢宗著，台北漢欣文化事業有限公司出版，1990
年出版，32 開本，平裝，約 8.2 萬字，151 頁。本書正標題為：逆境中的老莊
思想；副標題為：老莊哲學與儒家思想的辯證。

　　莊漢宗，另著有《商用十八史略》、《中國智慧語錄》、《以柔克剛的智慧》、
《古典的智慧》、《強者的處世術》、《中國將相謀略》、《帝王學的智慧》、《36 計
的策略》等書。

　　因為，誠如副標題所言，老莊哲學與儒家思想的辯證，所以本書的體例，主要以老莊思想與儒家思想對揚比較，以五個章節，展開論述，進而凸顯出老莊思想的價值。就本書的開展論述而言，分為五章；第一章：〈老莊母系社會與儒家男性體系的抗爭〉；第二章：〈儒家的「有」與道家的「無」〉；第三章：〈儒、道兩極哲學的論點〉；第四章：〈儒、道二家的政治思想〉；第五章：〈儒、道的宇宙觀〉。本書的特色，在於批判當代社會一味地追求「進步」與「想征服自然的進步主義」，推崇以無為作為標榜、生活在自然法則中的老莊思想。同時，在於思考深層的問題時，不可避免地會與我們身處的現代社會有所交集與聯想，進而連接這之間的時空差距。並希望讀者能夠從本書摸索如何使人快意生存的法則，創造出更具規模的思想體系，疏遠頑強的儒教主張，轉化為宇宙的人道主義與得到新的生活方式。

　　本書的論述的結構，是以老莊思想與儒家思想作為對揚與比較，論述儒家思想所產生的有所不足之處，進而凸顯出老莊思想在當代社會的適用性與相對價值。透過老莊思想對比儒家思想，如老莊母系社會／儒家男性體系；道家的「無」／儒家的「有」；出世／入世；自然／秩序；無為而治／孝道治國；天道／人道；無為／有為等等作為對揚，來凸顯老莊思想在當代社會的價值，確為有見地。但在論述的主張方面，仍有所不足。第一，作者在論述的過程不免過度壓抑儒家思想價值，進而過度張揚老莊思想。忽略了諸子百家相反相成，互補互成的關聯性，一味地推崇老莊思想，未能呈現其論述的圓融性。換句話說，即過度地抑賓而揚主，造成論述過度地傾斜。第二，作者在論述邏輯上，則失之周延。如第一章〈老莊母系社會與儒家男性體系的抗爭〉中，作者運用古史中的神話、傳說來說明，以鯀來代表母系社會文化代表，以禹來代表男性體系文化代表，不為無見。雖說我們都能理解老莊思想有所承襲上古母系社會文化，但作者卻以「命令」之有無來論述鯀為母系社會文化代表，於義有所不安。第三，作者在論述過程中，在援引理據方面，不免有所失當。又如第一章中，援引《春秋左氏傳》中的夏姬之淫逸事蹟，並作為母系的淫逸文化的詮解。如果以老莊思想承襲代表陰柔的母系文化，卻以淫逸文化作為理據之一，不免失之於引據不當。同時，也不容易呈現老莊思想陰柔的特質。與其援引如此證據，倒不如一開始就不援引了還比較妥當。因為徒增眾多紛歧而已，造成更多的誤解。總而言之，本書以老莊思想與儒家思想對揚比較，能凸顯老莊思想不同於儒家思想的價值，誠如作者的〈前言〉中所說的：能夠在當代相

對競爭社會中，在老莊思想中，尋得新的立足點，得到新的生活方式，確為有見。雖說在論述過程與方法，竊為於義、於法略有所不安，然瑕不掩瑜。（郭正宜撰）

葉海煙著《莊子的生命哲學》

《莊子的生命哲學》，葉海煙著，東大圖書公司 1990 年 4 月出版，分硬皮精裝、平裝兩種，收入《滄海叢刊》系列，252 頁。

葉海煙（1951～），臺灣省嘉義縣人，1974 年畢業於輔仁大學哲學系，後繼續攻讀該校哲學研究所，獲得碩士（1976 年）、博士學位（1989 年）。曾任高中教師、私立文藻外語專校講師、副教授、輔仁大學中西文化研究中心研究員、輔仁大學哲學系教授、美國哈佛大學訪問學人、東吳大學哲學系教授兼系主任、臺灣哲學學會理事長、臺灣宗教學會秘書長、中國哲學學會常務理事、長榮大學哲學與宗教學系教授、成功大學中國文學系教授兼系主任，並曾於佛光大學、宜蘭大學、臺灣藝術大學等校兼任。主要研究領域為老莊哲學、當代新儒學、中國哲學史、當代倫理學、當代臺灣文化等，著有《莊子宇宙論試探》（嘉新水泥公司文教基金會，1979 年 6 月）、《莊子的生命哲學》、《道德、理性與人文的向度》（文津出版社，1996 年 1 月）、《老莊哲學新論》（文津出版社，1997 年 9 月）、《人文與哲學的對話》（文津出版社，1999 年 11 月）、《中國哲學的倫理觀》（五南圖書出版公司，2002 年 1 月）、《哲學與人生》（洪葉出版公司，2005 年 9 月）等書，並撰有期刊論文、會議論文、專書論文百餘篇，另撰作散文集十餘種。

《莊子的生命哲學》係就葉先生博士論文之基礎加以擴充完成，共分十一章。第一章〈導論〉，界定莊子哲學是一種獨特的生命哲學，其主要意義在於對生命本體的貞定、真實認識及解決生命之問題，並說明全書運用的研究方法與著重取向；第二章〈莊子生命哲學的奠基與型塑〉，認為莊子生命哲學奠基於老子的道論，並指出莊子對儒家的選擇性批判與貞定其生命精神，是一種援儒入道的肯定，認為莊子的抗議精神發乎理性，看似溫和，實則十分嚴肅，造就中國人兩千多年以來的一種生命典型；第三章〈莊子生命的主要內涵〉，探討莊子的生命型態、存在感受與心靈世界；第四章〈莊子生命哲學的形上進路〉，歸納莊子直指人世的批判進路、直指人性的自覺進路、直指道德的實踐進路，並提出莊子生命哲學的超升進路；第五章〈莊子生命哲學的形上課題〉，

認為莊子生命哲學由動而靜、即體顯用,是認知與行動的相即相應,也是方法與目的的相互涵攝,更可稱得上是實相與表象的互相融貫,故透過價值辯證以對生命之價值重新否定、肯定,上達生命之本體;第六章〈莊子生命的特質〉,歸納莊子具備自然自主的生命論、有機體主義的生命論、復通為一的生命發展論、平等自由的生命論,並探討生命之有限/無限、有待/無待、常/變、對立/和諧、差異/統一,以及生命的整體性、相連性與一致性;第七章〈生命的道論與宇宙論〉,提煉出道的實存性與自然宇宙論、道的無限性與無限宇宙觀、道的遍存性與變化宇宙觀,並認為道是生命實現的原理,而宇宙亦為一有機體;第八章〈齊物的生命認知論〉,認為〈齊物論〉是生命認知之工夫,但在即體即用的本體、宇宙、人生一貫相融基礎上,與〈逍遙遊〉之生命境界,實無差別所在,進而說明〈齊物論〉係為解決〈逍遙遊〉引發的生命問題而來,以自然為其先決條件,故齊物論雖無任何固定理論架構,但卻以道為中樞,不能離道而獨自存在,進而以莊解莊,依循〈齊物論〉的次第分述七節工夫進次;第九章〈逍遙的生命境界論〉,旨在消解生命的有限性,發現生命的獨立性,進而實現生命的絕對性;第十章〈生命倫理與超越人格論〉,歸納莊子的道德合一、生命主宰、精神專一、生命昇華、人格超越、天人分合等觀點;第十一章〈結論〉,指出莊子的生命哲學具有超越與辯證兩種形上原理,以天地觀生命,以道觀天地,將一切生命融為一個大的整體,解決一切的生命問題,故莊子之生命哲學,即是「道的生命哲學」,其生命的形上學,亦即超越的形上學。

綜觀《莊子的生命哲學》全書,吾人當可發現,莊子之哲學,是屬於天地至真之人的哲學,兼攝各種思維向度的不凡成就。葉教授透過詮釋學的視角,將莊子的哲學系統整理起來,進而使理性與生命本體緊密縮合,使讀者可因書而窺見莊子的生命風度,極具啟發價值。(李建德撰)

陳品卿著《莊學新探》

臺灣:文史哲出版社,1991,二版。668頁。

作者安徽省宿縣人,1933年生,畢業於臺灣師範大學國文研究所博士班,任教廿餘年。專長道家之學,相關著作有《老子的形上學》、《老子的知識論》、《莊子思想探源》、《莊學研究》、《莊學新探》等十餘部。

書分四章:〈緒論〉、〈莊學之思想體系〉、〈逍遙遊與內外雜篇之關係〉、〈莊學與老、孔、墨、孟、荀思想之異同〉。第一章雖稱〈緒論〉,但分七節:〈莊

子傳略〉、〈莊書篇數與版本考述〉、〈莊書各篇真偽考辨〉、〈內篇思想概述〉、〈內外雜篇之關係〉、〈內外雜所之價值〉、〈結語〉，這七節已將莊子的相關問題作一檢討，其實相當仔細。第二章〈莊學之思想體系〉下分八節〈本體論〉、〈宇宙論〉、〈自然論〉、〈知識論〉、〈安命論〉、〈人生觀〉、〈倫理觀〉、〈政治觀〉，這八節中已把莊子中的各項細論清楚。第三章〈逍遙遊與內外雜篇之關係〉，下分四節分別討論逍遙遊與各篇的關係，作者認為莊子的中心思想在逍遙遊，所以以此篇為連內外雜所之綱領。第四章〈莊學與老、孔、墨、孟、荀思想之異同〉下分五節分別討論莊學與這五家之學的異同之辨。附錄有〈歷代莊學版本及其現藏〉，收錄藏於國內的莊子古版本之作及現藏處。作者先前有《莊學研究》一書，此書內容全部收納在《莊學新探》之中。

　　作者著書旨趣透過章節的安排即可明瞭，整體而言，作者斷定內篇為莊學中心，外雜篇在義旨上都是分屬於內篇，寓言篇為莊子全書的序言，天下篇為全書之後序。之所以言「莊學中心」，乃是莊子一書內外雜各篇的作者歸屬，歷來說法紛紜不定，所以以「莊學」取代「莊子」比較有彈性。不論作者為誰，或為莊子自作，或為弟子所作，或為後世莊學所作，皆不可偏廢，要之以內篇為主，外雜篇為輔。再者內篇中的逍遙遊一篇為莊學的中心思想，由逍遙遊與各篇呼應，可以了解莊學思想大旨。

　　作者認為要了解莊學的中心思想，就需與諸子百家一起觀照，此所以以莊子與老子、孔子、墨子、孟子及荀子各家思想作比較，從思想的同異之中尋找出莊子的思想。

　　附錄的〈歷代莊學版本及其現藏〉是從臺灣十六所圖書館的現有藏書及嚴靈峰的私人藏書，實為收藏目錄，同時註明藏書地點，實在對研究者幫助很大。此書實為作者歷來莊學研究的總合，整理分析之功甚具參考性。（藍日昌撰）

揚帆著《莊子的人生哲學》

　　《莊子的人生哲學》，揚帆著，揚智文化事業股份有限公司 1993 年 12 月出版，平裝，為揚智文庫第二冊，362 頁。本書原由武漢出版社於 1992 年出版，後經授權，後經授權，由揚智文化出版。

　　揚帆，本名田揚帆（1956～），湖北省廣濟縣（今武穴市）人。筆名揚帆，另曾使用楊帆、馬風、大風等筆名。1984 年畢業於華中師範大學中文系，曾任長江文藝出版社編輯。據《湖北省宣傳文化系統高級知識分子傳略》記載，

田先生所策劃、編輯的《民間文學導論》，曾獲中國國家教委第三屆優秀教材一等獎；《中國聖賢人生》叢書，則被列入國家教委指定圖書館必藏書目，並獲湖北省優秀暢銷書獎，後被揚智文化事業股份有限公司購買版權，正式在臺灣出版。田先生曾於《文學評論》、《中國出版》、《芳草》等刊物發表文章數十篇，並多次獲獎。除撰有詩集、長篇小說之外，另撰有文化哲學著作《莊子的人生哲學》、《莊子‧逍遙人生》、《貞觀之治，權術與詩情》、《曹操的人生哲學》、《成敗學》等書。

　　《莊子的人生哲學》全書分為〈話說《莊子》〉、〈修養與待人〉、〈智者處世〉、〈明智與解惑〉、〈智慧的運用〉、〈人，必有所憑藉〉、〈領導藝術〉、〈立身恆言〉等八部分，除〈話說《莊子》〉係對莊子其人其書、思想重心、論述的辯證視角、貴真全性的生命目的、瀟灑的人生風格等略作論述之外，每篇另分為五至六節，各節先立一簡單標目，摘引《莊子》或《老子》篇章加以語譯，並運用文化散文的筆法，略舉古今事例或日常生活的案例展開論述，以證成己說。例如〈智者處世〉所收「有用與無用」一目，先對〈駢拇〉略作選譯，而後引用〈齊物論〉匠石與櫟樹的對話、〈人間世〉南郭子綦見大木所作的評論，歸結出「無用自保，有用早夭」，並持論「人必有為。莊子講無為，實在不可能。歷史講文明，社會講功利，人生要創造，如何無為？有用總是人生的必要。然而，知道人必有用，又知道莊子的無用之道，到底是人生實現的一大藝術。」的自我觀點。然而，作者此處論述或有可商榷處，倘若吾人用同其情的理解角度來加以詮解，或可窺知「無用之用」為莊子就當時社會現象提出的譏刺，其理趣殆與後世蘇東坡〈洗兒戲作〉「惟願孩兒愚且魯，無災無難到公卿」相近。畢竟莊子「以天下為沉濁，不可與莊語」，故將其對當時「有才能者為達成理想而身死，無才能者反而尸居餘氣，收致無用之用」的社會現象之譴責，透過寓言、厄言等方式加以呈現，但卻又無力改變這種現況，遂僅能追求心靈層面的自我懸解，在理身治國之道中，走出另一條道路。

　　總的來說，《莊子的人生哲學》一書，透過淺近的語譯與古今事例的選用，可以使讀者初步瞭解莊子的基本精神，當可見其價值所在。（李建德撰）

董小蕙著《莊子思想之美學意義》

　　《莊子思想之美學意義》，董小蕙著，臺灣學生書局 1993 年 10 月初版，精裝，284 頁。

　　董小蕙，專業藝術研究者，曾任成淵國中教師、松山高中教師。這是董小蕙女士在國立臺灣師範大學美術研究所理論組的碩士學位論文。

　　董小蕙（1962），北一女中畢業後進入台灣師範大學美術系就讀，1984年以學、術科皆第一名的成績畢業；其後於中學任美術教職數年，並多次赴歐美遊歷。89年返師大美術研究所進修，專注於莊子思想與美學藝術關係的探討，寫成《莊子思想之美學意義》一書。10年後又結合個人的藝術創作經驗寫成另一本相關著作：《莊子虛靜觀照精神下之寫生意義》（臺北藝風堂，2003）；顯示畫家於莊子思維中的美學意義有深入的心得。

　　全書嘗試將「莊子思想與藝術精神間的融通意義」進行探討，就文章結構，分成五章、二十四節來論述，除第一章緒論與第五章結論外，主論部分各章之後皆有「小結」，以歸納該章討論之結果。第二、三章是對莊子思想的把握和整理，作者歸結莊子思想之最後理想在「天人合一」而合一的方式在於人為的實踐，其思想的美感特質純屬境界之美，是在生命精神之主體中呈現的美感，其價值同時在主體內完成，並非以耳目官能等做主觀偏面取捨的外在感官美。第四、五章則主要針對藝術而發論，特別是現代藝術觀中所隱含的爭議與疑慮，透過莊子思想的反省，逐漸找到支持和匯通。

　　因為莊子思想關係於整體人生形上、形下兩界，豐富且活潑，所以其思想所導出之藝術上的思維，亦不免朝多面向開顯，透過本書論述作者發現，在莊子思想所得藝術上的論點皆歸返以人生修養為依據，不論是價值論的衝突、審美與創作活動的開展，乃至形式與內容統一的能力，如果脫離了對人之主體修養的把握，則以上一切藝術論都無由發生，藝術也只變成一空洞的名詞，由此作者提出兩點意見：其一：美學理論的研究基礎在於人生哲學思想的貫通；其二歷史現象發展之軌跡只能反映哲學思想所形成的影響，並不能逆同哲學思想的根源義理。

　　長久以來，知識界與藝術界由於相互認知的混淆與隔閡，乃無法做客觀相應的溝通與對話，這是本書期待化解釐清的重要課題；而藝術創作觀念突顯出當代人類心靈的內容與方向，時代心靈好像大海中的行船，隨著大環境複雜的氣流而浮沉起落，今日現代藝術創作觀在人類文明整體發展的航線上究竟走向何方，這是本書所關注的另一個重要課題。作者以其個人在藝術領域中的涵泳與體察，進一步深入莊子思想宏闊、圓融的人格世界，從莊子超越的觀照心

眼與理性心靈，對顯出現代藝術的走向與困境，一些既存的美學爭議及誤解，也在本書論述莊子思想的規模中逐漸澄清與朗現。

本書貢獻在於讓知識界和藝術界發生較為深度的對話溝通，因為作者本身的經驗，一向以繪畫創作之路線為致力目標，也注意到知識界與藝術界有「隔」的現象，這兩者都是哲學與美學相關的重要課題，她有專業能力的藝術創作經驗背景，這使她在美學上的探討，更能切中問題的核心關鍵，同時她又能放下藝術家的身段，致力研習哲學客觀思辯的能力，全書自成一系統，將哲學與美學上相隔的課題，做了相當地整理與釐清。（熊品華撰）

封思毅著《莊子詮言》

臺灣：臺灣商務印書館，1997，二版。164 頁。作者四川綦江人，1923 年生，中央政治學校畢業。歷任編審、編纂、教授等職，著有《老子述義》、《韓非子思想散論》、《士禮居黃氏學》、《天放樓書錄》等。1976 年，封思毅受聘任台灣國立中央圖書館特藏組主任，著力於業務的改進與拓展，尤其重視歷代古籍的存藏與整理，書目的編輯考訂，以利學術研究；並勤於著述，多有創建，望重士林。1989 年退休。

書分七章，第一章為〈前言〉，介紹莊子處世的時代背景及其思想之淵源，第二章〈道與德〉論道的解釋與德的中心觀念，第三章〈天與人〉論天人的關係及其調整，第四章〈物與我〉論物與我的關係，評論向來物我四種關係的四種說法：物我同源說、物我矛盾說、物我變化說、物我分際說等。第五章〈群與己〉討論群與己的關係如何齊是非、物我相忘，第六章〈神與形〉討論神形消長與養生之道，第七章為〈結論〉。

作者認為戰國時代諸子百家思想以救世為要，莊子一書雖以寓言假說立論，文章別據一格，看似出世，實為落實而面向人生正道，因此與諸子百家救世思想實無二致。書中主旨有五，以一身為主，推而與人、與天、與物及道之關係，這是由內而外，最後又回歸渾融一體之意。

細而論之，道為自然之道，為宇宙萬物之本源，德謂無為之德，為人生百行所必具，每個人所努力的重點即在於如何由德而入道。天則特別自然無為的顯示，而人則泛指個人的妄自造作，陷溺墮落的根源，因之，天人的關係，即在於如何由人向天之尋求反省。物為客體，我為主體，世人唯見主客對立，遂致兵刃相加，因此應當體物而不為物所物，由我向物以求解脫。己為以自我為

中心之個體，群為個體之外的眾人，群己相處的道理在於各安其分，各遂其生，因此應當使己向群以尋求分際。形為外，神為內，常人每患逐外而忘內，遂致以形為重，以神為輕，因此應當尋求使形向神冥合之道。

以上五項十點之中，歸納言之，我與己為每一應當努力之人的代稱，德與人為對主觀要求應作之努力，物與群為對客觀條侁應作之努力，神與形為努力之基本起點，道與天為努力之最高境界。

又尚待說明者，近代詮釋道家哲學者，常不喜出世之說，所以有不少的詮解老莊之作認為與諸子百家的救世思想無異，這是本時代詮釋的特色所在。（藍日昌撰）

姜聲調著《蘇軾的莊子學》

《蘇軾的莊子學》，姜聲調著，臺北：文津出版社有限公司，1999 年 12 月初版一刷，21 公分（32 開本），平裝，257 頁。本書另有博士論文精裝，16 開本，260 頁，國立臺灣師範大學國文研究所出版，修改後由文津出版社於同年出版，即目前所見之版本。

姜聲調，1966 年生，韓國全羅南道新安郡人。先後畢業於韓國圓光大學校中文系、臺灣東吳大學中國文學研究所碩士班、國立臺灣師範大學國文研究所博士班，現為韓國圓光大學校教育大學院教授。以中文發表的論文除本書外，另有《《莊子》內七篇之宇宙觀研究》（碩士論文），以及期刊論文〈莊子思想中的特殊教育觀〉、〈韓國「莊學研究」之簡介〉、〈「論語‧學而」篇第一章析論〉、〈蘇東坡論「莊子及其書」〉、〈「莊子」「建之以常無有，主之以太一」釋義〉、〈「春秋」「及宋人盟于宿」辨義〉等多篇。

一般對於莊子學的研究，大約有《莊子》的注疏學，以及《莊子》的文學化兩大系統，本書認為蘇軾的莊子學傾向後者，因此在撰述的立場上，乃以蘇軾文藝中所見「莊子學」為研究範圍，以探討其學術思想體系，共分七章：第一章〈緒論〉，說明研究動機、範圍及其方法，並簡述蘇軾生平。第二章〈蘇軾評論《莊子》〉，旨在檢討〈莊子祠堂記〉中所見蘇軾對於《莊子》的考證與辨偽，蘇軾基於儒家立場提出了「莊子蓋助孔子」的說法，從而考證《莊子》書中〈盜跖〉、〈漁父〉、〈讓王〉、〈說劍〉為偽作，並重新調整《莊子》的分章，將〈寓言〉末段接〈列禦寇〉首段成為一完整篇章，認為這才是《莊子》的原貌，同時也批評了莊子思想乃受後人竄改而轉為消極，因此

產生流弊。第三章〈蘇軾注解《莊子》〉，旨在以《廣成子解》為中心，論述蘇軾基於道家道教的角度以探求《廣成子解》在考證、釋義、價值等各層面的問題。北宋以來《廣成子解》雖不受重視，但蘇軾在此篇文章中繼承前人作品的體裁與寫法、學術思想的原始面貌及其發展趨向、以及他反映北宋時代學術思想的風氣與趨向等表現仍深具價值。第四章〈蘇軾文藝中的「莊子學」（上）〉，討論自然觀、齊物觀、修養觀如何成為蘇軾「莊子學」體系中的核心。其主要表現是在吸取《莊子》思想，自然轉化而融入個人的文藝寫作之中。自然觀以道為其本體；齊物觀以萬物一家、物化物忘為核心；修養觀則以心齋坐忘、虛靜明為標的。第五章〈蘇軾文藝中的「莊子學」（下）〉，探討蘇軾如何以「莊子學」來調整自己，以得到窮達自適的結果。此以處世觀、出世觀、安命觀、文藝觀為主要內容。處世觀融合了儒家剛強進取的精神，以及道家柔弱無為，盡其天命的態度，因此得以窮達得喪、自適其適、超然物外。出世觀表現在其對於歸隱成仙、無待、天遊的理想與期待，以虛得實，逍遙自在。安命觀是對回返自我，知命其然、安命歸結有所領悟，故得安時而處順。文藝觀則表現在其畫論思想，包括崇尚自然、物我兩忘，寓意於物而遊於物外，因此在創作的風格上，便是以形傳神、傳情達意，此「意」即在於「真」、「天全」、「自然」等風格。第六章〈蘇軾的「莊子學」淵源及其影響〉，檢討蘇軾對於莊子籍貫、時代、學術、著書、蓋助孔子、辨偽分章及對於《莊子》的注解、文學化的成果，確認蘇軾在莊子學研究中承先啟後的地位。第七章〈結論〉，蘇軾在「莊子學」史上的地位如下：一、建立「莊子儒家之關係」的理論基礎；二、「莊子學」辨偽的奠基者；三、將莊子融入文藝的代表。（陳昭吟撰）

李開濟著《莊子的幽默禪》

《莊子的幽默禪》，李開濟著，台北文史哲出版社，2001 年初版，32 開本，平裝，約 12 萬字，264 頁。

李開濟，女，1992 年畢業，台灣輔仁大學哲學研究所博士，博士論文《宋代大慧宗杲禪思想研究》。現任國防醫學院通識教育中心教授。另著有《禪宗的思想變革》、《般若波羅蜜多心經研究》、《瑜珈、神修、禪觀》、《蘇格拉底靈魂論與佛教輪迴說之比較研究》、《禪學與生活》等書。

　　本書的結構，作者以春夏秋冬分為四個部分：春篇：寓言，共五十六則；夏篇：譬喻，共四十二則；秋篇：殘障與全德，共九則；冬篇：諷刺俗儒，共二十則。總共一百二十七則。

　　本書的特點在於，第一，將「禪」定義為：超越性、洞察性、絕對、解脫、自在的智慧。如此一來，透過類比的比喻方式，莊子可說是一位不折不扣的大禪師，不用強硬計較於時間的先後，說「禪」是唐朝六祖惠能才能開創，莊子是戰國時期的人，不適合比附於禪。第二，作者認為以禪的精神而言，禪沒有時間、空間的限制，它亙古常存，誰懂得超絕的道理，誰就領悟了禪法。第三，作者企圖跳脫佛、道的思維，重新品嚐莊子思想的禪趣，發掘他的幽默、風趣、可愛，還有一些他誠懇地對於道的執著與莊子獨特的海闊天空的奇妙神思。第四，本書選錄莊子一書中，較具故事性、寓言性、諷刺性的段落，加以白話文的意譯，增加許多通俗性與可讀性，但難免流於膚淺。第五，作者在每一則的故事下，幾乎富有點評，夾敘夾議，有歷史背景的介紹、有作者對當代社會的批判、有莊子思想的再詮釋等等，不一而足。然缺乏統一、系統的論述。總結而言，本書《莊子的幽默禪》，以一本通俗、幽默、可讀性的莊子入門初階讀物是成功的，因為接引讀者進入莊子深奧的思想，由淺入深，有其不容忽視的作用；但是，若以嚴謹的學術著作而言，則有所不逮。同時，就這一點而言，誠如作者在本書的〈後序〉所言，本書是寫給非人文學科的學生閱覽的，強調本書的通俗性與易讀性。因此，作者也很清楚知曉這本書的寫作旨趣與讀者區分，所以不能以此來非難作者，作者亦有所不受。（郭正宜撰）

劉榮賢著《莊子外雜篇研究》

　　《莊子外雜篇研究》，劉榮賢著。臺北：聯經出版事業股份有限公司，2004年4月初版，約30多萬字，精裝橫排25開本，500頁。本書開篇即有一〈本書凡例〉，之後為〈第一章緒論〉，以下正文則分為：〈第一部、有關外雜篇材料的研究〉（共有三章）、〈第二部、外雜篇對內篇思想的引申與發展〉（共有四章）、〈第三部、外雜篇中順應當代政治發展的思維〉（共有二章）、〈第四部、外雜篇中批判學術與文明發展的思維〉（共有二章）等四大單元，故包括「緒論」，全書共有十二章；最後另附：〈附錄一、《莊子》外雜篇材料之討論——外篇部份〉、〈附錄二、《莊子》外雜篇材料之討論——雜篇部份〉及〈參考書目〉。

　　劉榮賢，1955 年生，臺灣嘉義人，1994 年東海大學中文研究所博士。曾任高雄國立中山大學講師、臺中私立靜宜大學中文系副教授、大陸華東師範大學思勉人文高等研究院客座教授、臺中私立東海大學中國文學系所主任，現為東海大學中國文學系所專任教授。研究中國思想史、宋明理學及先秦道家。除本書外，還著有《王船山張子正蒙注研究》、《宋代湖湘學派理學研究》暨學術論文近二十篇。

　　本書是作者對莊子外雜篇研究的一系列學術論文之總集，由於外雜篇不像內七篇可視為較純粹之莊子思想，其中內容十分駁雜，因有屬於莊子思想之引申部份，也有關黃老思想之後續發展問題，甚至也有一部分近似於針對老子思想來發揮。故在本書中，作者將外雜篇內容定位為較內篇為晚的「道家後續學者」之著作。本書除了討論有關《莊子》書材料的移易分合及分類等形式問題外，還論及「氣與陰陽」、「養生」、「理觀念」、「老莊融合」、「黃老」、「無君」、「對各家子學之批判」等各種思想主題，並注意到由內篇到外雜篇的道家思想之發展，有一個「由心向物」的思維方向。由於歷來研究莊學之學者，雖有不少曾針對外雜篇部份篇章作過引證或發揮的，但基本關心重點與研究方向，確實大多以內七篇之思考脈絡為主，完全專注於外雜篇內容而從事專門研究之作，此論著算是第一本，也最全面徹底且精細，故補足了莊學全面研究原本空缺的一環。經由此書，也可對結合了老子思想之莊周後學，亦即戰國中後期以迄秦漢之初的道家思維格局，有進一步之了解及較為全面之認識。（賴慧玲撰）

黃漢青著《莊子思想的現代詮釋》

　　《莊子思想的現代詮釋》，黃漢青著，台北五南圖書出版公司，2006 年初版，32 開本，平裝，約 15 萬字，175 頁。

　　黃漢青，男，1954 年生，1991 年畢業，台灣中國文化大學哲學研究所博士，博士論文《莊子內篇與外雜篇比較研究》。現任台中科技大學通識教育中心教授兼圖書館館長，曾任該校研發長等職務。另著有《哲學與人生》、《臨界天堂》、《眾神的藏書樓》、《千年之戀》、《電影之眼》等書。

　　本書《莊子思想的現代詮釋》，顧名而思義，本書著重在《莊子》一書在當代社會中的詮釋。但當代思潮，如現象學、存在主義、結構主義、解構主義、詮釋學、後現代思潮、女性主義等等，眾說紛紜，雜沓迭出，可謂百家爭鳴、百花齊放。作者在眾多西方學術思潮的選擇，就比較對象而言，作者主要選擇

西方的海德格思想作為對揚比較的對象，另旁及德希達思想。就理論思想比較而言，作者選擇了西方的詮釋學。其次，就本書的寫作比較對象而言，主要圍繞在《莊子》一書，與西方哲人海德格的哲思的比較研究。比較對揚的理由：一是作者認為傳統經典有其優異的生命力，即使進入所謂的後現代的社會氛圍，《莊子》一書因為其時代精神與文化氛圍極為類似，我們應該重視《莊子》一書留給後代最大的文化資產。二是作者認為海德格的存有論與莊子所論述的道，在論述的路徑上，海德格以心境而非理性、以人的生活境遇而非純粹思辨出發的哲學之思，讓我們找到海德格與莊子切近的路徑。因為莊子的哲學也是主要建基於人的生活境況、關乎肉體欲望的陷溺、心知的偏狹困塞、也關乎死亡的徬徨無助，故從中可以區別出莊子的實存性來自現實生活的真實經驗，多過現象界的思考或推論。兩者哲學之思的出發點，有極大的類似性，故將兩者作一對揚比較，但兩者之哲思，自有其類似之處，亦有其相異之處。作者希望透過比較兩者，自此觀彼、由彼觀此，兩兩對揚，開顯出《莊子》當代的現代詮釋，展現傳統經典的嶄新文化慧命。另外，就本書的寫作動機，大約可歸納為三個重要研究面向：第一，莊子建立在生存性的哲學在海德格的思想中得到印證。哲學未必要以形上學作為根基，生命本身就思之不盡；第二，人與世界的關係非語言所能窮盡，莊子與海德格或許各自找到自己的解決之道，本書將探尋兩者的互補或會通之路；第三，莊子的思想構成中國藝術精神的主要基礎，海德格的後期思想賦予詩與藝術至高無上的評價。或許重新思考哲學的價值，哲學不是如過去一般，為了科學奠基，也不是預測未來，而是如莊子所思的，以絕對自由的心境，逍遙優游於天地之大美。作者希望藉由海德格對藝術本質的思考，進一步探討莊子的美學觀與現代藝術會通的可能性。

　　本書共分為七章：第一章〈緒論〉中，首先說明西方詮釋學的流變，可分為信仰的詮釋學與懷疑的詮釋學兩大派。信仰的詮釋學家屬於歸鄉型，懷疑的詮釋學家屬於遊蕩型。信仰的詮釋學家對現代性有所批判，但有破有立，最終還是會去尋求建立人與存有或超越界的關係，代表人物為海德格、高達美、呂格爾等人。作者試圖從信仰的詮釋學派的思想中，尋求《莊子》思想作為當代社會思想詮釋與會通的可能性基礎，誠如作者所言，從人是詮釋的動物出發，海德格體認到「理解」乃是人的存在方式而不是主觀行為。只有透過現在，現在才可以不斷被理解，現在和過去形成生生不息的連續性。現在必須透過過去來理解的想法，在海德格探本溯源的字源考察中得以實踐。高

達美進一步提出「視域融合」的論點，讓歷史與傳統文化的重要性，重新獲得肯定。這種哲學詮釋學，鼓舞了長期以中國傳統思想為研究對象的學者，也引發了傳統思想新的詮釋思潮之可能性。更重要的是，可讓新一代的研究學者體認到傳承固然重要，嘗試運用現代觀點論述並提出新的觀念，本身就是具創造力的行為。作者在此論述了選擇哲學詮釋學與海德格思想，作為比較研究對象，奠立一個論述研究的基礎。第二章〈莊子道的形成與發展〉，探討道的形成與當代幾位重要思想家的詮解，如牟宗三、唐君毅、徐復觀、方東美等，並進一步由論述之道、實踐之道與逍遙之道三種不同面向分析莊子道的內涵。第三章〈道的彰顯與遮蔽〉，簡述海德格與道家思想的接觸，實證性的證明海德格思想，在某種程度上，受到道家思想的影響。雖說無法證明影響的程度，但也至少可以確定海氏思想與道家的關係有值得探討的地方。進一步概述海德格的重點，並大略地比較莊子的道與海德格的存有。海德格認為此有與存有有著密不可分的關係，相透相滲，彼此交相纏繞、互相歸屬。由這一點可以看出海德格已經偏離傳統西方重思辯的正統方向，往中國傳統的實踐之學靠攏。同時，海德格現象化的真理觀，視人類之思、詩與藝術是讓存有從遮蔽狀態進入解蔽和澄明的過程。這也是真理實現生發的過程，這種強調人類創建歷史與文明的真理觀，不獨對莊子，對所有傳統文明都是富有啟發的見解。本章更加論述莊子以寓言之敘述方式，藉由各種人與物，百工技藝之技進於道，由物顯道等，正是海德格所謂的真理生發的過程。這種真理的生發排除了超越實體的形上保證，再次證明莊子思想預取海德格的思想路數。第四章〈物、技術與道〉，本章以物論為重點並兼及技術之思。以往道家的一般研究偏重在道的論述，較少人論及物或以物作為研究的重點。本章比較老子、莊子、惠施與海德格的物論。老子的物論，偏重於物之無性來論物，莊子對道有現象化的傾向。惠施重物，卻無道心的關照，以致於逐萬物而不返。莊子將道內化為心之無，讓萬物在各是其所是的自然狀態達到齊平的境界。以虛靜心而非以人為本位的功利心看待萬物之不齊，不在功利的用上判斷物的大小、有用無用等二元區分，作者認為這是莊子思想結合老子的道與惠施物論的創造性詮釋。海德格的物論出於對西方傳統物論的批判性轉化出新的觀點。他的物論出於物的可用性為出發點，以有別於傳統就自然物所發的物論。海德格始終站在此有能開顯存有的立場，著重在天、地、神、人四方的生產物為重點。第五章〈言、無言與道的關係〉，此章說明莊子追求

一種合乎道的語言，具有語言表述的功能，卻又不會陷入語言先天的侷限，成為莊子論述自己思想時，不斷要克服超越的重點。於是莊子發明寓言、卮言的表現手法，以詩意的字詞如天鈞、天倪、兩行、道樞等更替使用，以免字詞被僵化而產生誤解。而寓言體的敘述手法，讓語言的意義處在多義並能不斷生成的動態狀態，為自己的思想留下可以運動、詮釋的空白。同時，本章也進一步介紹比較德希達與海德格的語言觀。第六章〈道即美的世界圖像〉，本章論述道即美的世界圖像，誠如作者所言，莊子不願把世界圖像化，但作者以美的圖像世界界定道時，乃是相對於善或真的圖像世界的一種權宜說法。美的圖像世界是一種論述，道的一個面向，終究不是道本身。而作者這種權宜的說法，乃是企圖開顯莊子即道即藝術即生活，不可分的整全之世界觀。這個整全的世界觀，就是自然本身，自然本身乃至至真至美。莊子的世界就是我們生活於其中，在時空內的現象世界，除此現象世界之外，現象的背後不存在。第七章〈結論〉，作為本書的總結。

總而言之，本書透過《莊子》一書，透過西方海德格與德希達的思想對揚與比較，凸顯出莊子思想的當代性，有如千古對話，如旦暮遇之，也彰顯出莊子思想穿越時空的經典文化力與生命力。其次，由於作者探討《莊子》一書中的物論、技術之思，進而彰顯出莊子思想，能夠因應當代社會之物質的思維及對當代社會的技術之思維，並有所批判及反思，凸顯出莊子思想超越時空的生生不息之生命力。再次，作者透過物論的討論，拈出惠施獨特的物論，確為有見。最後，作者深思而有得，沈潛於老莊、優游於海德格與德希達之間，重新開啟莊子思想的文化新慧命。（郭正宜撰）

陳靜美著《莊子「氣」概念思維（上、下）》

《莊子「氣」概念思維（上、下）》，陳靜美著，新北：花木蘭文化出版社，2010 年初版。16 開本，精裝，約三十餘萬字，共 369 頁，收於《中國學術思想研究輯刊》第八編第三、四冊。

陳靜美。台灣中國文化大學哲學系暨國際貿易系學士、哲學研究所碩士、博士。歷任台北縣立板橋國民中學教師、永達技術學院副教授。

《莊子「氣」概念思維》分為上、下兩冊，共分五章。第一章〈前言〉，包含問題意識的提出、前人研究成果綜述與檢討及研究方法與進路。第二章〈莊子之前「氣」概念析論〉，說明「氣」概念的淵源與特質，老子「氣」概念的意涵，以及由老子到莊子「氣」概念的傳承。第三章〈莊子〈內篇〉「氣」

概念的解析〉，闡述莊學之基本義理，莊子〈內篇〉「氣」概念的意涵，以及莊子修養功夫論的境界。第四章〈莊子〈外雜篇〉「氣」概念的解析〉，探討莊學〈外雜篇〉「氣」概念的意涵，以及莊學宇宙生成論的義理架構。第五章〈結論〉，解析由〈內篇〉到〈外雜篇〉「氣」概念之開展與比較，莊子「氣」概念在先秦諸子的分位，以及莊子「氣」概念之現代詮釋。

　　本書是一本有系統地介紹莊子「氣」概念的研究書籍，書寫的策略在於由小見大，企圖由「氣」概念的解析，探索莊子生命哲學等核心課題，進而凸顯莊子「氣」概念的哲學思維的價值與洞見。本書的特點在於巨細靡遺，從《莊子》內外雜篇的篇目排列，依次探討《莊子》之「氣」概念的意涵，釐清並歸結出莊學氣化宇宙觀的理論架構與歷史地位，思想傳承與價值歸趨。（郭正宜撰）

林翠雲著《莊子「技進於道」美學意義之探究》

　　《莊子「技進於道」美學意義之探究》，基於莊子「寓修道於技藝」的本懷，以及此本懷對於後世藝術創作與理念發生深刻的影響，引發我們反省莊子思想中可能蘊涵的藝術哲學，這個藝術哲學可以標舉為「技進於道」。「技進於道」出自《莊子・養生主》中著名的「庖丁解牛」寓言，原文為「臣之所好者道也，進乎技矣」，原意乃是強調「道進於技」，即庖丁解牛之神技並非追求重點，在技之上還有道之層次作為無形超越之追求。換言之，技之追求背後始終涵蘊對於道之體悟，這在視技藝為小道的先秦時代，不啻是對技藝之地位的提升。但在藝術逐漸專精分工的現代，藝術家作為專門領域的專家，對這句話的理解遂變成「技巧之精妙可以達致道之境界」，所謂道是抽象難明難以實指的，故「技進於道」的現代理解在強調對於「技」之專研錘鍊，道即在技中，技之精熟即是道之體現。甚而以技為道，藝術之技為追求重心，道之有無已非藝術之追求理想。

　　本文的研究內容可分為總論及分論二大部份。總論所探討的是「道」與「藝」的類比關係以及本質關係。分論部份則有三點，創作過程與修道，歷程的關涉；詮釋原則與體道原理的關涉；莊子藝術哲學在創作中可能的體現，以繪畫中「遠」與「空白」的藝術哲學顯示，藝術之最高根據為道，而意義表現在：藝術家的主體修養工夫，表現道之工夫義；創作、解釋主體的藝術心靈，表現道之精神義；作品的「道境」為「至美」的具現，表現道之境界義。處於

藝術活動之關鍵地位者為「藝術心靈」，此精神主體為一切藝術活動之形上依據。而此種藝術精神之觀念也是莊子藝術哲學的核心。總之，能夠具現「道」的藝術，才符合莊子理想中的藝術，而欲達此理想，樞紐者則在於主體之藝術心靈的培養，此與莊子道論中最重視工夫論實相一致。同理可知，「技進於道」所以可能也就在於，「技」必須具備此種可通契於形上精神的特性。

本文採取「由藝而道」的研究進路，從藝術活動的各個脈絡中，包括藝術創作、作品形成、讀者詮釋、作品完成時，來具體地探究莊子思想中，技藝與道之間的關係，從而瞭解莊子對於藝術的特殊理解。

莊子美學相關藝術諸問題之釐清，「技進於道」美學論題的提出及意義，第「莊子美學」中是否具有「藝術哲學」之涵義，莊子「美學」的特質對於「藝術本質」的決定作用，本文研究的思維方法、論述程序及資料處理，第一節思維方法，論述程序、資料處理，「道」、「藝」的關係，「道」、「藝」是否必然關涉，「道」、「藝」如何關涉，藝術創作過程與修道歷程之關涉，藝術創作前主體的精神存養，藝術創作時的審美心理狀態，作品的完成及審美經驗的發生，詮釋原則與體道原理的關係，「語之所貴者意也」：文本意義的獲取，「得意而忘言」：文本意義獲取的開放性，「意之所隨著，不可以言傳也」：文本意義的默會致知，莊子藝術哲學在藝術創作中可能的體現，「遠」與「空白」的藝術現象，「遠」與「空白」如何呈示無限，畫境中詩意的思惟模式，莊子相關「遠」與「空白」之藝術原理。

學術本是一個語言運動的交織過程。身為當代學者，在面對《莊子》這一古典文本時，觀看和理解視域實無法完全跳脫古今、東西的格義創造情境。面對這一更複雜也更豐富的差異語境，筆者的立場一向是：與幻想可以撥開語言迷霧，找尋中心不變的那個貧弱且赤裸的本質原貌，不如破除這種幻想而適度接受語言延異過程所帶來的意義豐年祭。例如關於《莊子》的自然觀，歷來有諸多賢者加以闡釋與發揮，古人有之，今人亦然。有從形上學的角度立論，也有從主體的角度切入探討，有人從藝術美學的方向來發揮，有人則嘗試從身體技術的向度去尋思。如今又有學者從它與科學的關係來暢談，也有若干學者則努力想發揮《莊子》自然觀的當代新意義。換言之，若將這些詮釋的多元發展脈絡吸納進來，那麼《莊子》自然觀的豐沛語境和當代潛能，就比單純從《莊子》文本抽繹幾個封閉性的概念來還原自然觀的單一原旨，要艱難駁雜得多，也豐富有趣得多。（熊品華撰）

第三章　文子、列子及其他道家

丁原植著《文子新論》

　　《文子新論》，丁原植著，萬卷樓圖書有限公司，1999年，平裝，398頁。

　　作者丁原植乃台灣輔仁大學哲學研究所教授，自1995年以來即從事「文子研究」的課題，其中包括三個部份：第一部份是關於文子哲學思想與史料問題的論述；第二部份是對於《文子》資料的探索；第三部份是對於《淮南子》與《文子》對應的考辨。本書是作者文子研究課題第一部份相關研究成果的輯集而成。

　　本書共分五篇共計十一章，另有兩篇附錄，一為〈定州西漢中山懷王墓竹簡《文子》釋文〉，二為〈《文子》古本資料試編〉。

　　第一篇：《文子》一書與文子其人。其研究指出：文子確實是與《老子》思想關係密切的道家早期人物，是屬《老子》思想的嫡傳發展，他可能首先將《老子》「無為而治」的思想完成人文性規劃的轉折，因而開啟黃老之學的歷史性發展。

　　第二篇：定州竹簡《文子》新探。1973年《文子》竹簡本出土，與今本有較大差異，作者在此篇中對此二版本作了對比分析，共分三章。第一章〈定州竹簡《文子》解析〉，第二章〈竹簡《文子》哲學思想〉界定其道觀念，並探究其聖人的意義與王道的人文建構作用。第三章〈竹簡《文子》的人文探索結構〉確立「聖人」、「道」、「德」的三元基本結構，企以取代周文意義的人文禮制。

　　第三篇：文子與老子的思想傳承，共分兩章。第一章《文子》引《老子》考略，第二章則探析文子與解《老》之傳承。

第四篇：《文子》思想史料研究，共分二章。第一章就《文子》相關哲學史料作出釐清與辨析。第二章則針對《文子》與《劉子》、《淮南子》之間的思想關係。

第五篇：《文子》與先秦哲學發展，共分四章，分別就「道原」問題、「精誠」觀念、「宇宙」觀念與老子「自然」觀念等面相剖析《文子》與先秦哲學思想觀念之發展。

《文子新論》一書呈現了有關《文子》研究的一些重要成果，尤其是相關史料的爬梳，這對前人忽觀《文子》之價值未曾善用這些重要的文字內容來探索先秦思想的發展，頗有補正之作用。這對於探討道家思想發展中此一長期被遺忘的重要環節，適足提供一些值得注意的思考線索。（劉見成撰）

丁原植著《《文子》資料探索》

《文子》資料探索》，丁原植著，萬卷樓圖書有限公司，1999 年，平裝，621 頁。

本書作者丁原植教授從事「文子研究」課程中第二部份的學術成果，主要在探索今本《文子》的資料問題。定州竹簡本《文子》的出土與釋文的公佈，不但確証先秦實有《文子》一書傳世，同時也啟發對於今本《文子》重新思考的重要資料。作者特別指出，今本《文子》十分駁雜，除原始古本外，包含大量後世混入的文字，這其中有四分之三均見之於《淮南子》一書。但經過仔細的深析後發現，一般所謂《文子》與《淮南子》之間誰抄襲誰的問題並不存在。

作者考証發現《淮南子》曾以不同的文本流傳於世，其中混入《文子》的是一種《淮南子》別本，作者稱此為「《淮南子》別本殘文」。而今本《文子》中，有部份文字雖與《淮南子》思想相近，卻全未出現在該書中。這些文字資料，有與解老傳承有關者，亦有推衍發展竹簡《文子》思想者，這些資料，作者稱之為「文子外篇」。因此在本書中所謂的「《文子》資料」，其來源主要區分為七部份：1. 竹簡《文子》部份，2. 與竹簡《文子》思想相近部份，3. 文子學派思想史料部份，4. 文子學派解老資料部份，5.「文子外篇」殘文部份，包含與《淮南子》同源的資料，其中有不見於今本《淮南子》者，6.《淮南子》別本殘文部份，包含與文子或文子學派關係較遠的史料，7.其他先秦典籍資料殘文竄入部份。

本書以《正統道藏》之《通玄真經》為底本，共分〈道原〉、〈精誠〉、〈九守〉、〈符言〉、〈道德〉、〈上德〉、〈微明〉、〈自然〉、〈下德〉、〈上仁〉、〈上義〉、〈上禮〉十二篇。每篇按「老子曰」或「文子問」、「文子曰」等體例，再細分為一百八十七章。每章按文義結構，再分為若干節。

各篇均先說明今本《文子》資料編輯情況按章次排列，凡未見於《淮南子》之文字均以「〔 〕」符號標明。再者呈現「相關資料尋索」之部份，最後是「探析與解說」部份，則深入而詳盡地分析《文子》之資料來源，判斷資料之可能歸屬，並就其義理內涵加以解析。

《《文子》資料探索》一書，對於《文子》相關史料作出全面而細膩的梳理，釐清一些歷史上思想發展過程的疑惑，補綴部份遺失的環節，都有其重要的學術貢獻。（劉見成撰）

余若昭撰《列子語法探究》

《列子語法探究》，余若昭撰，文史哲出版社 1972 年 8 月出版，精裝，502 頁。

余若昭，1972 年畢業於臺灣師範大學國文研究所，《列子語法探究》即其從游於許世瑛（1910～1972）教授門下而完成的碩士學位論文，並於翌年將之修改為〈列子語法探求〉，登載於《國立臺灣師範大學國文研究所集刊》第十七號。余氏學術論著雖較少，但許教授晚年因手術失敗而完全失明時，在張素貞（1942～）規劃下，余氏與何淑貞也共同參與記錄其本師對《論語》語句的文法分析，並由許門高弟戴璉璋（1932～）審校、修改，完成《論語二十篇句法分析》，而此書也成為許教授生前的最後一本學術著作，直到許教授逝世翌年（1973），始正式出版。又據邱燮友（1931～）教授所撰〈記憶深處——悼念可親可敬的許詩英老師〉指出，許教授曾將失明後的心路歷程，口述為自傳式的文章〈我失明以後的經過〉，於 1972 年夏季投稿至《聯合報》副刊，登載於「各說各話」專欄，而該篇全文即由余若昭筆錄而成。

《列子語法探究》一書除對前賢研究成果加以回顧的〈前言〉，以及揭示撰作依據之〈凡例〉外，共分五篇。首篇為〈指稱詞〉，下列九章，依次為三身、特定、護指、疑問、無定、數量、單位、總括指稱詞及「者焉然」三字之稱代作用；第二篇為〈限制詞〉，下列二章，依次為否定與禁止限制詞，指稱詞轉變而為限制詞；第三篇為〈關係詞〉，下列二章，依次為介進起詞止詞、

受詞及其他補詞之關係詞，以及連繫各類複句中之關係詞；第四篇為〈語氣詞〉，下列四章，依次為獨主、句肯、句中、句末語氣詞；第五篇為〈構詞法和造句法〉，下列二章，依次為構詞法、造句法。各章時有再區分為數節者，如第五篇第二章「造句法」，即區分為敘事簡句與繁句、致使句與意謂句、表態句、判斷句、準判斷句、有無句、複句、使成式與被動式用法及意動用法等八節，其中，第七節「複句」之下，更細分為聯合、加合、平行、補充、對待、轉折、時間、因果、目的、條件、縱予、推論、論斷、遞係等十四種關係複句。

作者在〈凡例〉中載明，此書之文法用語，係依其本師許世瑛教授《中國文法講話》為準；《列子》原典之句讀，則依據楊伯峻（1909～1992）先生《列子集釋》；撰作體例仿效自周法高（1915～1994）先生《中國古代語法》；上古聲母音值、上古韻部之名稱，取自董同龢（1911～1963）先生《上古音韻表稿》；而《列子》原典難以理解之句子，則先就陶光先生（1912～1952）《列子校釋》、王叔岷先生（1914～2008）《列子補正》考校而後分析。透過這些引用書目，可以得知，作者善用文法、音韻之重要著作，並能揀擇《列子》校讎善本而展開研究，其嚴謹之態度，令人肯定。

透過由西方引進的學科「語法」、「文法」，對古籍行文進行成書年代之判讀研究，在此之前，楊伯峻已曾撰有〈列子著作年代考〉，但在 1970 年代的中文學門而言，仍是一種較為嶄新的嘗試。本書雖非傳統的道家思想或文學層面的研究著作，但作者不厭其煩地對《列子》文句語法進行分析，並從另一途徑得到列子研究之成果，也能彰顯道家研究的新方法運用，具有一定程度之學術價值，同樣有其重要性存在。（李建德撰）

蕭登福著《列子探微》

《列子探微》，蕭登福著。臺北文津出版社，1990 年 3 月。

列子其人，作者考察其年世先莊子，其書《漢志》有載，劉向曾為校訂。唐、宋尊崇道教，玄宗天寶元年以莊子、文子、列子、庚桑子為真人，四子之書為真經，崇玄學，置博士、助教及學生。其中列子為「沖虛真人」，《列子》書為《沖虛真經》。至宋世，於沖虛稱號之下又加入了「至德」二字，於是《列子》書成為《沖虛至德真經》。列子其人，則徽宗宣和元年復詔封為「致虛觀妙真君」。

　　本書認為列子之學風，較近於老聃、關尹。貴清虛，守自然。《列子》一書今存者八篇，與《漢志》所載相符。然自其內容而言，楊朱篇縱慾貪生之思想，與列子視死生如夢、苦逸相循者相反。則八篇之內容，當非成於一人一時之手。其中有列子門人及列子後學而兼習楊朱者之所撰，亦有少部分為後人增入者。然書中多古字、叚借義，大抵尚存先秦風貌，非是六朝人所偽撰。

　　列子認為有萬物，必有創生萬物者。作者研究指出，物屬於現象，創生者為本體。本體運轉而後生萬象。而一切的生化現象都是「自生」，即是自然而然且不得不然。列子由太易、太初、太始、太素並配以形、氣、質來解說萬物生成的過程。列子在天道思想上以為道生物，物變滅復返於道，此道物相循環的觀念與老莊相似。列子以為「人」乃是天地陰陽沖和之氣所成，身與天地萬物原為一體，不可妄認為己有，萬物並沒有真正的生死可言。人生有生、壯、老、死四階段，都是道體生化的必然過程，為人只得因任自然，不必好生壯、惡老死。

　　列子的人生觀，作者從處事態度上歸納為四點：重柔弱貴持後、寡欲知足、人生如夢不必太認真、順自然安於命。在心靈涵養上，則要求先去機心與自高心。若要達到任我兩忘，外物不傷的境界，可循兩條修養途徑：一是泯是非、對待相、差別相，和同於物。一是專心一志，心無雜慮，使外物不入。

　　本書推崇列子，是先秦諸子中最能與神仙沾上邊的人，他對道教的影響不容忽視。他的御風而行，每令人遐想。作者研究指出：道教重要的天界說，即承襲自列子。以天為積氣所成，以太易、太初、太始、太素為世界萬物生成的步驟，此說即出自《列子》。《列子·天瑞》書中所說的方壺、瀛洲、蓬萊三島，《史記》襲取之，《漢武帝內傳》始以扶桑代瀛洲，並增列十洲，後世道流便以方丈、扶桑、蓬萊為三島。《列子》三島說所述神仙不死藥，秦皇、漢武皆曾耽迷其說。至唐代杜光庭又把三島十洲與三十六洞天、七十二福地等並列。這些洲島洞府，便成為道教地仙的居所。而《列子·周穆王篇》的清都、紫微，則成為道教天帝的所在。（林翠鳳撰）

蕭登福注譯《列子古注今譯》

　　《列子古注今譯》，蕭登福注譯。臺北文津出版社，1990 年 3 月。二版改由新文豐出版社 2009 年 11 月發行。

作者認為《列子》書歷代注釋者少，較著者有晉之張湛（本書簡稱張注），唐玄宗時人盧重玄（簡稱盧解）。學者向以張湛比況注莊之郭象，以盧重玄比況注莊之成玄英。其後殷敬順《列子釋文》為做釋文，而偏重於以音解字。宋人陳景元《列子釋文補遺》為之補釋，但殷、陳二家之作，今已經相混為一書，無法區辨，本書中僅以《釋文》簡稱之。又，《釋文》除對列子正文予以音釋之外，對張湛注亦有音釋。本書則取其對正文之音釋，而略張注部分之音釋。

宋世，由於真宗、徽宗等之弘揚道教，注《列子》者轉多。較著者如徽宗《沖虛至德真經義解》（簡稱徽宗義解／徽宗本）、范致虛《列子解》（簡稱范解）、江遹《沖虛至德真經解》（簡稱江解／江本）、林希逸《沖虛至德真經盧齋口義》（簡稱口義／口義本）等諸家。而宋人高守元則收錄晉張湛注、唐盧重玄解、宋徽宗訓、宋范致虛解等四家注，編輯為《沖虛至德真經四解》一書（簡稱高守元本或四解本）。但此書除收四家注外，自己並無發揮之語，不能成一家之言。清代學者之治《列子》者，率皆從事文字校訂及辨偽。較著者如秦恩復、俞樾、姚鼐、汪萊、王重民等，而注之者則無。而本書案語中所引及晚清及近世諸家作品，大抵見於嚴靈峰《列子集成》及各圖書館中。

作者指出諸家古注，每多玄言奧旨，對《列子》書頗多發明，應為治《列子》主所寶重。但唐、宋之學者喜以道教之說解釋《列子》，其中尤以江遹為甚。林希逸則每以莊、儒二家並列，偶有失持平，然林氏之作，實為張、盧二家外之較佳者，與徽宗、范致虛之作相並，皆是宋人治《列子》中之佼佼者。

諸家古注，重在闡釋文義，不重解釋字詞。而《列子》古字古義甚多，不釋其字，則其義難明。為補此缺憾，本書特於古注後附以案語，並將《列子》八篇予以語譯。不僅集歷代各家之注，也對《列子》詳加校勘、訓釋，歷代各家按語、辨偽、白話等等。體例上其排列次第為：列子正文、諸家古注、今譯。作者所採之古注，則以現存於明時編纂之《正統道藏》者為底本。

本書在正文方面，前四篇以道藏徽宗《沖虛至德真經四解》本為底本，但此本僅存〈天端〉至〈仲尼〉前四篇，故自〈湯問〉至〈說符〉等後四篇，轉以高守元四解本為底本。又，徽宗本「無」皆作「无」；四解本則作「無」，為求統一，後四篇正文方面皆改作「无」。（林翠鳳撰）

嚴靈峯著《列子辯誣及其中心思想》

《列子辯誣及其中心思想》，嚴靈峯著，文史哲出版社，1994年，平裝，304頁。

嚴靈峯教授，台灣知名思想史家，著述甚豐，在經史子集方面，堪稱大家。本書之作乃起於列子一書自宋人高似孫以來，明人宋濂，近世梁啟超、馬敘倫、顧實、楊伯峻諸多學者皆稱其偽，咸謂乃魏晉人之所假託，或注列子書者張湛之所為，眾口鑠金，遂令現代學人棄之如敝屣，誠可嘆也。故對前人諸等之曲說，分別加以批判，用彰前人之思想智慧。

本書共分七章：一、列子成書年代及其流傳；二、辯誣；三、「列子書」大歸同於老莊—列子的中心思想；四、劉向列子新書敘錄校注；五、張湛列子校注；六、張湛事蹟輯略；七、附錄。其中二、辯誣與三、列子中心思想是為全書之要。

辯誣一章乃全書用心最力之處，作者有感於歷來學解界對於列子一書誤解太深，實有徹底加以澄清之必要，乃從現存本文與張注作嚴密之解析與考証，以還其本來面目，此「辯誣」之所由作也。本章計分七節各就張注對原書文字之校定、張注標明有關典故、張著對列子書中文義之存疑、張注引莊子本文、張注引向秀及崔譔莊子注、張注引郭象莊子注、列子書與莊子書中雷同文字之比較與分析等七大面向予以詳實考証辨析，所得結論有五：

（一）此書非列禦寇所自著，可能由其及門弟子及其後學所輯集而成。

（二）其成書當在戰國三家分晉之後，並羼雜有後人文字及其它殘卷和錯簡。

（三）現存本乃劉向所著《新書》之殘闕者，經由張湛輯錄並加以校注而成。

（四）其書非有人「存心」所偽造，更非張湛一人之所為。

（五）此書的中心思想大歸同於老莊。

第三章即作者在嚴密考証之基礎上闡發列子一書的中心思想作有系統的論述，依宇宙起源論及其演化過程、宇宙之無限性、運動變化之無間性與消長規律、自然本性及其生化原理、生死之命定論、夢覺異境之感受、守氣全神、貴虛、持後守柔、治道等議題、闡明列子思想之本源與要義。

綜覽列子全書，其說大抵本於黃帝之書與老聃、關尹之言，張湛自序所稱：「大歸同於老莊」，其判甚切。

本書於列子辯誣、考証精詳、說理充分、確有糾謬校正之功，於學術研究上有其重要的參考價值。（劉見成撰）

應涵編著《虛靜人生──列子》

《虛靜人生──列子》，應涵編著，正展出版公司 2000 年 10 月出版，軟皮精裝，360 頁。此書原題《虛靜人生──列子寓言夢道》，為應涵編譯之作，並由北京宗教文化出版社於 1998 年 2 月出版，為 32 開平裝本，共 413 頁。因此，可知本書係臺灣的出版業者取得版權後的重新排版、印刷之作。

透過查詢中國大陸「孔夫子舊書網」及臺灣「書目資訊網」等相關資料得知，應涵之著作，簡化字版本多由青海人民出版社、宗教文化出版社印行，包括《忍耐生存大法》等「傳統生存大法」系列，《諸葛亮神算兵法》等「歷代帝王國師神算兵法」系列，出版之年代則多為 1997 至 2000 年前後，並由臺灣發行正體字版本。就內容而言，如「歷代帝王國師神算兵法」系列書籍，即屬於對《六韜》、《鬼谷子》、《將苑》、《百戰奇略》等軍事戰略古籍的注解與翻譯。

《虛靜人生──列子》一書，由〈總序〉、〈概述〉及《列子》八卷各節之原文、譯文、注解構成。〈總序〉由「童笙」於 1997 年撰寫，其內容同見於《五行人生──黃帝觀天行道》、《淡泊人生──老子出關論道》、《逍遙人生──莊子蒙山悟道》等三種著作，旨在說明透過閱讀哲人著作，借鑒其生命歷程，從而創造自我人生之發展；〈概述〉由「宏毅」於 1997 年撰寫，對於列子之生平、師友、版本、著作真偽、內容要旨、思想體系等方面，作了較為簡單的敘述。然而，〈概述〉持論「在道教系統中，《列子》和《老子》、《莊子》並稱『道家三經』，並被改稱為《清虛經》」，則有可商榷處。蓋此語明顯受到南懷瑾《我說參同契》「道家的三經是《老子》《莊子》《列子》。……《列子》叫《清虛經》」（頁 159）而忽略了《列子》在唐、宋二代被稱作《沖虛真經》、《沖虛至德真經》的歷史事實。

本書對於《列子》全書之處理，係先對各卷標題以內容繫以簡明易懂的詞語，〈天瑞〉為「道的符號，天的信物」，〈黃帝〉為「元神專一，純心虛靜」，〈周穆王〉為「形、化、夢、覺」，〈仲尼〉為「體神獨運，忘情任理」，〈湯問〉為「想像奇詭，寓言寓理」，〈力命〉為「人力與天命的抗爭」，〈楊朱〉為「厚味、美服、好色、音聲」，〈說符〉為「思想言行的驗證之符」。而各卷原文，再就其內容意旨，再次繫以簡單文句，如〈天瑞〉說「太易、太初、太始、太

素、渾淪」等「五太」之原典，即被作者稱為「列子說『渾淪』」；〈說符〉公
子鉏諫晉文公伐衛之典，則被繫以「提防螳螂在後」。惟此處稱「螳螂在後」，
似乎略有不妥，與大眾約定俗成的慣用語「螳螂捕蟬，黃雀在後」不同，未知
其語之出典。

　　本書與簡化字版本之原書相比，缺少了附錄一〈重要序錄彙錄〉與附錄二
〈辨偽文字編輯〉，使學術研究之價值略顯不足，但是，作者採取「原文、譯
文、注解」的呈顯方式，卻也方便一般常民大眾對《列子》的閱讀，亦有功於
道家古籍的推廣，同樣值得吾人肯定。（李建德撰）

東方橋著《走進列子理想的大世界》

　　《走進列子理想的大世界》，東方橋著。臺北玄同文化事業有限公司。2002
年 12 月。

　　作者原名唐華。日本東京大學哲學博士。臺灣政治大學教授，主授邏輯、
哲學史和先秦諸子。其獨創的寓哲理於翰墨的《哲學慧鏡翰墨銘》書畫集，廣
受收藏。專著有「讀經典方法學系列」、《中國原儒哲學思想史》、《中國易經變
化哲學原理》、《實踐大同理想的大世界》等五十餘種專著。

　　《列子》按章節分為〈天瑞〉、〈黃帝〉、〈周穆王〉、〈仲尼〉、〈湯問〉、〈力
命〉、〈楊朱〉、〈說符〉等八篇，每一篇均由多個寓言故事組成，寓道於事。其
中較為人熟悉的包括「愚公移山」、「杞人憂天」、「亡鈇者（亡鈇意鄰）」、「歧
路亡羊」等。書中許多寓言都帶有足以警世的教訓，也具有一定的文學價值。
作者分析第一〈天瑞篇〉說出宇宙的客觀規律，本源於一個「道」字，這是《列
子》書的總綱。第八〈說符篇〉說出人的主觀意識，是一個「心」字，這是《列
子》書的總結論。

　　本書即就《列子》八篇內容歸納分析。列子的「故事」是依據河圖、洛書
的「五」，與伏羲氏的「乾、坤、坎、離、震、艮、巽、兌」八卦演化而成一
百四十五個「故事」，在其中又有二十九個「五」數字的變化原理。作者研究
指出：《列子》運用易學原理，貫通全篇一百四十五個故事，開中國哲學史的
先河，又有極豐的文學價值，以及辯證法的思想方法，科學的論證，醫學、音
樂、宗教、神學，尤其對後世的禪學有求證的效果。如「找到金子了」的專注，
是「禪修」上極重視的法門。但最終的目的，他還是在實踐一個「華胥氏之國」
的理想，那個國家沒有老師，也沒有長官，一切聽其自然。人民沒有什麼嗜好，

也一切聽其自然。列子不僅是一位實證的科學家，說故事的高手，更是道地而不空談的哲學家，也是中國禪學之父。

作者認為列子的故事是一個「知識論」。知識，是指「認識」進行時，所獲得的結果。認識，是指「知識」創造進行時，所經過的歷程。列子在這些故事中，告訴人類要如何地去遵循「宇宙大道」的本性，體會「道」的存在，從這裡去認識真實的世界。既然，萬物損於彼者，必盈於此，又何必斤斤於得失予取？既然，生不知死，死不知生，又何必效杞人憂天？既然，天地陰陽乃一氣之迴轉，又何必固執於自我？這種自然現象和人生觀的確定，是自然科學在宇宙行程的理論基礎上，有相當高的水平；對我們人類按「道」之規律征服自然，也是開哲學史上的先鋒；這也是列子全書的總綱。「道」是不變的，道，沒有學派，道，就是道。（林翠鳳撰）

黃素嬌著《《列子》與《莊子》論夢之比較研究》

《《列子》與《莊子》論夢之比較研究》，黃素嬌著，新北：花木蘭文化出版社，2011 年初版。16 開本，精裝，約十三萬餘字，163 頁，收於《中國學術思想研究輯刊》第十二編第二十一冊。

黃素嬌，台灣彰化人。台灣師範大學國文學系學士、彰化師範大學國文研究所碩士。現職為國中國文教師。

《《列子》與《莊子》論夢之比較研究》，共分為六章：第一章〈緒論〉，說明研究緣起、研究範圍與方法，並整理前人的研究成果。第二章〈進入夢的世界〉，首先，探究「夢」字的原始造意；其次將人類對夢的認識，分為占夢迷信、理性探究、科學觀察等三個階段來加以介紹；最後以「文本之夢」為題，討論作家紛紛汲取「夢」為創作題材的原因。第三章〈《列子》論夢〉，本章針對《列子》一書涉及夢理論和夢寓言之處，來觀察《列子》書中的夢理論與夢寓言。第四章〈《莊子》論夢〉，本章針對《莊子》一書涉及夢理論和夢寓言之處，作全面的審視與分析，其中又分別以「夢與不夢」、「蝴蝶夢」、「『非人』形象透過夢境表達意見」、「其他」等四個主題，來探討《莊子》書中的夢理論和夢寓言。第五章〈《列子》與《莊子》論夢之比較〉，本章從「夢的產生」、「夢覺問題」、「敘述特徵」等三個方面來比較《列子》與《莊子》書中所出現的夢理論和夢寓言。第六章〈結論〉，總結本論文的研究成果，並進行研究探討。

　　本書的研究發現，《列子》與《莊子》書中有關夢的論述，部分思想或內容容或相似，但深究之下，不免發現它們對夢的基本關注是不盡相同的。如《列子》主要是從冷靜、理智的角度來分析夢的特性、夢覺問題等；而《莊子》則多偏重在夢覺問題的哲學思辨，以及創造充滿「物化」色彩的夢寓言。因此，可以說是《列子》之論夢，主要貢獻是建立了理論化與系統化的夢研究模式。其中對於孟因的多面性探討，以現在的眼光看來，亦極俱有參考價值的。至於《莊子》之論夢，最有價值之處，在於作者運用了文學虛構手法來創造不同的夢境情節，並藉此表達了作者的思想情感。也使得人類對於夢的關注，從單純的夢象意義探究，擴大深化了夢象描寫藝術的文學殿堂。

　　討論本書的研究貢獻有二：一、本書提供了《莊子》與《列子》研究，新的可能面向，擴大了兩者的研究領域；二、本書提供了對古典文獻，新的研究方法，可為模式。（郭正宜撰）

顧實著《楊朱哲學》

　　《楊朱哲學》，顧實著，原南京：東方醫藥書局，1931 年出版，今據台北文听閣圖書有限公司出版，2010 年初版。16 開本，平裝，約八萬餘字，172 頁，收於《民國時期哲學思想叢書》第一編第五十冊。

　　顧實（1878～1956），字惕生，江蘇武進（今常州）人，古文字學家、諸子學家。早年攻習法科，通日、英、德、法四國文字。曾在國立東南大學、無錫國專任教。另著有《漢書藝文志講疏》、《穆天子傳西征講疏》、《墨子辯經講疏》、《莊子天下篇講疏》、《大學鄭注講疏》、《中庸鄭注講疏》、《論語講疏》、《中國文字學》、《說文解字部首講疏》、《六書解詁及其釋例》、《重訂古今偽書考》、《中國文學史大綱》等書。

　　本書《楊朱哲學》，凡分三篇，上篇顯真論，窮搜楊朱信史資料；中篇名取論，闡發楊朱道術之精微。以上皆為真楊朱而作也；下篇闢偽論，則為闢偽楊朱而作也。本書的宗旨，乃在於顯真、明取及闢偽也。使真楊朱能夠大白於世，痛闢偽楊朱，企圖真楊朱重光，偽楊朱滅亡。本書論點頗多，謹列于下：一、楊朱即陽子居；二、楊朱與孔子曾學於老聃，楊朱優於孔子；三、作者從攻楊墨聲中，透露出楊朱的思想，亦見證楊朱思想的存在。攻楊墨聲中，有老聃、莊子、孟子及韓非等。四、作者從言盈天下的楊朱，說明《荀子》、《呂氏春秋》之書中的楊朱思想；並從兩漢、魏晉人所見之楊朱書，不同於魏晉張湛

所編之《列子》，透露出張湛之書，乃為偽書。四、中篇明取論，說明楊朱與墨家、道家、儒家及雜家的關係。透過楊朱與諸家的關係比較，顯露出楊朱哲學的旨趣。作者並將《呂氏春秋》中之〈本生〉、〈重己〉、〈貴生〉、〈情欲〉、〈盡數〉及〈先己〉諸篇，直視為『准楊朱書』。五、作者歸納楊朱的主義有：全性（全生）主義、為我（貴己）主義、察變主義及人道主義等。六、作者亦舉證出楊朱之徒屬。七、作者認為今存魏晉人之《列子》一書，乃是偽托之作。《列子》一書，凡八篇，作者在上篇顯真論已詳言真楊朱書亡而偽楊朱篇作之變遷。作者進一步從古書之勦絕、地理之錯誤、先哲之污衊及劣手之作偽等四項，說明《列子》之書，乃是偽托之作。

總言之，作者本書企圖光大真楊朱哲學，痛闢偽楊朱，意義鴻遒遠大。《列子》一書，據蕭登福先生《列子探微》以為今之《列子》一書應成書於春秋至戰國之世，由列子之門人弟子及其後學所陸續編纂增入，抑或存有部分列子之原作。又由於《列子》雜有後人增撰之語，或可說是部分為偽，整體而言，《列子》一書仍可視為先秦舊籍，雖說部分為六朝人偽撰。然其中抑或有真楊朱之思想，未可盡誣。作者論證楊朱即陽子居，論點由此開展。若此論點不成立，後面證明亦顯為無基之論。再者，作者以《呂氏春秋》中之〈本生〉、〈重己〉、〈貴生〉、〈情欲〉、〈盡數〉及〈先己〉諸篇，直視為『准楊朱書』，可謂有見。然論證薄弱，可視為旁證，而非直接證據。此諸篇或可視相近於楊朱哲學。作者諸論點，可謂有見，亦成一家之言。另外本書所示，亦可作為日後研究楊朱哲學開展之基礎，功亦不可沒。（郭正宜撰）

藍秀隆著《揚子法言研究》

《揚子法言研究》，藍秀隆著，文津出版社，1989 年平裝，230 頁。

楊雄字子雲，漢朝重要思想家，其主要著作者仿《周易》作《太玄》，仿《論語》作《法言》。《法言》之作乃楊雄對先秦道法名諸家非毀儒家的情形非常不滿，又深感當時蔚為主流的今文經學家也各以其知解經釋義，以致詭辭、強辯遮蔽了儒家聖人之道，迷惑了大眾。

本書為揚子《法言》的研究專著，除緒言外計分四章各就揚雄生平、《法言》考述、《法言》思想與《法言》之文辭予以探究。

第一章〈揚雄生平〉下分兩節：第一節略述揚雄生平傳記；第二節則建構揚雄年譜，從漢宣帝甘露元年揚雄生至新莽天奉五年揚雄卒，得年七十一。年譜中略述揚雄一生重要事跡。

　　第二章〈揚子法言考述〉下有五節分述揚子法言校記，揚子法言歷代著錄及其存本輯存彙錄、台灣現藏揚子法言善本書目、台灣近代刊揚子法言版本。其中第一節揚子法言校記乃作用心致力之處，取秦氏宋本揚子法言為底本，取諸本相與校讎，衡裁諸家之義，企以補闕正偽。

　　第三章〈揚子法言思想之探究〉下分十二節就尊孔、宗經、隆師、治學、尚德、為政、論文、雜說、品鑑人物、繩檢諸子、修持之法、法言微旨等面向闡發揚子《法言》一書中的思想要旨。揚雄之學宗孔主儒，《法言》乃仿《論語》而作，意在提要勾元，扶翼儒教，藩衛聖功。

　　第四章〈揚子法言之文辭〉下有四節，第一節乃彙列歷來有關法言一書褒貶不一之評論文章，以供讀者互參。第二節彙陳法言一書中揚子所用韻語以供參照。第三節彙總法言一書中揚子喻物、擬事、方古、譬詩等取喻之文。第四節揚子法言象式論語之體例句法與文意者，揚雄自序云：「故人時有問雄者，常用法應之，譔以為十三卷，象論語，號曰法言。」是知《法言》一書乃象論語而作，其體例、句法、文章常有依範論語者。作者此節例舉象式論語者，分體例、句法與申論文意之處，表而例之，以明揚子著法言，尊孔主儒之旨要。
（劉見成撰）

蕭登福著《鬼谷子研究》

　　《鬼谷子研究》，蕭登福著。臺北文津出版社，1984 年 10 月。

　　鬼谷子是蘇秦、張儀的老師，也是縱橫家的開山祖。蘇、張二人承襲了鬼谷子的論辯術，並加以發揚光大。作者認為二人所提倡的合縱、連橫策略，也可能是源自於鬼谷子的思想。縱橫家們用以游說的理論技巧，今日仍可由《鬼谷子》一書中窺探出端倪來。

　　作者研究指出，縱橫家的優點在於能「權事制宜，受命不受辭」，崇尚的是權謀策略，言談辯論。缺點是易流於詭辭而無誠信，此為世人所常詬病。張儀的欺詐楚懷王、蘇秦的誑誕齊湣王，皆是顯例。如以道德標準來衡量說客，當然會斥責其誠信及無固定立場。但今日國際紛爭世界裡，國與國之間的交往，並非完全建立在仁義道德上，為自己國家爭取最大利益，採取彈性外交，已是今日世界之趨勢。

　　作者衡諸國與國之間的接觸，標榜最重要者在軍事與外交。軍事方面，《孫子兵法》可為用兵之典則，外交方面，則《鬼谷子》一書應奉為謀國之圭臬。

學習縱橫之術時，要由《鬼谷子》來探討理論外，也應由《戰國策》來考察當時策士的實際運用情形，將理論與實際配合。且學縱橫之術旨在「譯二國之情，弭戰爭之患」，不應以掉弄三寸之舌來干取富貴。這就是子貢能受尊崇，而蘇張遭受非議的原因了。

鬼谷子縱橫之術歷代皆有人研習。戰國時期除蘇、張之外，公孫衍、范雎等人，皆以寸舌致富貴。兩漢時企慕者眾，六朝時重清談論辯，註釋者多。唐宋至清，歷代都有研討註論者。

作者考察鬼谷子的版本，常見者有道藏本及嘉慶十年江都秦氏刊本。嘉慶本係依據錢遵王述古堂舊鈔本而來，錢本則係據宋本而傳錄者，遠較道藏本為佳。後來到了盧抱經郵寄給他的錢遵王鈔本，在錢本與道藏本相互讎校下，發現了道藏本譌誤脫漏甚多，甚至一篇中正文注文有脫去四百多字者（內揵篇），因此秦氏再以錢本為底本，重加勘校，並於嘉慶十年刊行於世。由於秦氏的刊行，而錢本也才大為世人所重。本書下編譯註所依據的本子，即是此本。並以其他本子加以讎校，包括：明嘉靖乙巳藍格鈔本、清乾隆五十四年江都秦氏刊本、正統道藏本、四部叢刊本、太平廣記本等，期使鬼谷子一書能復其舊貌。

本書除序言外，分為上下兩編：上編為「鬼谷子研究」，為前已發表於雜誌的四篇論文，依次為〈鬼谷子其人及其作品〉、〈鬼谷子真偽考〉、〈鬼谷子諸篇要義初探〉、〈鬼谷子縱橫術之探討〉，文中對鬼谷子一書的真偽問題，版本源流，鬼谷子縱橫學說的理論及後人對鬼谷子一書之評價等均有所探討，期以明其人，明其書。下編為「鬼谷子譯註」，有校讎、注釋及白話翻譯，力求其淺易明白。（林翠鳳撰）

蕭登福著《鬼谷子》

《鬼谷子》，蕭登福著。臺北金楓出版社，1987 年 8 月。

作者指出，縱橫家所崇尚的是權謀策略，所講求的是言談辯論。而這一切縱橫理論的首創者與倡導者是鬼谷子。據《史記》記載，鬼谷子是蘇秦、張儀的老師，曾教導他們縱橫理論。將這些理論保存下來的，則為《鬼谷子》一書。《鬼谷子》是一本談論縱橫權謀之術的書，教人如何以言語去說服人。在鬼谷子看來，要說服的對象有二種，一是在上位者，一是下屬。鬼谷子認為，以言詞去遊說他人，並不僅是逞口舌之辯而已，而是要以縱橫之術來進行政治目的，使自己或他人的才幹能用來安邦治國。

　　《鬼谷子》一書共分三卷，作者研究指出，上、中兩卷旨在講述遊說時所應遵守的原理原則與遊說技巧；下卷重在闡述遊說者本身所應具備的內在涵養與修練。全書可分為主體與客體兩方面來探討。在主體方面，對遊說者本身而言，需充實知識，豐富詞藻，並講求飛箝、抵巇、內揵等遊說技巧。在客體方面，需明察遊說對象的才幹、個性、嗜好、學養等，並須了解事實的真象，然後才能遊說。要成為一位遊說之士，其本身須上通天文，下知地理，明山川，知民情，通曉國際現勢，並善用遊說技巧。對所遊說的對象，須知其人，明其事，並駕馭其新。

　　綜觀縱橫家們著作，至今除《鬼谷子》外，大多散佚，因此想要研究先秦此學派的理論，便捨此而莫由了。雖然縱橫家常以尚權詐、背信義，「離人骨肉，間人君臣」，見斥於世人。但事實上，外交策略的是否運用得宜，與國家的安危盛衰關係極大。

　　由於《鬼谷子》所談的是權謀策略，因而歷來譏評者多，而稱譽者少。孟子斥為「妾婦之道」，荀子謂其「是態臣也」，從兩漢之後，揚雄謂之「詐人」，王充譏之為佞人。六朝以下，柳宗元謂其「妄言亂世」，明代宋濂甚至以為「國用之則國債，天下用之則失天下」。在諸家中，對《鬼谷子》一書獨有極高評價的，作者認為首推宋代高似孫《子略》。他將《鬼谷子》與《老》《易》並列，並稱之為「一代之雄」，其稱許之情，可謂盡矣。《鬼谷子》一書雖然自《隋志》後，歷代書志都曾有記載，但鑽研者少。至清代，經秦恩復、繆荃孫等人予以讎校後，鬼谷子之學始不墜於地。民國以來，雖偶有零散之單篇討論出現，且語多泛泛。

　　鬼谷子為縱橫家之鼻祖，作者特別指出，今日讀《鬼谷子》時，如能與《戰國策》及兵法書共讀，則效果當益彰。這是因為，縱橫學說的理論雖然存於《鬼谷子》一書中，但其行事的例證，則在《戰國策》中。而遊說之後，每常繼之以兵事。縱橫家旨在「譯二國之情，弭戰爭之患」，苟取其長而棄其短，而縱橫家亦有足多者。（林翠鳳撰）

丁原植著《《淮南子》與《文子》考辨》

　　《《淮南子》與《文子》考辨》，丁原植著，萬卷樓圖書有限公司，1999，平裝，625 頁。

　　本書是作者丁原植教授「文子研究」課題中第三部份的研究結果，主要在考辨《淮南子》與《文子》資料間的對應關係。

今本《淮南子》全文約 131324 字，其中有 30208 字見於《文子》。《文子》全書約 39228 字，其中有 30671 字見於《淮南子》，僅 8545 字未見於《淮南子》，足見二者間關係之密切。

《淮南子》為淮南子王劉安及其門客所編撰，本以「鴻烈」為名，後經劉向校訂改稱「淮南」。今本《淮南子》共二十一篇：〈原道訓〉、〈俶真訓〉、〈天文訓〉、〈地形訓〉、〈時則訓〉、〈覽真訓〉、〈精神訓〉、〈本經訓〉、〈主術訓〉、〈謬稱訓〉、〈齊俗訓〉、〈道應訓〉、〈氾論訓〉、〈詮言訓〉、〈兵略訓〉、〈說山訓〉、〈說林訓〉、〈人間訓〉、〈脩務訓〉、〈泰族訓〉與〈要略〉篇等。

本書之要旨乃在確立《淮南子》與《文子》二者資料關連探索之基礎，是故對於《淮南子》之考辨，僅及於《淮南子》與《文子》有文字互見之部份，其中〈天文訓〉、〈地形訓〉、〈時則訓〉與〈要略〉等四篇，因無文字見於《文子》一書中，故略去不論，共十七篇。

本書撰寫體例，於每篇按資料內容加以分章。凡與《文子》文字互見部分，均以楷體標示，並於其後小號字體附示《文子》文字，且加註《文子》篇章號碼。《文子》一書之章節排列，則請參閱作者另一本著作：《《文子》資料探索》。

凡與《淮南子》互見文字中，《文子》有而《淮南子》無之部分，則以「〔 〕」符號標示。而凡《淮南子》引述其它古籍資料者，均予以輯列並加以說明。最重要者，作者於每篇與各章之前，均要述該篇、章之撰寫旨意與思想大義。

作者於《淮南子》與《文子》之文本資料比對思想梳理，用心甚切，用功甚勤，成果卓著，具有重要的參考價值。（劉見成撰）

劉德漢著《淮南子與老子參証》

《淮南子與老子參証》，劉德漢著，樂學書局，2001，精裝，398 頁。

作者劉德漢係台灣大學中文系教授，長年講授《史記》、《漢書》、《歷代文選》及《淮南子》等課程，本書之作非校釋之專書，其宗旨乃在選取《淮南子》一書中明引或暗用《老子》經文者加以考釋，以期兩書之相關部份能得到若干互為參証之彰顯。

《淮南子》一書，《漢書‧藝文志》列為雜家，或以其內容涵括先秦各家學說之故。實則該書以道家思想為主軸，其〈要略〉篇中即明白揭示：「道應者，攬掇遂事之蹤，追觀往古之跡，察禍福利害之反，考驗乎老莊之術，而以合得失之勢者也。」其「考驗乎老莊之術」義旨，可謂含蓋《淮南子》一書各

面相。然本書之旨僅就《淮南子》與《老子》相關聯之處加以疏解，以期略為理清兩者之間諸多相關之問題。

　　本書以影鈔北宋本《淮南子》及武英殿聚珍版王弼注《老子》，四部叢刊子部《老子道德經河上公章句》等書為底本，並參閱古今相關《淮南子》、《老子》注釋書籍百餘種。

　　本書撰寫採例述式，計分兩大部份。第一部部份：《淮南子》明引《老子》考，按《淮南子》篇次，擇其有「故老子曰」，「故老聃曰」或「老子曰」者，逐一排比為例，共得五十七例。第二部份：《淮南子》暗用或化用《老子》考，蓋《淮南子》書中甚多文辭乃合《老子》經義，但未明言係引《老子》而論，故唯衡酌其文意，摘取若干內容為一例，提點乃係暗用或化用《老子》某章或某幾章經文，彙為三十八例，含前明引五十七例，總計九十五例。

　　在明引《老子》五十七例中，作者首錄《淮南子》某篇本文，據其所引先與今傳各本《老子》校詁，再依各家注釋加以解析，以視《老子》經文之出入，審其異同以推定《淮南子》所據者為何版本，最後則有作者總結性按語，以示其學術見解。

　　在暗用《老子》經文三十八例中，《淮南子》文本內容之選定及其相互對應之《老子》經文，全係作者衡量中有其特殊意義之文句作為某例為主幹，然後再釋其義理內涵在《老子》某章中擇取適當經文相呼應，並援引各家對所擇定之經文內容作適當之校釋。

　　本書於《淮南子》與《老子》文獻資料之爬梳，關於文本字詞之訓釋與二書在思想義旨之關係，皆有釐清辯正之一定貢獻，值得參考。（劉見成撰）

第四章　道家哲理思想

黃公偉著《道家哲學系統探微》

　　《道家哲學系統探微》，黃公偉著，新文豐出版公司，1981 年，平裝，471 頁。

　　作者黃公偉歷任政治大學、台灣大學哲學教授，一生講學不輟，著作等身。本書是其有關道家哲學系統探微見體之作，遍參諸書注疏予以較正引要，歷時四載始定稿。本書出於系統性、研究性與批判性立場著眼，以求徹底認識道家哲學獨具之性格，經由儒釋道之參照比較疏理，知道家之所宗終不混於儒佛，所會之元亦有異於儒佛，乃彰顯道家奧秘玄微之本真實情。

　　本書除前言、凡例外，大分三篇：上篇本源論、中篇老子哲學及下篇發展篇。

　　上篇本源論再分二篇：第一篇「導言」分二章各述道的概念與由來、道家哲學的本源與特色；第二篇「道家哲學與管子」分三章各論道家的起源與管子哲學、管子哲學的形上學、管子與儒道法家的關係。

　　中篇老子哲學承上編號亦分兩篇：第三篇「老子哲學序論」下分三章各述道祖老子傳記與著述概觀、道德經的注釋流傳與老子說序錄；第四篇「老子哲學系統探微」下列七章各就老子邏輯觀念與知識論、老子哲學的形上學、老子超現象的人生論、老子的覺醒哲學與抗議思想、老子的神道觀與歸宿論，老子學說的影響演化、老子考據之消融等主題闡發老子的哲學思想系統。

　　下篇發展篇依序再分四篇：第五篇「楊朱與列子哲學新探」下有二章分述楊朱學說之新理路、列子哲學思想新探。第六、七篇扣緊莊子哲學而展開論述：

第六篇「莊子哲學系統探微序錄」下分兩章各述莊子傳記與著述及其注疏與流傳；第七篇「莊子哲學系統探微」共分四章就莊子的形上學與認識論、莊子出世的現象論、莊子超現象的道德哲學、莊子的神道觀與歸宿論等主題深論莊子哲學。第八篇「原始道家與莊子講評」是為本書之結論部份下分三章，先就清代學者對莊子哲學的評議作出回應，再來對原始道家哲學作綜體之回顧，最後予以總結論。

本書對道家諸子學說予以系統性之架構論列，分為序錄、傳記、正文、結論講評、考據等為先後次序。其正文部份依西方哲學之邏輯系統，分思想方法、知識論、形上學、道德哲學、政治哲學、人生哲學等面相展示道家思想。此雖有參照對比促進理解之益，然以道家思想套入西方哲學架構之中，猶難免適履削足之憾。如作者以「唯神論」本體觀為道家哲學之顯著特色是其中鮮明之一例。

本書以「道家哲學系統探微」為名，然其中內容僅涉及管老莊列楊朱等先秦原始道家思想，未及之後之歷史流變，故改稱「原始道家哲學系統探微」似更能彰顯著書旨義。（劉見成撰）

楊汝舟著《道家思想與西方哲學》

《道家思想與西方哲學》，楊汝舟著，中央文物供應社，1983 年，精裝，545 頁。

本書作者楊汝舟先生，四川巴中縣人，美國太平洋大學哲學博士，曾任中央警官學校與淡江大學教授。中華民國老莊學會創辦人、理事長，道教研究所副所長，中國哲學會秘書長。著述甚豐，計有《中國思想的精神與特質》、《中國哲學之太極與道》、《道家的起源及其發展》、《老子哲學的內外觀》等二十餘種。

本書乃中華文化復興運動推行委員會主編發行「中華文化叢書」中之一種，其旨係以中華優良傳統文化與世界各國之學術思想制度作比較研究，藉以弘揚中華文化特質肯定中華文化價值，達到創新發展之目標。叢書編撰範圍甚廣，計分哲學、倫理、文學、藝術、政治、法制、經濟、教育、社會、禮俗、國防、科技等十二大類。本書屬叢書中之哲學類，其撰寫旨趣在以中華思想與西方哲學作比較研究，益見中華哲學之精神特質所在，本書主題為「道家思想與西方哲學」。道家思想與西方哲學均廣大浩瀚，有其同、有其似，亦有其異，

如何作比較研究，乃一艱鉅工作。作者不作個別哲學家或個別思想之瑣碎比較，而採全程、整體之系統性研究，以早期道家思想、後繼道家思想、道教思想三項與西方作一概略之比較。故本書雖名《道教思想與西方哲學》，然其要旨仍在於道家思想特質之展現與發揚。

　　本書計分八章：第一章結論，概述道家思想；起源、特性及其歷史發展與影響。第二章下分三節以述老子思想之道義。第三章下分八節詳論列子神秘思想之意旨。第四章下分八節闡發莊子自然思想之歸趨。第五章列十四節展示歸文、淮南政治思想之目的。第六章下分七節論述魏晉以降後繼道家思想之傾向。第七章分五節解析道教思想之文化淵源與歷史脈絡。最後第八章為道家思想與西方哲學之比較研究，下有三節分別就「早期道家思想與西方形上哲學之比較」、「後繼道家思想與西方自然哲學之比較」與「道教思想與西方神秘哲學之比較」作出研究。

　　作者深感人類道德早因西方科技之狂潮而墮墜，人類心靈亦因勢利追逐之傷害而覺醒，人類前途實有待哲學思想正確方向之指引，其道家思想與西方哲學比較研究之意正在於此，斯可敬可佩也。（劉見成撰）

張起鈞著《道家智慧與現代文明》

　　《道家智慧與現代文明》，張起鈞著，臺灣商務印書館 1984 年 10 月出版，平裝，205 頁。

　　張起鈞（1916～1986），原籍湖北省枝江縣（今湖北省宜昌市枝江市），1916 年生於北平。1934 年考取國立北京大學政治系，1938 年畢業於因二戰而播遷至昆明的西南聯大，並擔任重慶軍需學校教官、湖北省立工學院訓導長、國立湖北師範學院教授、北平中國大學教授。1948 年冬季，解放軍包圍北平時，張教授與錢思亮（1908～1983）、毛子水（1893～1988）、黃金鰲（1906～1997）等十餘位學界碩彥，搭乘蔣介石指定的「接運教授專機」南下，翌年夏天輾轉赴臺。抵臺之初，曾擔任臺中師範學校（今臺中教育大學）訓導主任，後於 1952 年轉任中興大學法商學院（今臺北大學）教授，1955 年 8 月擔任臺灣師範大學國文學系教授，先後講授老子研究、哲學概論、學庸、中國哲學史等課程，直到退休。其間，張教授曾先後赴美國擔任華盛頓大學、夏威夷大學、南伊利諾大學教授。1967 年接辦香港《自由報》並任督印人，1969 年又與于斌（1901～1978）樞機主教在香港規劃恢復《益世報》，1974 年復成立「大同

學會」及「大同學研究所」，在臺灣師範大學任教期間，亦獎掖後進，將優秀的報告篇章刊載於主編的《新天地》月刊。張教授除本書外，另撰有《中國哲學史話》（與其學生吳怡〔1939～〕合著）、《老子哲學》、《老子》、《智慧的老子》、《文化與哲學》、《中國的未來》、《人海聲光》、《人生漫話》、《大漢心聲》、《儒林逸話》等書，後於 1986 年因腸癌逝世。

　　本書扉頁題為「老子十三篇」，收錄篇章為張教授陸續撰寫的十三篇有關老子、道家的研究論文。這十三篇可分為三部分，第一部分包括〈道家智慧與現代文明〉、〈西方文化與道家哲學〉、〈蒲克明的老子譯本〉、〈老子道德經的英文譯本及其翻譯的途徑〉等四篇，旨在說明西方物質文明大量發展之下，可以透過老子思想及道家智慧補其不足之處，並對蒲克明（R.B.Blakney）對《老子》翻譯的詮解及 1868 年至 1967 年間英譯《老子》的明細、譯者國籍、出版地、依據版本、翻譯體裁、思想內涵、翻譯行文、遭遇問題加以說明，進而提出翻譯中文古籍為外文版本的理想途徑；第二部分包括〈老子哲學簡釋〉、〈「無」的系統說明〉、〈道家的特徵〉、〈道家思想的源流〉、〈老子的影響〉、〈儒道兩家無為觀念的異同及其對政治的影響〉等六篇，主要環繞在對道家思想的介紹與論述，認為道家具備自然主義、退化史觀、消散政術、恬淡人生等特徵，其源流則與儒家同樣來自上古聖王、賢臣的智慧，漢民族的智慧建立在儒、道雙行之上，而老子的影響更遍及魏晉玄學、歷代政治、人民風尚、文學風格乃至道教、方技等，進而申說儒、道二家「無為」觀念有別與政治實際運用的儒道調和；第三部分皆由英文撰寫，分別為 "The Monism of Taoism"，"On Wu-A Systematic Explanation of Lao-tze's Metaphysics" 與 "Book Review : The Parting of the Way - Holmes Welch" 等三篇，其中，第二篇即前揭〈「無」的系統說明〉之英文原稿。

　　綜觀全書，張教授透過會通中外的視角，對歐美諸國介紹老子思想的特色與長處，提出可對西方社會帶來正面的影響，就道家文化傳播而言，具有高度的學術價值，是一本值得再三閱讀的道家研究著作。（李建德撰）

甘易逢著，李宇之譯《道家與道教》

　　臺灣：光啟社，1989。147 頁。

　　作者甘易逢神父，Yves Raguin, S. J.（1912～1998），法國籍，天主教耶穌會會士，精研神修學，對東方靈修有其獨到的體驗。其作品融合東西方神修精

髓，具宏觀角度，而又深邃至極。著有《活潑的靜觀》、《祈禱與現代人》、《瑪利亞之書》、《靜觀蹊徑》、《靜觀與默坐》、《源頭》、《淺談佛學》等。

　　書分十六講，分別為〈道教的起源〉、〈道之哲學〉、〈道在中國古代的哲學觀念〉、〈戰國時代至兩晉時代的道家運動〉、〈道教經典的大主題：道、德〉、〈道教經典的其他主題：根、無為、反、自然〉、〈道教的創始〉、〈道教之復興：清談、玄學〉、〈道教之發展〉、〈道教多神之趨向〉、〈道教的五宗〉、〈道教的廟、神及道士〉、〈道教的禮儀〉、〈道教與基督教的神學之異同〉、〈道教與基督教的生活〉。前有緒言。如篇章所示，這是一本簡單的道家及道教發展的指南，可為天主教徒作為參考使用。

　　如作者所言，本書不是作為一本道家和道教研的論著，而是有關於道家思想及道教發展史的指南手冊，是作者在輔仁大學附設神學院講學時，為學生所作的授課參考。其授課名稱為東方各宗教與天主教的神學。神學院的學生專精於天主教神學，但對於不同宗教的認知卻不多，甚或有反感之處。作者在上課時兼講道教之學，作為對學生補充的教材，同時作天主教神學與道教比較。

　　但書中有些觀念可能待考慮，例如認為道教的來源為戰國時代的老子及莊子，這是混淆了道家與道教的差別，而本書的重點在於對於宗教的道教作描述，而非哲學性的道家。再者視臺灣的道教及佛教為民間宗教或民間信仰，不能說是真的道教或佛教等，佛教、道教及臺灣民間宗教信仰有其區別，作者只看到民間信仰這部份，卻疏忽了純佛教及道教的活動。

　　如實而言，這不是嚴格的道教研究書籍，只是給神學院的學生了解道教的發展，作為一部指南手冊，又是由天主教士撰寫，也難能可貴了。（藍日昌撰）

鍾來因著《蘇軾與道家道教》

　　《蘇軾與道家道教》，臺灣學生書局 1990 年版，凡七章，平裝 25 開本，316 頁。中研院研究員李豐楙博士從 1986 年起，主編《道教研究叢書》，該叢書旨在彙集台灣研究道教的論文與專著、翻譯與介紹國外道教的研究，以及編整道教相關資料，本書為道教相關的論著，於 1990 年被收入該叢書。

　　作者鍾來因，1986 年為江蘇省社科院研究員，2001 年辭世。一生專研中國古典文學與道家道教關係、以及杜甫、白居易、李商隱研究等領域，受到國際漢學界的重視，本書《蘇軾與道家道教》則為中國古典文學與道家道教關係的翹楚。與此相關的研究還有《蘇東坡養生藝術》、《長生不死的探求》、《《真

誥〉長生經精華錄》等。全書分七章,第一章蘇軾時代的氣氛;此章為建立蘇軾的道教與道家信仰的背景,故先從北宋統治者真宗與徽宗崇道說起,帝王熱衷自是如蘇軾等文人或官員也因此親近道學,然鑑於唐代服食丹藥而喪命之實,宋代則以內丹風行於文士之中。第二章蘇軾一生崇道概況;為認識蘇軾崇道的一生,作為本書立論之基,鍾來因先生細膩的將蘇軾一生細分成十一個階段外,除少年時代引了密友米芾對蘇軾所作的輓詩外,其餘各個時代,皆從蘇軾的那個年代所作的詩裡,截取一句最適切足以形容當時蘇軾崇道心境作為標題。因為選用的標題明確,在這十一段的崇道過程,可見蘇軾從神仙可學,進入實驗階段,到隱居看淡世事,追隨《抱朴子》胎息修鍊,而將養生融入生活裡的過程。第三章蘇軾家族中的崇道因素;這一章從蘇軾家族對於道教的看法與關係,來佐證蘇軾崇道有其背景。文分四節,從祖與父輩的蘇序、蘇洵具隱士精神論述起,再論蘇軾的三位夫人,尤其與最末一位王朝雲的互動,字裡行間透露追求神仙之境的想法。三論其弟蘇轍受祖父影響,更貫徹於內功的學習。四論蘇軾貶嶺南時子蘇過偕同前往,耳濡目染下,也崇道。第四章蘇軾與儒佛;在此作者認為北宋末期為儒、釋與道三教交融匯合的時代,蘇軾在其時代潮流下也具有如此的想法。尤其是儒學方面,為了科考與仕途,早年對於儒學有堅定信念,對於《中庸》的詮釋,認為出於誠明,本乎人情,盡萬物之理。至於佛學,蘇軾並不是佛教徒,也不信佛,只是單純認為佛與道相關。第五章道家道教對蘇軾創作的影響;蘇軾文采有目共睹,作者認為其崇道學仙,對其創作是有影響,故此章就「擺脫人生憂慮的蘇軾哲學」與「道家道教對蘇軾審美觀的影響」兩方面,說明蘇軾欲尋找桃花源的理想境界,與由此發展成崇尚「天然平淡」、「幽獨虛靜」與「妙理學問」的審美想法。第六章蘇軾崇道名作精華述要;如章名之述,本書整理了蘇軾與崇道相關的作品詩文精選共二十篇,從其作品剖析蘇軾的崇道情懷與想法。第七章蘇軾道教修煉作品選讀;對應第六章的崇道相關作品,這一章入選的作品如〈龍虎鉛汞說─寄子由〉等,為蘇軾修煉道教的實際方法說明,與其修煉與體驗的心路歷程。

　　鍾來因先生熟稔蘇軾作品,以此優勢駕馭全書,諸如介紹蘇軾崇道的一生,除了各節標題採用蘇軾作品中的文句外,介紹內容也多引詩文作佐證。此外,本書以一個新視角,從從兩個面向來論述蘇軾的崇道因素:一是將崇道因素的探討擴及於整個蘇軾家族,讓蘇軾崇道與學道有了更合理性的證據與說明;二是本書不侷限於只探討蘇軾道學的喜好,更從儒學與佛學兩個面向看蘇

軾，討論蘇軾與儒、佛、道關係，來說明蘇軾在時代環境下參加科考以儒起家，
而與佛的交集最少，明確的論證蘇軾非佛教徒，再因家族環境與其境遇背景
下，蘇軾走向道教，並因此創作豐沛的文學，與煉養作品，成為當今氣功修煉
的精品，也是本書對於道教研究的重要貢獻。（蕭百芳撰）

陳鼓應主編《道家文化研究》

　　《道家文化研究》，陳鼓應主編，今已出版至二十九輯，每輯為一冊，主
要採道家學者論文合集為主，兼及道教經典文獻等領域。採用繁體字版。

　　《道家文化研究》是由香港青松觀香港道教學院主辦，委託陳鼓應編審，
資金及出版事宜，皆由青松觀負責。青松觀是香港著名道觀，創立於 1950 年，
道派溯源於廣東廣州至寶台，屬全真教龍門派。創立初年建壇於九龍偉晴街，
1952 年遷至彌敦道，1960 年購置屯門青山麒麟圍建立永久觀址，1974 又增設
九龍大南街觀址以配合屯門祖觀的發展。建築以純陽寶殿為中心，殿內恭奉著
呂純陽祖師、王重陽祖師和丘長春祖師三代聖像。

　　青松觀除宗教服務外，更從事多項公益活動，設立義學、施米、贈醫施藥、
發放救濟品等社會福利慈善事業。設立兩所西醫診所、兩所中醫贈醫藥診所、
護理安老院、老人中心、兩所中學、三所小學及三間幼稚園等。並於 1991 年
創辦「香港道教學院」，2002 年成立「全真道研究中心」和 2004 年成立「青
松出版社」，所出版的刊物有：《弘道》、《香港道訊》、《道家文化研究》、《香港
道教學院叢書》、《全真道研究中心叢書》、《青松觀藏科儀經書注叢書》、《玄門
集粹》等。

　　《道家文化研究》是香港青松觀所出版的學術刊物之一，由香港道教學院
和陳鼓應合辦。陳鼓應在《道家文化研究》第一輯開頭〈《道家文化研究》創
辦緣起創辦的緣起〉細說自己求學經過，並說深受老莊等道家思想所感動，所
以「想創辦一份專門研究道家思想的刊物」，後來得到香港青松觀侯寶垣道長
的大力支持，「決定由香港道教學院主辦這個輯刊」，自 1991 年春開始著手經
營，而《道家文化研究》第一輯創刊號，也於 1992 年 6 月，由上海古籍出版
社發行。

　　陳鼓應，1935 年出生于福建長汀，1949 年隨父母赴台，高中曾就讀於台
中二中，大學唸過三所學校，依次為：國立臺灣師範大學史地學系、國立臺灣
大學中文系、國立臺灣大學哲學系學士。大學畢業後，進入國立臺灣大學哲學

研究所，碩士畢業。陳鼓應曾任職臺灣中國文化學院講師、臺灣大學教授。退休後，自 2010 年起，受聘為北京大學哲學系人文講座教授。著有《老子注譯及評介》、《莊子今注今譯》、《悲劇哲學家尼采》、《尼采新論》、《存在主義》、《莊子哲學》、《老子注譯及評介》、《莊子今注今譯》、《黃帝四經今注今譯》、《老莊新論》、《易傳與道家思想》、《道家易學建構》、《管子四編詮釋》及《耶穌新畫像》等書，並主編《道家文化研究》學刊。

《道家文化研究》自 1992 年 6 月出版第一輯創刊號，迄今 2016 年已出版至第二十九輯。基本上以老子、列子、莊子等道家思想為主，兼及道教經籍文獻，其中有時也會出版以專題研究為主的專輯，如《道家文化研究》第三輯為「馬王堆帛書專號」〔註 1〕，第七輯、第九輯為「道教研究專號」〔註 2〕，第十一輯、第十二輯為「道教易專號」（見封面底面），第十三輯為「敦煌道教文獻專號」，第十六輯為道教研究專輯（未註明），第十七輯為「郭店楚簡專號」，第十八輯為「出土文獻專號」（見封面底面），第十九輯「玄學與重玄學專號」，第二十輯「道家思想在當代專號」，第二十一輯「道教與現代生活專號」，第二十二輯為「道家與現代生活專號」，第二十三輯為「多元視野下的全真教專號」，第二十四輯為「道教文學專號」，第二十五輯為「莊子研究專號」，第二十六輯：「道家思想與北宋哲學專號」，第二十八輯為「嚴復專號」。

《道家文化研究》第一輯至第十輯，在上海古籍出版社出版；第十一輯至在今第二十九輯，皆在北京三聯書店出版。以上各輯，都是採用繁體字版。《道家文化研究》是有名的道家道教學術論文合輯，雖然主編陳鼓應專精於道家，對道教經典哲理較不熟悉，但也盡量邀請名家撰文，以彌補其專業上的缺失。自創刊至今已二十餘年，希望能永續發展。（蕭登福撰）

陳鼓應著《道家易學建構》

《道家易學建構》，陳鼓應著。臺北：臺灣商務印書館股份有限公司，2003年 7 月。

陳鼓應，1935 年 7 月生，福建長汀人，1949 年前往臺灣，臺灣大學哲學研究所碩士畢業後留校任教，後昇為副教授。鼓吹民主政治，參與黨外運動，臺大哲學系事件（1972～1975）後，前往美國加州大學柏克萊校區擔任研究員、

〔註 1〕封面金字「馬王堆帛書專號」。
〔註 2〕第七輯封面有金字註明「道教研究專號」、第九輯雖為道教研究專號但無註明。

北京大學擔任哲學系教授，1997 年後獲得平反回任臺大，並於多所大學任教。喜好道家哲理，與其個人在現實上追求自由民主的理念相互彰顯。曾主編《道家文化研究學刊》，著有《黃帝四經今註今譯》《易傳與道家思想》、《周易注釋與研究》、《管子四篇詮釋》等。

　　作者謂其前作《易傳與道家思想》（1994）與本書乃為建立道家易的姊妹作。二書的問世，可破除《周易》經傳專屬儒家經典的神話。前者就《易傳》各傳主要內容，逐篇論證其主體思想屬道家學派；本書則從陰陽學說、道論（如道器說、太極說）及對待與流行等思想觀念，包括辯證思維方式與動靜觀、變異觀各方面，重構道家易學。而本書的完成，也是作者對易學哲學研究的句點。

　　《易》本是殷周之際的占筮之書，自西周到春秋戰國期間，逐漸由哲理化而哲學化，其哲理化是春秋以降解《易》學者們的成果，其哲學化則是受到了老莊及稷下道家思想的洗禮。先秦易、道的相互匯通，可謂經歷過兩大階段，其初是老子的引易入道，其後則是《易傳》的引道入易。本書首篇之作〈先秦道家易學發微〉一文，便是著重論證《周易》之哲學化其主體思想屬於道家內容，同時從道家的角度來建構先秦道家易學。

　　〈道家老學與《周易》經傳思想脈絡詮釋〉一文，乃對道家思想在《周易》經傳哲學化過程所起的中介作用，從《周易》辯證思維的未顯題化到顯題化，可謂是透過老子道家而完成的。對先秦道家易學的建構，可說是作者個人的詮釋與重構，而由《易經》經《老子》到《易傳》這一思想脈絡的釐清工作，是建立道家易學的重要步驟。

　　作者指出，《易傳》的占筮語言乃直接繼承古經象數而立說，其哲學語言則是深受百家爭鳴以來諸子思潮的激盪所致。作者將《周易》經、傳與先秦《論》《孟》等儒家經典對比觀察，認為《易傳》的抽象哲學思維方式與儒書實不能相銜接。若將之與道家著作繫聯考察，《易經》－《老子》－《易傳》的發展脈絡則歷歷可循，可見《易傳》之辯證思維、自然觀與宇宙觀主要淵源於道家。

　　從哲學史或易學哲學的觀點來看，王弼對易學的詮釋，才是道家易學的成熟與完成，王弼道家易學中體用本末的重要思路也被宋明義理派所直接繼承。作者也因此以〈王弼道家易學詮釋〉一文作為本書末篇之作。（林翠鳳撰）

陳德和著《道家思想的哲學詮釋》

《道家思想的哲學詮釋》，陳德和著，里仁書局，2005 年，平裝，276 頁。

陳德和，中國文化大學哲學博士，曾任《鵝湖月刊》主編，長達七年之久，現為南華大學教授。學術研究領域以儒家、道家為主，並戮力於將其成果理論展現在台灣教育的批導上。重要著作有《儒家思想的哲學詮釋》、《台灣教育哲學論》等書。

本書作者在《儒家思想的哲學詮釋》出版後所完成的同系列著作之一。顧名思義，本書整體內容乃圍繞道家思想作敘述，奉持當代新儒家大師牟宗三之見解，視道家義理為以實踐為訴求之「生命的學問」，而與儒家、佛教並列中國傳統思想的三大主流。

作者直陳「以價值來決定存有」或說「以德行的實踐來貞定人性的偉大與真實」，乃當代新儒家對於儒釋道生命學問的基本見解。本書中對於道家思想所作的哲學詮釋，亦不外乎在彰顯此一旨趣，並試圖在此基礎上用更多的理解來豐富當代新儒家對道家思想的義理構造。本書乃作者數年來在此理念指導下對道家思想研究成果的集結，總共收錄十二篇論文約二十萬字左右。

十二篇論文包括：〈論牟宗三對人間道家的哲學建構〉、〈論唐君毅的老子學〉、〈略論老子的年代與思想〉，這三篇論文是分別對牟宗三、唐君毅、劉笑敢三位現代學者以新方法耕耘老學之成果的反思。〈老子與桃麗——從《道德經》反思生命複製的可能衝擊〉、〈人間道家的生命倫理向度——以生命複製和基因工程的反省為例〉、〈論人間道家的動物權觀念〉等三篇論文則是就當今獨特而熱門之環境倫理學和生命倫理學議題，分別與老子展開對話所呈現的內容。以上兩部份內容乃彰顯當代新道家的理論風貌。

所餘六篇：〈論莊子哲學的道心理境〉、〈莊子寓言中的逍遙思想〉、〈莊子哲學的重要開發〉、〈黃老哲學的起源與特色〉、〈《管子・心術上》義理疏解〉與〈何晏貴無論探析〉、則不脫傳統道家思想之範疇。

作者依道家在歷史中所出現的不同型態分為六類：薩蠻道家（傳統古道家）、政治道家（黃老道家）、人間道家（生活道家）、玄學道家（魏晉道家）、道教道家（宗教道家）和當代新道家。本書所作道家思想的哲學詮釋，主要重點在人間道家，旁及黃老道家、傳統古道家、玄學道家與當代新道家，雖不全面但多少已有涉及，唯獨道教道家（宗教道家）則付之闕如，於周延性不免略有缺失。（劉見成撰）

張易編著《道家的智慧：自然無為輕物重生》

　　《道家的智慧：自然無為輕物重生》，張易編著，廣達文化事業有限公司2009 年 10 月再版，分平裝、軟皮精裝二種，377 頁。本書原名《道家大智慧》，由中國華僑出版社於 2005 年 11 月以簡化字出版，採平裝 16 開方式印刷，共307 頁。由是，可知本書係《道家大智慧》在臺灣發行的正體字版本。

　　透過查詢中國大陸「孔夫子舊書網」、「豆瓣讀書」及臺灣「書目資訊網」等網站，吾人可以得知，除本書之外，作者曾先後於中國華僑出版社出版《儒家大智慧》、《法家大智慧》、《兵家大智慧》、《鬼谷子》、《忍經》等書，而科學技術文獻出版社則印行其《聖賢的智慧》一書。

　　《道家的智慧：自然無為輕物重生》以〈序言〉、〈引言：道家思想簡介〉與五篇正文構成，各篇分別選取《老子》、《莊子》之部分章句，加以詮釋。編著者在〈序言〉提到天下學子爭相禮老子為師，故道家肇始於諸子之先而不自彰顯，但卻未能引用文獻佐證，使其論點之信度、效度降低不少，較為可惜。〈引言：道家思想簡介〉先概述道家學派的形成與發展，並說明道家主要代表人物老子、莊子的生平與思想特點，但部分論述則仍有商榷處，如言道家部分思想在東漢末年演變為道教，老子也被尊為教主，則明顯忽略了學界既有研究成果，蓋道教係漢民族的民族宗教，與周秦以來先民的文化息息相關，並非遲至東漢末年始出現，漢末形成的是太平道與天師道這兩個教團組織，老子則被天師道奉為至上神。其後，第一篇〈怡然自得的思維方式〉收錄 27 條原典，第二篇〈自然生存的處世箴言〉收錄 18 條原典，第三篇〈逍遙自在的人生智慧〉收錄 24 條原典，第四篇〈超然物外的人生情感〉收錄 22 條原典，而第五篇〈虛靜睿智的縱橫謀略〉則收錄 20 條原典。

　　在本書的主要架構（即第一篇至第五篇）中，編著者在節選原典章句時，係採取「標目、原典、譯文、經典故事、解析」這種結構進行。這種書寫方法，可以吸引社會的常民大眾閱讀。但是，也容易造成部分問題的產生。例如第一篇的「柔能勝剛，弱能勝強」一節，編著者節選了《老子·三十六章》的原典「柔之勝剛，弱之勝強」，其經典故事則敘述商容病篤時教導老子貴柔之理。此故事始見於《淮南子·繆稱訓》「老子學商容，見舌而知守柔矣。」但具體完成於晉人皇甫謐的《高士傳》，編著者未標明典故出處，容易使讀者將《高士傳》中「不知何許人」的商容，與《史記·殷本紀》犯顏諫紂的商容混淆，從而紊亂了先秦諸子的生存年代。

平心而論，本書並非是一本嚴謹的學術著作，而是面向社會大眾、推廣性質的書籍，就道家思想普及化而言，本書有一定程度的價值存在。然而，倘若編著者在各節原典所附的經典故事中，能夠加注根據、出處，則更可使感興趣的讀者自行翻閱相關古籍，那麼，本書對於道家文化的推廣與貢獻，將會比現在更進一步。（李建德撰）

林明照《先秦道家的禮樂觀》

《先秦道家的禮樂觀》，林明照著，五南圖書出版，2007 年 9 月初版一刷，平裝，344 頁。

林明照，學歷：臺灣大學哲學博士、臺灣大學哲學碩士、輔仁大學中文系學士。任職於：臺灣師範大學國文學系助理教授。經歷：國科會人文中心博士後研究、東吳大學哲學系兼任助理教授、佛光人文社會學院哲學系兼任助理教授。研究領域：道家哲學、魏晉玄學、中國當代哲學。著作：《先秦道家的禮樂觀》，陳鼓應教授亦為本書寫推薦序。

禮樂是周代文化的核心內涵，周代宗法制度需要一套尊卑分明的秩序體系有關。至春秋晚期，「禮樂征伐自諸侯出」，正是所謂禮壞樂崩的局面。道家思想從老子開始就離不開對於周代禮樂變遷、解體的因應與反省。這一點在精神上和先秦儒家的禮樂反省是近似的。先秦的道家詮釋始終在道的前提下。以道作為反思禮樂的理論標準，當老、莊，以及黃老道家賦予到以不同內涵時，也就賦予了禮樂不同面向的詮釋。

著者指出老子對於禮樂的反省，正表現出老子在社會制度、尊卑等級，以及人性等面向的人文思索。莊子的禮樂思維正是隸屬在其生命哲學與實存反省的脈絡中。從如何超越生死問題等生命實存面向來反省禮的內涵，同時賦予禮新的意義。另外，站在生命的面向上，從揭顯生命本真與體現天地、宇宙秩序雙重面向來賦予音樂獨特的美學內涵。莊子將禮樂安置在生命實存的脈絡中來討論，開展出以生命關懷、藝術審美為本色的獨特禮樂思想。至於戰國黃老道家，在承繼老學以道為價值歸本下，先從維繫社會秩序的尊卑等級之序，修德養生，以及應時而變等面向來肯定及解釋禮樂的作用及內涵，接著再從形上之道，為禮樂奠立客觀合理的質性。黃老道家的禮樂思想涵蓋了政治制度以及養生等層面。

　　著者基於學界整體地論及先秦道家禮樂思想的研究專著似乎尚未見及，多限於期刊論文。故本書的研究價值旨在強化一、整體性地專論先秦道家的禮樂思想，二、一方面顧及禮樂一體的脈絡，另方面在分析時又各自就禮和樂分開論述，較之前人論述周延。三、在闡述禮樂時，會貼緊禮樂反省與各自哲學關懷的關係。

　　儘管《老子》書中對於禮樂的極少陳述，以及其中多數似存負面的表述。對此，著者也曾質疑為什麼一個熟悉禮樂傳統的周朝守藏史，竟然顯得如此「漠視」與「保留」？因此，著者就設想出許多合理的聯繫來試圖解釋這問題；但是，無論怎樣合理的解釋，這問題本身就是曲折的，何況，孔子還得問禮於老子。著者認為，即因問題的曲折性，方可顯出老子禮樂思想的深度。如果由老子否定禮樂或老子肯定禮樂來試圖解釋，不但在形式上就不合問題的曲折性，恐怕在內容上也難以應付老子思想本身的曲折及層次性。

　　老子的禮樂反省並不是處於其思想體系的邊緣，反而可視為其道論的一環。不只是文化層面的課題，它還是哲學。老子對於禮的思索，應該放在春秋晚期要求重新思考禮的意義與價值的時代呼聲下來考慮。老子事實上如同孔子一樣，在禮樂崩壞的局面下，對周代禮樂制度進行了重新的詮釋。而老子的詮釋，正以其道論為基礎，透過其「證言若反」等思維方式來表述，老子將音樂置放在禮的範圍內來考慮。到《列》、《莊》，才在禮的範圍外來表現音樂的內在意義。

　　《老子・三十一章》論及喪禮，《老子・三十八章》言：失道而後德，失德而後仁，失仁而失義，失義而後禮。道、德、仁、義、禮五者之間，禮之雙重性 1. 以禮歸道 2. 禮以顯道。

　　老子一方面對於過度繁複而拂擾人平和心性的樂音提出批評，另方面嚮往古樂中悠揚希淡的樂境，「大音希聲」一體現道的聲音，《老子・十二章》說：「五音令人耳聾」，〈四十一章〉「大音希聲」，〈十四章〉：聽之不聞，名曰希。樂與餌，過客止。「樂與餌」即是指悅耳動聽之音樂與美食，卻容易讓人沉湎其中而傷害心身之平和。

　　至於莊子部分，著者發現莊子論及禮之處雖然不多，「禮」在莊子的觀點中，恰恰又體現了人生實存的主要在世結構。莊子從人實存層面來討論禮，〈大宗師〉中，莊子描述到真人是「以禮為翼」，「所以行於世也」，禮是人在不得

不處於世間之下，不得不面對者。禮之大體本及建立在親親尊尊的基礎上及「子之愛親」與「臣之事君」二事，「子之愛親」之「命」這是內心必然的情感；「臣之事君」之「義」則是人世必然遭遇。若合而言之，共同鋪陳出禮所構做的在世處境。

針對莊子之人「無所逃於天地之間」（〈人間世〉）的在世處境的論述，著者認為，禮儀法度至少包含了幾個構成環節：其一是權力運作，其二是個人意志，其三是群體壓力與模式。一己的意志隨時可能和權力者意志與群體壓力相衝突，而這也就構成了一己意志（自我）與權力者意志及與群體壓力之間的緊張性，莊子藉顏回「內直而外曲」「擎跽曲拳，人臣之禮也。人皆為之，吾敢不為邪？」等人臣之禮的態度，以隨順的方式來避免自己與禮的衝突。莊子〈大宗師〉中提到顏回「忘禮樂」之說：「忘禮樂」則意謂著：禮不再是一對象，因此我不須在時時刻刻緊張地督促、檢視自己是否順隨著禮；內保本真虛靈之心性，外則與禮所建構的人間世和諧相遇。莊子從道之天地一氣之化的內涵來詮釋禮樂，莊子「臨尸而歌」、「鼓盆而歌」式的喪禮，將禮是虛靈身心自適展現的意義，更往天地的境界提升禮意。

莊子音樂思想的深刻處，在於集中將音樂置入人生實存的層面來表現。一方面，他賦予順情適性的樂舞與發自心靈底層的謳歌以揭顯生命真實意義；同時，他又超越了具體的音樂形式，轉向到自然齊響的天籟上，以天籟的音樂形象來直接揭露萬物本體。莊子音樂思想展現了莊子生命哲學中實存關懷的美學特質。透過樂舞或謳歌來揭顯生命的真實或宇宙天地的整體。

總結來說，黃老道家的禮樂觀，多是採納自儒家的禮樂觀點。據〈論六家要指〉，儒家之長是「列君臣父子之禮，序夫婦長幼之別，雖百家弗能易也。」也因此，黃老道家「采儒墨之善」中的儒家學說，黃老道家的禮樂思想，是在以道論為理論前提來擷取眾家學說的哲學方法下展開。於此，透過相關環節的中介轉化，禮樂的意義內涵以注入道的質性於其中。在思考的脈絡上，黃老道家以道論為價值基礎，針對社會型態作出價值反省，而禮樂思想正是這價值反省中的重要一環。首先透過「理」與「德」等環節的承介，將禮樂成立的形式上基礎歸本於道。其次，則又在道的價值依據下，作出的確立尊卑秩序，與時變貴因循，以及治身治國一理之術等價值反省中，具體地從辨別尊卑、應時而變、修德養生等層面來闡釋禮樂的內在意義。（熊品華撰）

薛明生《先秦兩漢道家思維與實踐》

《先秦兩漢道家思維與實踐》，薛明生著，文津出版，2007 年 2 月一刷，平裝，382 頁。

薛明生，祖籍江蘇省宿遷市人，現居於臺灣省桃園市。多年從事公共事務，有感於臺灣長時期的西洋教育，卻並未在決策過程及決策模式全盤西化，因此觸動赴祖國大陸學習中國哲學─尤其關注於中國先秦的哲學。1981 年自臺灣海洋大學航運管理系畢業，並於大學三年級時考中公職而任事；1989 年鑒於學識能力不足，負笈美國賓州學習 MBA 五個多月；並於 1999 年考中臺灣中興大學法商學院（現改名為臺北大學）公共政策碩士班，並專攻人口分佈、區域土地發展分析；2003 年考中南京大學哲學系並專攻中國先秦兩漢道家思想。曾任玉溪師範學院文學院客座教授，現任中華城市規劃協會常務理事。專著《先秦兩漢道家思維與實踐》由文津 2007 年出版。曾擔任臺北大學土地與環境規劃研究中心博士後研究員一年餘。

作者大學本科學的是企業管理，而工作卻是公職，在台北大學研究所進修學的卻是公共政策一類的知識。為能重新恢復道家精神之原貌，作者藉用西方邏輯論證方法「舉輕擬重」來還原道家之學，從體現的方式來呈現道家思想的內化性。

本書研究的視角乃是從道家內聖之自我德性與外王化施救善二方面進行之，並依此二視角作為契道、達道範疇的綜合性詮釋與依據，乃是把道的崇高性，透過對道的可行性分析與實踐之理據研究。

作者對道的實踐體現來論證道之價值與界定，從三個方面進入，第一、從形上學道論的研究。第二、從現實生活的實踐與體現道的遍在性研究方面。第三、從道論實踐的與時進化研究。或有學者以為先秦道論發展至兩漢以後就已不見，此之論見作者並不苟同。道家思想就在這種既契道又違道的狀態下建構其實踐的路子，其契道於人的自由與創發的能力表現，其違道反而在於人的自由與創發能力之偏執抉選的結果表現。

本書乃以理論與實務相互參照對舉，並加以銜接現今理論與實務發展的景況，一者闡釋道論思維與實踐的發展困境，再者述明道論轉圜之契機所在。透過對歷史的關懷與認知，從而達到找出道論傳續衍化下之現象與其法則及規律。再者，在對舉比較中，不時的以儒家思想或其他各家思想加以檢試道論發展的變化。

首先對道家思想之淵源與衍化發展作歷史方面的爬梳；其次乃是對於道家思想體現的事證從認識論方面加以論證分析；第三部分則為道論體現之實例表述，最後則是對先秦兩漢道論體現做出反思並加以鏈結當今學術思潮。

本書的重要章節安排，首章為主要在說明先秦兩漢道家思想在實踐中即有因道、得道的記述，第二章則為先秦道的淵源、衍化與體現。第三章則為秦漢道論之承傳與流變。第四章為道論體現認識論方面之研究，以彰顯道家思想的「有」與「無」之「形上」與「實踐」的綜合性把握。第五章為道論體現實例之研究，如輕徭薄賦、無為而治、修德煉養。第六章為道論體現之反思，其主要論述道家思想的功能與價值。

道家思想是在有限的生活當中來體現契道之超越的永恆性；在干求、欲求天道超越的把握中，又表顯出違道的合理性。本書研究發現，先秦兩漢法天行道之道家思維與實踐中，展現出的秩序性與和諧性，正可連接當今全球化、世界村的思潮脈動；其次在道論體現中把這種關愛之情流及於對物的關懷，乃是表現人與其他物種軍備有等同的生存權利與價值；其三、道論實踐不止是消極的遵行天道，而是尊重生命的前提下，培養、訓練與實踐之人自覺、自律與自由的有限與無限的統一。

依天道行事不但是道家思想的根本依憑，而且也是春秋顯學儒家所重視的部分，此一依天道行事的關注，儒家則強調了人際之間互動的規範，道家則是面對著如此崇高無名的天道軌跡，《漢書‧藝文志》曾說「道家者流，蓋出於史官，歷記成敗存亡禍福古今之道，清虛以自守，卑弱以自持，欲絕去禮學，兼棄仁義，曰獨任清虛可以為治。」《史記‧太史公自序》「道家無為，又曰無不為，其實易行，其辭難知。其術以虛無為本，以因循為用，無城勢，無常形。」

作者在第二章中曾為道家作類型化，並論其淵源及衍化，指出道家有：薩滿道家（傳統古道家）、黃老道家（帝王學道家）、人間道家（生活道家），清談道家（玄學道家）和道教道家之別。當然也有學者把道家的發展分為：1. 依重視自然的接子、惠施等；2. 重視修身養性的楊朱、列子、莊子等；3. 重視社會政治的文子、史儋、關尹、稷下道家、法、兵家。另一則是齊國稷下道家發展，其中以《呂氏春秋》、《黃老帛書》、《淮南子》為具體體現；並因此衍生以道生法之黃老道家，進而至兩漢時期與道法家合流。

「道」在中國可以說是市井小民、無以名狀所共用的一個尊敬名詞。道之早先意義乃指方法，自商湯恭行天意伐夏桀之暴虐，以及周文王、武王取得替

天行道的天命之道。另在《左傳》如魯昭公 9 年「陳卒亡，楚克有之，天之道也。」則表示人格天與自然天之混同義。老子之後的道論發展，從《莊子》、《管子》、《鶡冠子》、《黃帝四經》內容即發現「天道自然」的老子之道論形上學以發展至現實體用的地步。這並非老子世之道論發展不重視實踐致用的層面的論證，祇是老子之後的道論發展乃是基於社會、氏族的兼併攻伐需要，把早期道論之「天道自然」的崇高性以現實需要而加以抽象化處理。老子對道的形上義認識，乃是把握住道了恆常性、變化性以及普世性，並首揭自然天道的形上意義後，即主張在人事作為上應表現出：無為、不爭、不妄作；而莊子鑒於天戒與人戒的無奈，故主張以自覺、自律與自由坐忘與心齋方式來實踐體會天道。

　　道家思想的天道觀為老子首創，而莊子予以全面的繼承與發揮。亦即莊子對道的把握乃是一種無時、空之侷限性，對於道的質性亦給予明確的規範，億即「道」遍在於萬物之中；對於道的形下現象，則提出萬物一氣的主張，此乃物我同根之道基礎的見解與發揮，在道的認知上其認為學習是重要的，但是學習的方式有很多，諸如寓言式、論辯式、比較式等等；在人生的態度上，則採取「任化流行」不為生樂、死悲而求「隨遇而安」以及「無待而運」的適意生存。

　　道論的實踐發展至兩漢時期就已顯出相容並包之勢，除西漢建制十七年之「文景之治」為道論實踐的具體代表外，另有一批學者亦有兼含道家、儒家、法家之長，如漢之大儒賈誼。其在《新書‧道術》論及「道者，所從接物也，其本者謂之虛，其末者謂之術。虛者，言其精微也，平素而無設計也；術也者，所從制物也，動靜之數也。凡此皆為道也。」這是對「道」指實化而實際操作。

　　本書第三章談道論的傳與變，首先指出先秦道論最主要之觀點，乃是基於周文疲弊所帶來的人心詭詐，社會動盪與生命危殆，以及對專斷事物的釐正，進而推及於天道生生之德的應時、應勢、適中之道。道論自老子首先把人格神的上天或天帝以自然神來定位，並以更超越的姿態提出「道」之意境、價值地位，此乃是指「道」具有統領宇宙的形上意涵，此種由老子形上道論的確立，使得莊子即其後學以及其他道家人物在此一基礎上，從事於人之符天則的修德齊天的內聖與儉樸慈愛的外王工夫論證。道論在先秦的發展脈絡中，已然把世界的運行化轉為符應天道式的實踐而加以瞭解。在人事作為的規範上，要求內聖的成德、成道與天道契合；在外王部分即以自覺反省的節制來彰顯自由，

進而贊化眾生。亦即對天道的契合乃因於天道的超越性與無限性，使人終極而理想的追求合道，在天道之內而依存萬物，也就是以人之自由追求的超越性表現，以及自覺反省的制約性，適可而止地達到「道」意境的契合。

先秦老莊道家清靜無為的思想，發展到秦漢時，因為指實化道家思想，因此就產生了以術用為主的黃老道家，雖然《史記‧孟荀列傳》載有「慎到，趙人；田駢、接子，齊人；環淵，楚人；皆學黃老道德之術」，來說明萬物根源之唯物主義的稷下道家；另一派則以《呂覽》及《淮南子》旨意論述對道的認識與對道的實踐，從而了解秦漢道論的變化。《呂氏春秋》及《淮南子》以道家本體思想，把各當時之諸子百家之學加以整合與改造，因此能成就出龐大的思想體系；在客觀效果上，為日後董仲舒的那個包含了陰陽、五行、法、到的儒學體系開拓了方向，從董仲舒對於人副天數、天時的歸納與整理，可以明白先秦自然樸素的道論發展至兩漢即產生牽強附會的改裝，致使道論的衍化從此以後朝向君王的南面之術、人生煉養以及宗教神學方面的發展。

本書第四章中道論體現認識之研究，主要在探討到論實踐的認識論證與修行得到工夫的具體方法。透過上述論證，發現先秦兩漢在道論的認識上，確實是逐步的把玄遠高深之形上道家思想意涵，加以指實化與操作化處理，此不但為道論的認識做出更深入淺出的論證，而且也更具體的用各種方法如輕徭薄賦、按節令行農事、調養身體等來落實天道的實踐可能。老子之前的道論認識方法乃是一個天人交相混雜的天人認識論述，即人以主體性之絕對主觀的直覺等同於天之作為一致性。殆至老子時代則把天與人的關係，透過主體的直觀理性經驗而客觀的二分化，也就是把天的自然面貌加以還原，而人的實踐認知乃是來自對天之從屬關係的認識，因此人必須依從天道律則實踐生活，所以老子以為達到了此一境界也僅「幾於道」。莊子對天與人的關係乃是抱持著人雖有天制與人制的束縛，但卻可以透過無待而運而達到天之特徵－自由；另莊子亦對人經由「坐忘」與「心齋」工夫的實踐，從而達到天的另一特徵－自覺與自律。在這種理性主觀的感悟中實踐了、彰顯了天的特性：即顯現自由、自覺、自律而與天齊一，也唯有這樣才能展開道論的整個理論與實踐配合與統一，這是積極的。而秦漢方伎祭拜之宗教神學、人身煉養學顯然就是在此一立基點上加以研究與實踐。

最後，作者重新肯定與再定位老子道論的精神並加以衍發，亦即從道論的積極面，如是非兩行，不慕賢惡與稀少性的鼓勵創新，從而結合了其他如美學、

自然環保的物種生物關懷及地球生態平衡的動態均衡論之領域專長的發揮。在物種生命關懷上則把自人的倫理重視，擴大到動、植物的生命尊重，也就是把生命倫理學的內容加以擴大。現今世界所關注具高爭議性的議題，基本上，有人造生命學、環境生態學以及經濟哲學等最為廣大社會所關注。從道論意涵之思維與實踐衍化來看，顯然都可加以連結及探討，本書通過上述的論證與闡釋因此可歸納有以下的結論：1. 道家思想的大義微言價值有著，指實而不固守、階段性完成而不自滿、操作而不專斷、圓融而恆常追求等特質。2. 道家思想的入世價值，具有指實性的會通，關注於表裏一致性的天道體現；在階段性上強調內德修行與外化事功都是為無限天道達成作準備；還有道乃執與不執的會通；以及無為、不爭、因順、隨勢及不為物類等次級概念。3. 道家思想的操作價值，旨在簡約易使、主客體齊一對待、及主觀客觀之會通，以證成無限天道的把握。（熊品華撰）

賴錫三著《當代新道家——多音複調與視域融合》

《當代新道家——多音複調與視域融合》，賴錫三著，台北：台大出版中心，2010 年初版。32 開本，平裝，約三十餘萬字，共 500 頁。

賴錫三（1969～），台灣宜蘭人。臺灣清華大學中國文學系博士，現任台灣中正大學中文系教授。另著有《莊子靈光的當代詮釋》、《丹道與易道：內丹的性命修煉與先天易學》等書。

本書《當代新道家——多音複調與視域融合》，可視為作者長年思考當代新道家的研究成果。作者關注牟宗三先生之後關於老莊之道的當代詮釋，特別是那些發展具有典範再突破的啟蒙意義。作者特別考察了袁保新、劉笑敢、傅偉勳、陳榮灼、楊儒賓等諸位先生，最後歸納出所謂「後牟宗三時代」老莊之道的多元詮釋可能：存有論、美學、神話學、冥契主義等四重道路。

本書雖說有七篇論文組成，基本仍圍繞著存有論、美學、神話學、冥契主義四重道路上。第一章〈後牟宗三時代對《老子》形上學詮釋的評論與重塑——朝向存有論、美學、神話學、冥契主義的四重道路〉，本章重新檢視牟宗三之後，企圖突破牟氏進路，展開新的詮釋向度之重要學者與重要路標。經由本章的分析歸納、釐清重建後，約可區分為四重道路：存有論、美學、神話學及冥契主義。同時，在本章分析存有體驗、冥契體驗、自然美學體驗時，亦觸及語言表述的關係課題；在處理道家和神話的連續與斷裂時，也觸及神話思維、詩

性隱喻和多重語言向度的關係。第二章〈牟宗三對道家形上學詮釋的反省與轉向—通向「存有論」與「美學」的整合道路〉，本章企圖回到道家文獻上，與細緻檢討牟宗三詮釋系統的限制，以及如何在超出牟宗三的主觀境界說之後，指點存有論與美學統合之路的具體方向。另外，本章企圖縫合存有論與美學這兩個詮釋領域，進而凸顯牟宗三主觀境界形上學之心靈美學詮釋之無根。換言之，牟宗三的道家詮釋亦可視為另類的「存有遺忘」，其美學意蘊亦將不能充盈飽滿。第三章〈道家的逍遙美學與倫理關懷—與羅蘭‧巴特的「懶惰哲學」之對話〉，本章特別從道家美學的逍遙自適角度和法國思想家羅蘭‧巴特的懶惰哲學對話，以期道家的美學救贖放在當代性生活世界的公共批判脈絡來發揮；其次點出道家所隱含的另類倫理關懷。第四章〈道家的自然體驗與冥契主義—神祕‧悖論‧自然‧倫理〉，本章將道家的體道文獻放在普世性的冥契主義脈絡中來考察，並藉此釐清道家式的自然體驗，是一種自然美學類型的冥契類型。在本章的結論上，也從冥契體驗角度討論道家的倫理關懷，達到存有、美學、冥契、倫理這些向度，產生視域融合。第五章〈老莊的肉身之道與隱喻之道—神話‧變形‧冥契‧隱喻〉，本章處理道家的隱喻表述和神話思維、冥契體驗的關係，企圖透過道家的世界觀，為隱喻提出一個更根本的奠基效果，使得詩性隱喻與存有開顯位列同一層次。第六章〈從《老子》的體道隱喻到《莊子》的體道敘事—由本雅明的說書人詮釋莊周的寓言藝術〉，本章除了說明道家對語言態度可從：沈默、隱喻、敘事、概念這四重語言狀態來考察外，如果從隱喻與敘事兩個面向，可較細緻地根據文獻處理《老子》的各種隱喻意象和手法。並討論了《莊子》除了繼承隱喻的表述外，如何加入敘事的寓言手法，以更情境的方式來傳達體道的歷程和內涵。本章更選擇了本雅明對說書人的世界觀、身體感、生活情境等精彩分析來加以對話，來凸顯《莊子》的寓言故事，重點不在於客觀的傳達或表述抽象之理，而在於經驗的招喚與傳遞。第七章〈道家式自然樂園的一種落實—陶淵明〈桃花源記〉的神話、心理學詮釋〉，本章重新論證影響東方人心靈、美學性格甚深的陶淵明思想。其詩文一再反覆出現的自然體驗之樂園描述，主要承繼自道家的自然美學思想。本章主要從陶氏詩文的神話意象分析著手，呼應了本書的神話學詮釋面向。本章除了討論陶淵明自然美學與道家關係外，亦分判了桃花源與烏托邦的差異，從中引申出陶淵明與道家對政治暴力的批判態度。

　　總言之，本書企圖建立後牟宗三時代之新道家的詮釋面向。作者歸納為存有論、美學、神話學、冥契主義等四重道路，建立當代新道家的新里程碑。（郭正宜撰）

鍾振宇著《道家與海德格》

　　《道家與海德格》，鍾振宇著，台北：文津出版社，2010 年初版。32 開本，平裝，約十七餘萬字，共 315 頁。

　　鍾振宇（1969～）。德國 Wuppertal 大學哲學博士。現任台灣中央研究院中國文哲研究所助研究員。

　　本書《道家與海德格》分為主篇與副篇兩個部分。主篇分為三章：第一章，討論「道家底無為」，主要討論四位道家人物：老子、莊子、王弼、郭象，作者認為此四者奠定了道家關於無為的主要思想脈絡。老子區分了無為與有為，老子認為君王的無為是很重要的，因為他認為，當君王能以自然無為的方式統治，則天下也將會「自然」。相反地，莊子則強調了個體無為的重要性，並且能透過逍遙與無用來闡釋無為。相對於老子之重視外王，莊子強調人的內聖面。王弼是新道家在魏晉時代首位代表性人物，他透過「自然」來闡釋無為。郭象較王弼則更富於創造性，他首先探討臣下之有為，最後達到有為與無為的同一。對郭象來說，有為不是有目的的行為，而是必要的做為。第二章，討論海德格的泰然任之。首先討論相關重要概念，如「無意欲」（Nicht-Wollen）、「讓」（Lassen）、「等待」、「地域」，這些是海德格在〈泰然任之底地域化〉一文用來說明泰然任之的概念。「讓」與「泰然任之」不是「什麼都不做」，而是類似道家之無為，是一種更高的，也許是最高的「為」。另外，對於時代的批判也屬於泰然任之的論題，海德格規定現代科技的本質為「聚—架」（Gestell），並且嘗試去尋找對待科技的相應態度。第三章，討論道家無為與海德格泰然任之的比較，兩者有相同之處，亦有相異之處。作者認為「讓」的態度在海德格與道家，有著相當的重要性。但二者之間仍有所差異，「道」在道家的意涵是「讓生」，海德格是「讓在場」。另外，本章也會逐步探討地域、人、物等議題。最後，討論無為與泰然任之的同一與差異。

　　在副篇中，收錄了四篇作者的文章，〈海德格與老子論「同一與差異」〉、〈德國哲學界之新道家詮釋—以 Heidegger 與 Wohlfart〉、〈牟宗三先生、其後學與海德格—邁向一新的基礎存有論之路〉及〈赫拉克利特 Logos 學說與老莊道論之比較〉四篇，可視為作者對中西方道論之當代新詮釋。（郭正宜撰）

江右瑜著《朱熹對道家評論之研究》

《朱熹對道家評論之研究》，江右瑜著。臺北：花木蘭文化出版社，2011年9月。

江右瑜，台灣彰化人，國立暨南國際大學中文系碩士，國立彰化師範大學國文系博士，任教於台中教育大學專案助理教授。本書為其碩士論文。

本論文研究指出，朱熹認為道家之所以為異端，其弊病即在於道體及工夫兩方面。道家不識道德實理，是對道的誤解。而無成德的格物工夫，更是道家主要的弊病。朱熹對於古籍的一貫態度是詳考辯，他對道家經典也不偏廢，對道家丹書頗有涉獵。大體來說，朱熹仍是以儒家的本位批評道家，以儒家仁義道德的內涵，作為評論道家之判準。

朱熹以《易》批《老》，作者認為其一方面預設老子所言道體之「生」只為直貫式的演生義，一方面取《易傳》的創生型態，來批評老子道論的創生作用與有無觀。在工夫論的探討上，朱熹批評道家有「只知一路」、「無格物工夫」兩項弊病。前者指其道體上的上的謬誤，後者則批評道家缺乏以道德為主體的修道功夫。朱熹認為所謂「工夫」必須以道德為主體，因此道家的「虛靜無為」「心齋坐忘」等養生方法，缺乏仁義道德的內涵，只能稱為「修養」，而非「工夫」。

作者觀察到：朱熹將道家的發展分為三大階段，第一階段是以思想的成形與發展為主，重在思想哲理上的論述，以老、莊二人為代表。第二階段指兩漢時期道家理論的實踐，此時黃老之學雖於政治達到「小道易行，易見效」的成果，但終究不脫老子權詐之術的運用。第三階段指廣義的道教，是參雜了巫祝行法之宗教色彩的道家後學。

在道家人物的評價上，朱熹批評老子在道論方面是「察理不精」，在倫理方面是「不見實理」，甚至譏其「心最毒」。而其批評莊子，雖謂其有「無禮」、「無細密工夫」等弊病，但在道體的形容上則肯定莊子，甚至推測其可能承自孔門之徒，所謂「莊子承自子夏」之說。朱熹明顯的對於老子的批評較莊子為嚴厲。

朱熹晚年久病求醫，也能因此而對《周易參同契》格外用心，他推崇書中所蘊含的天機及陰陽之理，甚至為作《考異》。朱熹並未否定道教中的神仙長生之說，反而以氣、形的觀念，說明神仙乃氣之所聚，氣終即銷蝕。若能養得清虛之氣，亦可得以長生。而道教中默坐數息與煉丹等修行法，朱熹亦未排斥，

部分甚至身體力行。朱熹固然稱許道家的養生之法，但此部分仍只有消極的認可，而無積極的肯定。（林翠鳳撰）